科学出版社"十四五"普通高等教育本科规划教材
普通高等教育体育学类系列教材

体育科学研究方法

Research Methodology in Sport Science

毛丽娟 主编

科学出版社
北京

内 容 简 介

本教材遵循体育科学研究开展的一般次序，按照导论、选题、文献法、研究设计与质量控制、调查法、观察法、实验法、资料整理与数据分析、研究成果的呈现的顺序进行系统地讨论，并对开展体育科学研究所具备的素养与规范进行了介绍。本教材在行文中注重文本与图表相配合、理论与案例相结合，力求让学生看得懂、学得会、用得上。

本教材可作为普通高等学校体育学专业本科和研究生的教学用书，也可作为相关科研工作者从事体育科学研究的入门参考用书。

图书在版编目(CIP)数据

体育科学研究方法 / 毛丽娟主编.—北京：科学出版社，2022.1（2025.12 重印）

ISBN 978-7-03-069840-7

Ⅰ.①体… Ⅱ.①毛… Ⅲ.①体育科学-研究方法 Ⅳ.①G80-3

中国版本图书馆 CIP 数据核字(2021)第 190311 号

责任编辑：张佳仪/责任校对：谭宏宇
责任印制：黄晓鸣/封面设计：殷 靓

科学出版社 出版
北京东黄城根北街 16 号
邮政编码：100717
http://www.sciencep.com
南京文脉图文设计制作有限公司排版
北京中科印刷有限公司印刷
科学出版社发行 各地新华书店经销

*

2022 年 1 月第 一 版 开本：787×1092 1/16
2025 年12月第十八次印刷 印张：15 1/2
字数：355 000

定价：68.00 元

（如有印装质量问题，我社负责调换）

《体育科学研究方法》
编辑委员会

主　编

毛丽娟

副主编

高炳宏　王　杰

编　委

（按姓氏笔画排序）

马　涛　王　杰　王　然　王丽娟　毛丽娟　朱　欢

刘　阳　易　清　高炳宏　黄聚云　曹振波　蔡玉军

序

"工欲善其事，必先利其器"，科学知识的产生需要科学方法的支撑。科学研究的方法是手段和工具，在科学知识的发现与产生过程中发挥着重要作用。体育科学研究的更多的是与人或者人体有关的内容，研究往往具有长期性、曲折性和复杂性，方法使用得当则事半功倍，使用不当则可能导致研究重新回到起点甚至半途而废，方法的设计与使用扮演着重要的角色。

初入体育学门槛的同学们往往缺乏对体育科学研究的认识，需要经过系统的学习和实践才能从事体育科学相关研究，课程和教材对于他们学习体育科学研究基本知识、进入体育科学研究殿堂具有重要意义。《体育科学研究方法》教材的建设对于培养"训学研"一体的体育人才、推进体育学一流学科建设具有重要的支撑作用。

体育学涵盖了体育教育训练学、体育人文社会学、民族传统体育学和运动人体科学等多个二级学科，呈现出了多学科交叉的特征。体育科学研究是以"人"为中心开展的研究，其方法不仅包括社会科学的研究方法，还包括了自然科学的研究方法，编写一本能够兼顾体育学各专业学生都适用的科研方法的教材具有一定挑战性。欣闻《体育科学研究方法》编写组召集多位体育学的青年骨干精心编写了这本教材并付梓问世，在此向主编和各位编委表示祝贺。

《体育科学研究方法》在总结上海体育学院本科生和研究生的体育科研方法教学经验的基础上，精心设计了教材的内容和体例结构，以期为学生系统掌握科研方法知识提供帮助。从内容设计上看，扩充了文献法、资料整理与数据分析、研究结果的呈现和素养与规范等部分；从教材结构上看，将文献法一章前置，体现其在体育科学研究中的基础性作用，按照导论、选题、文献、研究设计、方法应用、资料整理与分析、结果呈现及素养规范的次序进行了编写，更符合体育科学研究实践的次序，有助于初学者更快进入角色；从编写形式上看，理论配合相关案例、知识点配以图解，图文并茂，力求让学生能够读得懂、学得会、用得上。

《体育科学研究方法》既注重传承传统的体育科学研究方法，也注重吸收和消化国内外最新的科研方法，并很好地融入教材中，它的出版将会对开拓学生科研视野、启发学生科学思维、培养学生科学素养起到积极的推动作用，为建设“健康中国”和“体育强国”培养更多的创新人才。

2021年9月

前言

“科学技术是第一生产力”，四次科学技术革命对人类社会发展的巨大推动力充分证明了这一论断的正确性。科学技术涵盖了科学和技术两个方面，其中科学是前提、是奠基石，对人类认识世界起着基础性的作用，有了科学的支撑人们才能形成不同类型的生产力工具，从而改造世界，推动人类社会向前发展。回顾体育运动的发展史，体育科学在推动运动技术发展、人民健康素养提升等方面发挥了巨大的作用。体育科研人员通过借鉴相关学科知识、运动实践观察和人体实验，归纳总结形成了体育教育训练学、体育人文社会学、民族传统体育学、运动人体科学四类体育科学的知识体系。同时，又通过这些体育科学的理论知识指导运动实践，为体育教育、运动训练、全民健身及体育产业发展提供服务，通过实践、理论、再实践、再理论的循环不断创造新的知识并充实完善体育科学理论，为实践提供支持。

科学的产生离不开系统的理论和方法体系的支撑，体育科学也不例外。尽管从学科属性上来说，体育学属于社会科学，但其研究的范畴已经涉及了生理学、生物力学、心理学、工程学、医学等多个学科领域。学科的复杂性导致了研究方法的复杂性，学科交叉融合的特性要求体育科学的研究不仅需要社会科学的方法支持，还需要自然科学的方法支撑。借鉴相关学科的科学研究方法、系统梳理和总结体育科学的研究方法不仅能够形成支撑体育科学研究的方法体系，还有利于体育科学研究的规范化，为体育学学科理论的形成提供方法保障。编者正是基于上述初衷，力求在整理社会科学和自然科学研究方法的基础上形成能够为体育科学研究提供支撑的方法体系，形成一本能为体育学专业的本科生和研究生从事科学研究服务的工具书。

纵观已经出版的多部体育科学研究方法的教材，不同的编者采用了迥异的编写思路和逻辑体系。学科背景的差别也导致了不同教材编写的侧重点有较大的差别，有的偏向社会科学研究，有的偏向自然科学研究，有的偏向定性研究，有的偏向定量研究。编者拟在借鉴国内外相关教材编写经验的基础上，编写出一本遵循体育学研究规律的、能够适合体育学不同专业学生的、能结合理论与实践的教材，力求让学生能够读得懂、学得会、查得到、用得上，让体育科学研究方法的生产力作用得到真正的发挥。

本教材的编写成员均为体育学一线中青年教师，他们的学科背景涵盖了体育教育训练学、体育人文社会学、运动人体科学等多个专业，多数人参与了体育科研方法课程的教学工作且对于课程知识点的内涵及重难点的把握比较有经验。根据成员的研究领域和专长，对教材的编写进行了分工。第一章：导论（高炳宏、马涛）；第二章：选题（黄聚云）；第三章：文献法（蔡玉军）；第四章：研究设计与质量控制（刘阳）；第五章：调查法（王丽娟）；第六章：观察法（王杰）；第七章：实验法（曹振波）；第八章：资料整理与数据分析（易清）；第九章：研究结果的呈现（王然）；第十章：体育科学研究素养与规范（高炳宏、朱欢）。

本教材的编写吸取了相关教材的编写经验并引用了相关文献。教材中所列文献可能不够全面，在此对可能遗漏的参考文献的作者进行感谢。本教材由上海市教委和上海体育学院资助出版，在此表示感谢。受时间所限，教材的编写若存在不足之处，望读者指出。

2021 年 8 月

目录

第1章

导　论

【导读】 本章在阐述科学、体育科学、科学研究、体育科学研究基本概念的基础上，进一步阐述了科学的精神、特点和功能，论述了体育科学研究的任务、内容、功能、发展趋势、类型和基本程序，并对科学研究方法的概念及体育科学研究方法的概念和分类做了简要概述，在此基础上论述了研究生进行科学研究的原因，并简要介绍了研究生完成学位论文的程序。

学习重点与难点

- 熟悉体育科学研究的任务、内容，理解和掌握体育科学研究的方法和基本程序。
- 如何正确地选择体育科学研究方法，如何开展体育科学研究。

第一节　体育科学研究概念

一、 科学与体育科学

（一）科学的概念

“科学”（science）一词最早源于拉丁语“scientia”，其含义是指“学问”或“知识”。“科学”一词在16世纪传入中国，当时被译成“格致”，即“格物致知”。在日本明治维新时期，日本的教育家福泽谕吉将“science”翻译成“科学”，从此“科学”一词便在日本应用和传播开来。康有为在1893年将日本翻译的“科学”一词引入中国，并加以推广。此后，严复在其翻译《天演论》时，也使用了“科学”一词，为此，“科学”便取代“格致”，并沿用至今。

到目前为止，对于“科学”尚无一个公认的统一定义，不同国家的学者，对“科学”有着不同的理解和解释。英国科学家贝尔纳认为“科学是人类智慧的最高的成果”，物理学家爱因斯坦则认为“科学是寻求人类感觉经验之间规律性关系的有条理的思想”。《自然辩证法》中将“科学”解释为“关于自然、社会和人类思维的知识体系或正确反映自然、社会和思维本质与规律的系统知识，是实践经验的结晶”。纵观科学发展的历史不难看出，科学在不同的时期和场合，从不同的角度看，有着不同的定义。人们对于科学的确切定义，虽尚未达到统一，但在“科学是人类社会现存各类知识体系的总称，涵盖了人类认识进步的一切成果”这一点上，却达成了高度的共识。正是由于人们对“科学”这一概念认识的不统一，所以才出现了“科学”的广义概念和狭义概念。

广义的科学是指哲学、社会科学、自然科学和思维科学等所有科学的总称（崔岩，2014）。狭义的科学专指自然科学，即研究自然界物质形态、结构、性质和运动规律的科学。简单地说，科学就是正确反映客观事物本质和规律的体系化知识。

上述虽从不同的角度对科学进行了不同的解释，但还是不够清晰，因此下面将从 3 个方面来进一步对科学的内涵进行解释。

1. *科学是系统化的具有严密逻辑结构的知识体系*　系统的知识是呈现在具有逻辑性的理论系统中，借助于图书和刊物得以推广。科学知识可应用到各个领域和层次，它是教育的主题、文化的资源，也是人类社会化的重要内容。科学知识所要说明的是那些具有普遍性的知识，而不是某个具体的事物或特殊现象。科学要排除各种偶然因素，它力求通过对一个具体的事物进行研究，找出事物的共性，发现普遍的规律。科学知识体系是开放的，它通过不断地补充新知识、剔除被实践证明的错误的和不符合时代发展规律的旧知识来逐渐发展（黄汉升，2015）。

2. *科学是可以被反复验证并且可以得到正确答案的知识*　科学可通过实验、观察等实证方法，来确保所获得的知识是真实可靠的。科学判断知识真假的标准是客观事实和逻辑法则，不符合客观事实或逻辑的知识都是错误的知识。科学是客观的，任何人只要使用相同的方法都可以得到同样的结论。尽管科学知识说明普遍的规律，但科学研究却是具体的。科学研究通常先将事物加以分解，然后对具体问题做出具体分析，最后加以综合和概括。科学研究是人类的实践活动，它不但要求科学研究从事者要具备一定的科研能力，同时也需要科研人员具备较好的智力、创造力和想象力。

3. *科学具有历史的发展性质*　科学一方面起源于哲学家和宗教僧侣对事物本质的思辨，另一方面起源于工农业生产的实践。科学在其发展过程中经历了从对自然现象的描述与分类，到对自然界的运动规律的认识，再到最后对人类社会和人类本身的认识这三个阶段。

（二）科学的功能

科学有三个主要功能：技术功能、学术功能和社会功能。

1. *技术功能*　科学作为人类认识自然、改造自然的有效手段，使人类摆脱了对于物质世界的被动地位。长期以来，科学主要被当作一种满足人类基本需要的技术手段加以利用，因此，从这个意义上说，科学是一种实用性的工具。

2. *学术功能*　科学家们认为，科学是一种探索未知、发现真理、积累知识、传播文明、发展人类思维能力和创造能力的活动。

3. 社会功能　科学除具有技术功能和学术功能外，还具有社会功能。科学是社会变革的主要力量，它首先是通过技术革命间接、不自觉地对社会产生影响，然后通过思想革命直接、自觉地促进社会变革。美国哲学家培根指出，科学能不断地为人类提供新思想、新方法，使人们理解他们所生活的世界，认识个人在社会中的地位，从而能够协调、自觉地管理社会生活，创造更加美好、和谐、积极的生活方式。科学之所以具有力量，是因为它提供了认识社会和改造社会的手段，人们一旦掌握了科学理论，就能将它转化为改造社会的巨大力量(李艳翎等，2003)。

科学的三种功能是相互联系的，其中，最基本的功能是学术功能，科学的首要任务是发现真理，建立科学理论，但科学理论只有运用到生产领域和社会领域中才能发挥其技术功能和社会功能，才能转化为生产力。另外，科学只有在生产实践和社会实践中才能得到发展。

(三) 科学精神

关于科学精神，大家至今没有给出一个明确的定义，不同的学者因其文化环境、社会环境、社会背景及社会地位的不同，对科学精神有着不同的见解。

1. 西方学者对科学精神的认识　英国哲学家皮尔逊在《科学的规范》一书中，将科学的一些特性，如客观性、实证性、怀疑性、一致性等进行提升，并称之为科学精神。英国思想史家威尔斯曾对 19 世纪的整个欧洲的思想史进行了论述，其在论述中称科学为“这个时代文化的一个突出特点”，在书中指出科学是一种方法，它具备严格性、公认性的特性，同时还在书中归纳总结皮尔逊观察到的科学本性，并将其具体化。皮尔逊和威尔斯通过对科学的基本特征进行描述来对科学精神进行研究，这也给后世研究者们定义“科学研究”提供了极大的帮助。

美国的社会学家 R.K.默顿在《论科学与民主》一书中将科学的精神气质定义为约束科学家的有感情色彩的价值观和规范的综合体，这些规范以规定、禁止、偏好和许可的方式表达，并且这些规范在一定程度上被科学家内化成了其科学良知。其认为这些规范是被用来保证科学的制度性目标-扩展被证实的知识，从而被认为是正确和有益的，是学术和道德上的规范。总结科学家的道德共识，默顿归纳出 4 项制度性规则：普遍主义、共有主义、无私利性和有条理的怀疑主义，这构成了科学的精神气质。美国的另一位学者托马斯・威斯曾在《全国科学教育研究会》杂志上发表过一篇名为《科学精神》的文章，文章从科学方法的角度阐述了科学精神，并将科学精神定义为：是对逻辑规律的重视，对探索信息的坚持，对理论的不断追求，对结论的分析总结，对已有条件的尊重，对不断比对实验的执着，以及保持怀疑的态度。这一定义突出强调了科学精神中所蕴含的对探索未知世界的永恒热情。

从上述国外不同学者对于科学精神的认识中可以看出，科学家们的立场、观点、研究方式的不同，从而导致他们在科学精神的定义上产生了分歧，而科学的发展是需要存在分歧和批判的。因此，从这一角度上说，宽容也是科学精神不可或缺的重要特质之一。科学的这种宽容特质不但允许不同观点的存在，而且在观点存在分歧时表现出对他人的尊重，这对于推动科学的发展具有重要的意义。

2. 我国学者对于科学精神的认识　近代科学诞生于西方社会，而科学精神也是从西方的近代科学中产生的。我国对于科学的认知起步较晚，“科学”一词也是在近代西方文明与中国文明的交流中传入中国的。20 世纪初，随着五四运动的爆发，“科学”一词在国内开始流传起来，科学在国内的发展开始走上正轨，一些爱国学者们从爱国救国的实践中意识到了科学精神的重要性。在对科学精神的研究中，国内不同的学者给出了不同的见解，其中较为著名的当属 1922 年 8 月 20 日，梁启超在南通发表的题为《科学精神与东西文化》的演讲。梁启超在演讲中提到了“有系统之真知识，称为科学，可以教人求得有系统之真知识的方法，称为科学精神”。他认为，科学精神分为三层，第一层为求知识，即通过研究不同的个体而发现其具有的普遍性；第二层为求有系统的知识，在众多证据事实的基础上，研究现象所存在的因果关系，发现可以涵盖一门学科的具有必然性的原则；第三层为研究可以教人的知识，即将研究的方法向社会普及，人人都能通过该方法进行研究。

纵观国内外学者关于科学精神的理解，我们可以说科学精神首先应包括怀疑精神，因为批判和怀疑是推动科学向前发展的重要力量。我们要充分相信前人的研究成果，但我们也要对前人的研究抱有一种怀疑的态度。因为，科学里没有什么权威，科学一旦成为一种信仰，最后很可能会变成类宗教。例如，爱因斯坦推翻了牛顿的绝对时空观，而量子力学又进一步颠覆了爱因斯坦相对论的决定论观点。从这种角度来讲，科学是演进的，没有永远不变的权威，所以从事科学研究非常需要一种审慎的批判精神、质疑精神。其次，科学精神应包括宽容精神。科学是一种演进的、发展的过程，我们也不能用今天的研究发现去完全否定过去的研究理论，这么做太武断了，科学正是在不断的建立、推翻、再建立的过程中不断向前发展。最后，科学精神应是一种奉献精神，是无功利的行为。人们从事科学的动机是多种多样的，有些人是喜欢科学，把它当作娱乐；有些人则是出于功利目的，可以扬名立万；还有些人则是为了探索世界未知，并以此作为精神生活的支点，希望通过寻找科学规律来达到内心的自由和宁静。最后这类人每天的努力并非来自深思熟虑的计划，而是源于对科学的热爱。从这一层面上来说，科学研究是兴趣和好奇心驱动的无功利行为，这是科学精神非常重要的一点，也是科学能发展到今天的主要原因。

（四）体育科学

体育科学是整个人类科学体系的重要组成部分，它是研究体育现象和揭示体育规律的知识体系。体育科学是一门既年轻又古老学科，其在形成独立体系后又表现出极强的综合性学科的特点。体育科学的年轻体现在其形成独立的体系只有几十年的时间，而体育科学的古老体现在它是以许多古老而经典的学科为基础而形成的。体育科学的综合性表现在它已经发展成为一个涉及数十门乃至近百门学科的庞大的“学科群”(王薇，2009)。

无论从认识论的观点出发，还是按照历史发展的实际情况看，人类总是先有实践，然后有点滴知识、初级概念，随后再逐步抽象、概括成为系统的科学理论。人类对体育的认识程度，受制约于当时体育发展的程度和人类已经具备的认识能力。在古代，人们对体育的认识，是认识其他社会现象(教育、军事、医疗与保健)时所获得的。例如，古希腊哲学家柏拉图在有关教育的论述中，几乎涉及当时体育的各个方面。欧洲的文艺复兴运动，为人体科学研究开辟了道路，当时人们已经开始用医学、教育学、历史学的观点去观察体育，如意大利医生美尔库里亚利斯在1569年出版的《体操术》中，既介绍了古希腊体育的目的和手段，也讨论其医学效果和用途。但由于当时科学发展的水平尚不足以使他们的观察结果形成系统的科学知识，其思想更多地来自古希腊体育的研究，这些研究还主要是属于医学、教育学和历史学的范围。

第二次世界大战前，体育科学中的一大部分学科已大体上建立起来。在这一过程中，依据医学、生物学和教育学的基本原理去解释育少年、儿童身体发育和体育锻炼之间的关系，依然是体育学科发展的基本倾向。体育的某一方面的研究，虽然使人类对体育的认识在大多数方面达到了一定的深度，但由于认识方法的局限，难以从总体上对体育的产生、作用、本质和规律等问题做出全面的解释，因而担负不起从整体上科学地认识体育这一历史责任，体育科学体系也无从建立。同时，已形成的学科间在语言上、方法上互不相通，使研究者往往把自己束缚在专业学科的壁垒之中，缺乏统观全局的可能和能力。然而，这种缺陷也是历史的必然，当历史和科学的发展为人们提供新的条件和新的认识工具时，对体育的认识也必然随之而产生新的飞跃。

随着各国经济的迅速发展，科学技术的发展也突飞猛进，体育学科的发展出现了新的局面，这些都大大加速了体育科学发展进程，使得现代体育科学表现出四个方面的特征：现代科技成果的应用越来越多、体育学科的分化和综合越来越明显、体育科学发展呈整体化趋势、体育科学研究密切联系体育实践并为实践服务。

目前，我国体育在《奥运争光计划纲要》《全民健身计划纲要》战略思想的指导下，国家提出了竞技体育和大众体育的发展目标、规模、重点、质量及措施等重要内容，而其实施的全方位、多层次、全过程的系统管理与控制，使竞技体育获得高效、快速、健康的发展，并向夺取更好成绩、赢得更好荣誉迈步，为我国体育科学的发展提供了良好的科研氛围。随着我国经济和社会的不断进步和发展，各民族紧密团结，共同推动着体育事业不断进步，体育科学研究已成为推动中国体育运动和体育事业不断前进的重要力量。

二、科学研究与体育科学研究

（一）科学研究

1. 科学研究的概念　“科学研究”一词来源于英文的“research”，是反复探索、求索的意思，世界上大多数国家通常使用“研究与开发”（research and develop）来表示“科学研究”。科学研究就是人类探索自然、社会和人类思维发生、发展及变化规律，创造新知识、新技术的一种特殊性的社会实践活动。科学研究工作是人类能动地认识世界，探索客观真理的过程，同时也是人类凭借科学技术，增强自身驾驭自然的能力和改造客观世界的过程。科学研究的领域包括自然科学、社会科学、思维科学和技术科学等（王晖，2004）。对于自然科学来说，从对自然现象和规律的发现到技术的发明，从科学原理的产生到产品的试制，从基础理论研究到应用研究和开发研究，都是科学研究。对于社会科学来说，凡是探索人类社会和思维的发展变化规律的过程，都是科学研究工作。对于思维科学来说，凡是探索人类思维变化发展规律及其本质的过程，都是科学研究。对于技术科学来说，凡是正式大规模工业化生产以前的全部探索性工作，都是科学研究工作（余丽萍等，2013）。之后又有学者对科学研究的概念进行了补充，即“科学研究是对已经产生的知识的收集、整理和分析的研究工作”。

我们可从以下三个方面来对科学研究的概念进行理解：

一是创造知识，即创新、发现和发明，如运动中超量恢复原理的发现，这是探索未知事实及其规律的实践活动。二是整理知识，即对已有知识的整理和分析，使其更加的规范化和系统化，如研究并提出运动训练的周期性训练理论等，这属于知识继承的实践活动。三是应用知识，使之转换为技术知识、生产知识，如控制论在运动训练中的运用。

因此，我们认为科学研究是人类探索未知世界或未知事实的本质和规律，对已有知识的分析和整理，并将发现和整理的知识应用于生产、生活的实践活动。

2. 科学研究的特点　　科学研究是以一种特殊的方式，将人类的脑力劳动和操作劳动相结合但以脑力劳动为主的社会生产劳动，它不同于人类的其他活动，具有自己的特点。

(1) 科学研究工作的继承性。继承性是指科学研究必须以继承与利用前人的科学知识与研究成果为基础，并继续完成前人未完成的科学事业。任何科学研究都不可能从零开始，都是在前人或他人研究和创造的基础上进行的，都是以前人或他人的研究成果为新的研究起点，这就是科学研究的继承性。这种继承性包括两层含义：一是继承前人或他人建立起来的科学技术、科学理论和科学方法，并将它们作为继续开展研究的工具；二是将前人探索过但没有完成的研究事业继续探索下去。值得注意的是，科学研究的这种继承不是完全的照抄照搬，而是批判地继承。科学研究的继承性是科学研究的探索性和创造性的基础条件，也是基础性工作。

(2) 科学研究的探索性。探索就是探索未知与解决问题，在揭示事物规律的过程中将未知变为已知。在未知的领域中艰难地探索，是科研工作的基本特征，体育科学研究工作也不例外。科学的发展是无止境的，因此，科学研究是永无止境的探索活动。探索是创造的前提，创造是探索的发展和结果。科学研究的过程中存在许多不确定的因素，因此，在探索的过程中可能会存在失败的可能性。但对未知世界的探索过程，本身就是一个“探索—失败—再探索—再失败—直至成功”的过程。失败是科学研究过程中的正常现象，只有善于从失败中总结经验和教训，才有可能取得研究成功。因而，科研工作的管理人员要允许研究人员的失败，并支持其不断地在失败中进行新的探索。当然，另外，研究人员应该努力提高研究水平，尽可能避免、减少、减轻失败的次数和程度，具备坚韧不拔的精神和不怕失败的意志。

(3) 科学研究的创造性。科学研究的目的和任务就是发现新事物，揭示新规律，创造新知识和新事物。创造性是科学研究最根本的特点，也是区别于其他社会活动的显著性特点，是科学研究的灵魂。继承只是知识的储存和延续，并不能使科学理论发生质变，只有在继承的基础上进行新的探索和创造，才能使知识得以升华和发展。创造性体现在基础研究中，就是揭示和发现事物的新规律，创造新理论，其表现在应用性研究中，就是发现新技术和新方法；表现在开发研究中，就是要创造出新产品。创造是科学研究的本质与核心，但创造不是重复前人的科研理论成果，而是在继承的基础上，创造与发展新的知识与新的方法。

(4) 科学研究的一次性和连续性。科学研究的一次性是指研究课题的不重复性，已经解决了的问题不再研究，只研究尚未解决的问题。科学研究人员根据自己的工作性质，总是选择同新的研究课题打交道，绝不会重复自己已经解决了的研究课题。即使要研究，也是在原来的基础上有所改进或解决原来研究课题中尚未解决的问题。

科学研究的连续性包括研究过程的连续性、脑力劳动的连续性和群体劳动的连续性三个方面。科学研究过程的连续性体现在科学研究是一个系统的工程，从选题开始到最后取得成果，其中包含着许多相互联系的环节和过程，总是一环扣一环地连续进行着。脑力劳动的连续性体现在脑力劳动是最怕中断的，只有集中精力和时间，专心致志地思考一个问题，才能获得最佳的科学研究效率。群体劳动的连续性表现在重大科研课题往往需要几代人持续进行，这也是继承性在科学技术研究形式上的反映。

(5) 科学研究的艰巨性和复杂性。科学研究工作是一种艰巨复杂、难度较高的脑力劳动。对于科研人员来说，不仅要清楚"已知"发展的程度，还要知道"未知"在哪里。科学研究的探索性和创新性，注定了从事任何科学研究都不是一蹴而就的，必然要经历复杂、艰难的过程。科学研究的这种艰巨性和复杂性主要表现在研究工作的长期性和精确性上。任何研究成果都是研究人员经过长期不懈的努力，一点一滴地积累资料，废寝忘食地钻研问题，历经千难万苦之后才取得的。有些重大研究课题甚至需要研究人员花费毕生的精力，甚至经过几代人的努力才能完成。而那些不想经过长期的辛勤付出，企图靠短期突击取得成果的人，显然是对科学研究工作的艰巨性和复杂性缺乏充分的认识。

此外，科学研究工作的艰巨性和复杂性还表现在研究过程的精确性上。精确性是一切科学研究工作的基本特点，也是对从事科学研究工作人员的基本要求，没有精确性就谈不上研究工作的科学性，也就无所谓研究成果。研究工作的精确性表现在资料搜集的精确、观察的精确、统计和计算的精确、分析论证的精确及表述的精确等方面。从另一个角度来说，研究工作的艰巨性和复杂性与研究成果的价值和意义存在着正比例关系，研究课题的价值越高，成果越重大，意味着该项研究工作就越艰巨和越复杂。

(6) 科学研究的集体协作性。随着科学研究对象复杂性和研究内容综合性的不断提高，一些课题的研究难度也在不断地增大，这时仅靠个人和单学科知识根本无法实现解决研究问题的目的，这使得科学研究工作往往需要多学科、多方面科研人员集体协作才能完成。在运用已有知识探索新知识的过程中，一个人的知识面和知识深度往往胜任不了较为复杂且涉及面较宽的综合性研究课题。这些课题必须要由各个学科的专家、学者和专门的实验人员共同组成一个研究集体，相互密切配合，联合攻关。在大科学出现的今天，科学研究日趋社会化，一项重大的科研课题不再只是一两个科学家的事情，而是涉及多门学科和社会许多部门，这使得科学研究越来越呈现出综合性和集体协作性的特点。

（二）体育科学研究

1. 体育科学研究的概念　科学研究是通过各种特定的方法、手段来探索客观事物的现象和本质，揭示运动发展变化的规律，达到发现真理、纠正谬误的宏观控制或微观分析目的而进行的有组织、有计划、有步骤的具体实践活动(中国体育科学学会等，2000)。体育科学研究作为科学研究的一个重要组成部分，它的研究对象是体育现象，它要揭示体育的内部和外部的规律。因此，我们说体育科学研究是指人们运用各种方法和手段，探索、研究、揭示体育领域内的现象、本质和规律，并将其运用于体育运动实践，推动其发展的一种有组织、有计划、有步骤的创造性的实践活动。

体育科学研究是人类科学研究活动的组成部分，是人们研究体育现象和揭示体育规律的一种创造性的实践活动。这种“创造性实践活动”的基本范围包括探索体育领域中尚未掌握的知识和规律；检验现今体育实践中所依据的学说和理论；探索如何将已掌握的体育知识和规律应用于体育实践（周登嵩，1995）。其中，探索体育领域中尚未掌握的知识和的规律是体育科学研究工作的主要任务和内容之一。

作为人类科学研究工作一个重要领域，体育科学研究工作的实质就是为了探索人类对体育科学体系中尚未掌握的知识和规律，也是对现今体育实践所依据的学说和原理进行检验的一种思维活动。体育科学研究的基本内容就是通过各种科学研究方法，对客观存在的各种体育现象的事实和确凿的材料进行加工整理，从感性认识上升到理性认识，以找出体育现象及其发展过程的本质与变化的对立统一规律，创造出新的体育科学知识和体育科学技术，进一步完善或充实体育科学体系。

2. 体育科学研究的特点　体育科学研究工作是一项复杂且难度较高的脑力劳动与操作劳动紧密结合的工作。体育科学研究工作，作为整个人类科学研究活动的一个组成部分，它除了具有与整个人类科学研究活动所共有的一些特点外，还有自身独有的一些特点，主要表现在以下几个方面：

（1）体育科学研究对象的复杂性和个体差异。体育科学研究最基本和最主要的研究对象是人的运动与运动中的人。从生物学的角度来看，人体是一个结构巧妙而又无时不在变化的复杂有机体。从社会学的角度来看，参加体育运动的每一个人，又都是具有不同社会背景、生活背景和团体背景的社会成员。体育科学研究一方面要揭示人体的运动规律，以帮助人们谋求更好的竞技状态或锻炼效果，另一方面要研究和探讨体育运动对每一位社会成员会产生怎样的生物学、社会学、心理学、教育学和伦理学意义上的效应。此外，参与体育运动的人在思维特征、个性特征、智力水平及道德水平上存在差异，在性别、年龄及健康水平上存在差异，在专项、训练年限、训练水平上存在差异，在技术水平及战术风格上存在差异，这也就提高了体育科学研究的难度，使得体育科学研究对象呈现出明显的复杂性和个体差异性。

（2）体育科学研究中运动项目的多样性和运用知识的高度综合性。体育运动项目种类繁多，若按奥运项目、非奥运项目、大众体育项目、传统体育项目、民族体育项目来划分，再将各个大项中所包含的不同性质的小项综合起来统计，体育运动项目可多达几千项。各个项目的体能特征、技术结构、战术变化及评定成绩的方法均存在差异，表现出各自的项目规律和特点。在体育科学研究中，体育运动项目的多样性在一定程度上增加了体育科学研究的复杂性，同时也提高了体育科研成果在应用和推广方面的难度。

体育科学研究的对象是人的运动和运动中的人，而人所具有的自然属性和社会属性提高了体育科学研究问题的复杂性和多样性。此外，体育科学研究领域的广阔性和体育科学体系的高度综合性，决定了体育科学是一门综合性科学。因此，一些重大体育科学研究课题离不开多学科知识的综合利用，也离不开多学科研究方法的综合运用，仅靠单一的学科知识、单一的研究方法很难全面揭示复杂的体育问题和规律。

体育科学研究的复杂性和综合性要求在体育科学研究中要综合运用自然科学、人文社会科学及思维科学的知识和方法，同时对体育科研人员的知识结构、智力水平及现代体育科学研究的组织管理工作都提出了更高的要求。只有进行多学科的综合研究，才能发现体育实践中存在的问题，揭示体育现象的规律。

(3) 体育科学研究中运动的不确定性和不可重复性。体育科学研究中运动的不确定性主要体现在体育竞赛结果的不确定性，这是竞技体育的魅力所在。运动竞赛结果的不确定性也恰好说明了影响和决定体育运动中各种结果和现象的因素是多方面的，而其中有些因素对于体育科研人员来说，是未知的或知之甚少的甚至是目前难以开展的，由此也决定了体育运动中所产生的各种结果的不确定性和难以预测性。

人体是一个复杂的生物体，而运动中的人体就更加难以控制，这就提高了体育科学研究的难度，因此，更是直接导致了运动结果的不确定性。体育运动中所产生的各种结果的不确定性又决定了体育运动中所产生的各种结果和现象的不可重复性。也就是说，在完全相同的条件下，不可能出现完全相同的结果和现象，形成这种不可重复的原因主要是体育运动的过程和参与运动的人都是动态变化的。体育运动中所产生的各种结果和现象的不确定性与不可重复性不但提高了体育科学研究工作的复杂性，而且使得体育科学研究必须寻求自身独特的研究方法。因此，运动结果的不确定性和不可重复性是体育科学研究工作的显著特征之一。

(4) 体育科学研究的应用性和伦理性。从根本上说，进行体育科学研究的目的在于促进体育运动的发展，提高人们的身体健康水平。因此，体育科学研究具有较高的应用性。体育科学研究的课题大多数来自体育运动实践，研究目的往往指向探寻合理的体育教学、身体锻炼、运动训练和竞赛的方法和手段，研究结果能够在较短的时间里直接或间接地提高运动技术水平、锻炼效果和体育教学质量，表现出极强的实用性和应用性。此外，由于体育科学研究问题的复杂性和体育科学研究方法的综合性，体育科研工作中往往需要运用有关基础学科提供的科学依据和基本理论来解决体育问题，这种相关学科知识的广泛运用，也是体育科学研究应用性特点的又一突出表现。

体育科学研究的根本目的是促进体育运动的发展，促进人的身心健康发展，因此，体育科研成果最终也是服务于人的，体育科学研究成果的价值也要通过运动中的人来体现。因而，体育科学研究成果应有利于体育运动的顺利开展及保证运动中的人的健康安全，这时就会涉及体育科学研究中的伦理问题。生命科学技术的发展，在加深人类对自身生命现象认识的同时，也使得人们担忧生命技术的滥用所带来的伦理问题，如基因技术的发展给传统的伦理道德带来了巨大的冲击。基因技术在体育科学中的应用为运动医学、运动康复、运动选材和体能训练的研究与实践提供了更为广阔的前景，但也容易引发诸多的伦理问题(黄汉升，1999)。基因技术的应用能够有效地促进运动员选材、运动训练方式、功能恢复手段的改变，促进运动成绩的飞速提高，但这也会在一定程度上引发人们关于人类参与体育竞赛的本质和价值的思考，竞赛的公平性也将面临挑战。

体育科学研究是涉及人的科学探究活动，因此，在从事体育科学研究的过程中，应在遵循科学研究范式和原则的同时，也遵循科学研究的伦理原则，避免发生研究中的伦理问题。体育科学研究中的伦理原则主要有三个：第一，可接受性和不伤害原则，即要考虑参与者的权益，避免伤害参与者；第二，自愿和自由原则，即参与者要对体育科学研究的内容知晓并同意参与科学研究，不可强迫参与者进行科学研究；第三，尊重隐私和保密原则，研究者和参与者之间应建立一种信任的关系，确保参与者的个人信息不会被泄露。

第二节 体育科学研究的任务、内容、功能及发展趋势

一、体育科学研究的任务

体育科学研究的根本任务，是发现和研究有关体育运动的理论与方法问题，探索解决问题的途径和方法，揭示体育领域中各种现象和关系的本质与规律，为提高体育运动实践活动的科学性服务（骆秉全，2003）。具体地说，体育科学研究工作的任务通常包括以下几个方面：

(1) 解决体育运动实践所面临的新问题，探索该问题的本质及其发展规律，创造新的理论与方法，为进一步丰富和完善体育科学体系服务。

(2) 从宏观上研究体育运动产生和发展的过程和规律，以及体育运动与社会协调发展的关系和规律，为体育运动的管理机构提供决策依据。

(3) 研究各种体育手段（运动动作）对增进人体健康的作用及其机制，为增强人民体质提供理论依据和实用方法。

(4) 研究提高各运动项目运动员竞技能力的途径和方法，为充分认识和控制运动训练和运动竞赛过程、提高运动训练和运动竞赛过程的科学化水平服务。

(5) 研究体育教育在实施素质教育中的地位和作用，探索实施基础体育教育和专业体育教育的有效手段和方法，为提高体育教育的质量和效果服务。

(6) 研究体育的社会价值对大众思想、行为和生活方式的影响及作用，充分发挥体育在建设社会主义精神文明中的服务作用。

(7) 进行开展大众体育、竞技体育和实施体育教育的机构保证、政策法规保证和物质条件方面的研究。在适应社会主义市场经济体制的大趋势下，还要加强体育社会化、产业化、职业化的研究，开拓体育市场。

上述 7 个方面既可以说是体育科学研究工作的基本任务，也可以认为是体育科学研究的几个基本领域，而在各个研究领域中又包含着许多具体而明确的研究任务和研究方向。

二、体育科学研究的内容

体育科学研究上述任务的完成，需要体育科研人员致力于体育科学研究的具体内容之中。体育科学研究的领域十分广阔，研究内容也十分丰富。按照不同的分类标准，可将体育科学研究的内容划分为不同的类型。一般来说，可按学科归属和课题研究方向进行分类（表 1-1）。

表 1-1 体育科学研究内容的分类

分类方法	研究内容
按学科归属分类	运动遗传(运动选材)研究、运动生理学研究、运动生物化学研究、运动生物力学研究、体育保健学研究、体育伦理学研究、比较体育学研究、运动训练学研究、体育教育学研究、体育社会学研究、体育管理学研究、体育史学研究、体育法学研究、体育美学研究等
按课题研究方向分类	体育运动发展研究、体育思想价值观研究、运动训练理论与方法研究、体育教育理论与方法研究、体质研究、运动损伤与康复研究、体育科研方法与新的科学理论及技术的推广和应用研究、体育仪器设备的研究、体育运动竞赛的组织与裁判法研究、体育信息研究、体育与大众传媒研究等

(一) 按学科归属分类

这种分类方法的优点是研究内容的学科归属明确,便于研究成果的推广和交流;缺点是研究课题的性质不明确,不易把握其研究成果的价值。

(二) 按课题的研究方向分类

这种分类方法的优点是研究方向明确,并在一定程度上反映了课题的学科归属,也便于进行研究成果的推广、交流和借鉴;缺点是研究课题的性质不明确,不易把握其研究成果的价值。

三、 体育科学研究的功能

科学研究的主要任务是描述、解释和预测事物的产生、发展及其变化规律。体育科学研究的功能是指其在自身活动中所表现出来的直接或间接的功效和作用。体育科学研究的功能主要通过体育科研成果的运用才能体现出来。一般来说,体育科学研究具有认识、描述、解释及预测 4 个基本的功能。

(一) 认识功能

体育科学研究是有目的、有计划地去认识体育运动的客观规律,探求体育运动的客观真理,从而得出科学结论,以推动体育运动向前发展(张力为,2002)。因此,对体育运动中各种现象的认知是体育科学研究的基本功能之一。只有对各种体育现象有了充分的认识,才能对体育现象进行描述、解释和预测。因此,认识功能是体育科学研究的描述功能、解释功能和预测功能的基础和前提。

(二) 描述功能

体育科学研究通过对体育领域内具体现象的性质、特征和状态进行客观描述,来了解体育现象的基本情况,认识体育运动事物的现状。例如,对赛艇运动员身体形态的研究,通过具体描述赛艇运动员应具有的形态学特征,可为赛艇运动员的选材提供依据。对现象的可靠描述虽然只是科学认识的最初形式，或者说只是一种感性认识阶段，但却是科学研究的最基本形式。体育科学研究的描述功能，既可以直接指导体育运动实践，又为进一步揭示体育运动中各种规律和预测事物的发展趋势提供了相关的依据。体育科学研究的描述功能也是实现其解释功能和预测功能的前提和基础。

（三）解释功能

仅仅对体育现象进行描述并不能达到体育科学研究的目的，体育科学研究最重要的功能在于对体育运动现象的本质和客观规律进行正确解释。体育科学研究的解释功能就是要在对体育现象进行描述的基础上进一步认识各种体育现象之间及事物变化过程之间的相互联系，以便揭示体育现象的一般规律和本质。认识体育现象的规律和本质对体育运动实践具有重要的指导意义，而在认识体育运动规律的过程中，对体育运动中因果关系的认识是体育科学研究的解释功能的重要内容之一。体育科学研究所具有的解释功能，往往能够使我们认识到具有普遍意义的体育运动规律，这对指导体育运动实践具有重要的现实意义。

（四）预测功能

在体育运动实践中除了要对体育运动现象和现状进行客观认识、描述和解释之外，往往还要揭示各种现象的发生、发展和变化与规律，预测事物未来发展的趋势。因此，体育科学研究还具有预测功能。预测事物的未来发展趋势要以认识该事物的规律为基础。可见，体育科学研究的解释功能是预测功能的前提，而预测功能又是解释功能的深化。体育科学研究的预测功能对体育运动，特别是竞技体育运动具有重要的实践意义。在竞技体育运动中，预测运动员的形态特征、体能状况、心理素质等因素，对运动选材、运动员未来取得训练实效和运动成绩也具有一定参考价值。体育科学研究的预测功能所具有的实践性，有力地推动了竞技体育运动的不断发展。

四、体育科学研究的发展趋势

既高度分化，又高度综合，是当今和未来科学发展的基本特征，也构成了现代体育科学发展的总趋势。随着体育事业的蓬勃发展，体育科学研究工作也越来越受到各国的高度重视。体育科学作为人类科学活动的一个组成部分，它的发展也必然要顺应现代科学技术发展的总趋势。就目前来说，对科学技术与研究方法的借鉴和吸收的速度越快，对体育科学研究的领域也就越宽，对体育科学研究的问题也就越深刻。概括来说，体育科学研究的发展趋势主要体现在以下几个方面。

（一）体育科学研究的合作化和综合化发展趋势

学科之间的交叉、渗透和综合，新兴学科和边缘学科的诞生，构成了现代科学发展的总趋势(邵德伟等，2002)。体育科学作为人类科学的重要组成部分，正在向着分化和综合的方向发展，而综合是当前体育科学研究的主要发展趋势。由于体育运动中的现象涉及面极广、极为复杂，单独的一个学科只能解决体育科学研究中的某一局部问题，因此，只有大力发展多学科的综合研究，多学科专家间相互合作，应用各自学科的理论知识共同研究，才能解决复杂的和整体的问题，获得最大的研究成效。当今世界体育强国纷纷建立可以开展多学科综合研究的基地，对运动员个体进行遗传学、生物力学、生物化学、生理学、教育学和心理学的同步测试，对整个训练过程进行全方位实时监控。在我国，体育科学研究的综合性趋势也已十分明显，一些重大和重点招标课题往往都是综合性的，且正在被多个研究团队所承担。

实践也已经证明，多学科综合性研究是解决高水平运动训练重大实践问题的有效途径。这种高度综合的体育研究方式，要求体育科研人员在思维方式上，更加强调系统、整体和集成；在组织形式上，更加强调多学科专家分工协作，共同开展专题研究；在研究方法上，更加强调对同一对象进行多角度的同步综合测试、观察和分析。

就目前我国体育科学研究而言，一个开放、协作、竞争、有序的体育科研体系正在形成。新的体育科研体系是一个面向社会、面向其他学科、面向世界的开放体系，是一个教、科、医、训相结合，专职研究队伍和兼职研究队伍相统一，体育科学与其他科学共协作的现代体育科技网络。科技部等有关部门也出台了“奥运科技(2008)行动计划”，调动全国的科技力量，着力解决“绿色奥运、科技奥运、人文奥运”中重大科技问题，提高我国运动技术水平。

(二) 体育科学研究领域与研究主题的多样化与多元化发展趋势

从体育科学研究的整体情况来看，竞技体育和学校体育一直是我国体育科学研究的重点领域，但随着我国经济社会的快速发展，人们对健康的认识逐渐提高，人们在追求物质需求满足的同时，也在追求精神上的充实。因此，在竞技体育和学校体育稳步发展的同时，休闲体育及社区体育等大众体育也逐渐得到发展。近年来，体育产业和健康产业受到国家和社会的高度重视，体育产业相关领域的研究已成为体育科学研究的新热点；在依法治国、全面深化改革的背景下，依法治体、全面深化体育改革等领域的研究，将成为体育科学研究的新课题；在体育运动国际化、信息化和数字化的背景下，体育国际的比较、民族传统体育的国际推广与体育信息化领域的研究，将继续受到重视。这不仅使体育科学研究的对象扩展到社会的不同阶层、不同地区及不同经济社会的不同领域，也将使体育科学研究的主题、类型和层次得到拓展和丰富，表现出研究领域的多样化和研究主题的多元化。

(三) 体育科学研究方式和手段的多样化和现代化发展趋势

在体育科学的发展过程中，体育科学研究的方式在不断变化，表现出一种明显的趋势。这就是从直观研究、分析研究到综合研究；从静态研究、动态研究到黑箱研究；从定性研究、定量研究到模糊研究；从个体研究、集体研究到联合研究；从被动研究、主动研究到先导研究。研究方式的变化产生于科学研究的技术手段的不断更新，同时提高了人们对体育运动的认识能力。

现代科学技术的迅猛发展，促使高科技成果越来越广泛地运用到体育科学研究中，如电子计算机技术、声像技术、光电技术、遥感技术甚至空间技术等。体育科学研究的手段出现了自动化、智能化、多功能化、遥控化、轻便化、高效化、精密化及模拟化的明显趋势。生命科学最新研究成果及其制成品在体育运动中的应用明显提高了运动员承受极限训练负荷的能力和竞技水平；材料科学新产品，如塑胶跑道、海绵坑、尼龙撑竿、鲨鱼皮泳装等，都直接促进了运动成绩的提高；信息科学新成果极大地提高了训练和比赛中的信息采集、传输和处理能力。先进的训练模拟系统、便携式、现场式功能监测仪器，具有仿真效果、利用视觉、听觉、味觉进行心理调节的宇航综合模拟仓的使用，都直接提高了运动训练的科学化程度。体育科研手段的变化对体育科学研究起到了很大的促进作用，这使得体育科技的地位和作用显著提升。国际体坛竞争日益激烈，得科技者，得天下。世界体育强国都在运用最新科技手段来挖掘人体运动潜能。体育科技正在被越来越多的国家重视，体育科技在各国体育运动发展的地位不断上升，作用日益显著。

（四）体育科学研究方法的综合性和多元化发展趋势

体育科学研究问题的复杂性决定了仅靠单一的研究方法难以解决复杂的体育问题，难以正确地揭示体育现象背后隐含的发展、变化规律。在实际的体育科学研究过程中，许多重大的体育问题的解决都是多种研究方法的综合运用。研究方法的改进与完善，又为体育科学研究水平的提高提供了方法学保障。如果说，体育运动发展的需求是体育科学研究发展的根本动因，那么科学技术、研究方法的更新和完善，则是推动体育科学快速发展的又一动因。体育问题的复杂性和综合性，使得体育科学必须运用多种科研方法，才能深刻地把握和解决体育问题。

（五）对大众体育，特别是国民体质与健康促进的课题是未来体育科学研究的主流

在重视竞技体育研究的同时，大众体育、康复体育的研究越来越活跃；在重视基础研究的同时，应用研究和开发研究的比重逐渐增大。当代体育科学研究的重点和研究成果的数量方面，仍然是以竞技体育为主，但是，随着经济水平的发展，人民生活水平的不断提高，大众体育、康复体育方面的研究需要也在逐步增大，使得这方面的科学研究工作也越来越活跃。特别是在一些经济发达的国家，其越来越重视大众体育和康复体育的研究工作，有些国家还建立了专门的研究机构。

（六）体育科学研究队伍的专业化和多元化发展趋势

随着体育运动事业的快速发展，人们对体育运动科学化的要求也在不断提高，未来体育科研的组织、规模和队伍都将不断扩大，体育科研人员的专业化程度也将不断提高。体育科学研究对象的复杂性和综合性特征及体育科学研究的综合化和合作化趋势，都会使得更多的不同学科背景、不同专业背景的专家参与到体育科学研究的队伍之中。体育科学研究生教育的发展，使得越来越多的受过研究生教育并有丰富的科研经历的研究人员加入体育科学研究的队伍当中，从事体育科学研究工作。从根本上来说，多学科的综合性和合作性研究，也是体育科学研究发展的必然趋势，也是促进体育科学问题解决的有效方式。

（七）体育科学研究的国际化发展趋势

现代体育科学技术的进步和发展，离不开体育科学研究的广泛交流和合作。现代体育

运动的国际化发展趋势，也使得体育科学研究走出国界，迈向世界，呈现国际化的趋势。尤其是现代信息技术的快速发展，缩短了世界各国体育科研人员之间的距离，使得国际体育科学交流更加方便和频繁，各国间的体育科研合作也逐步增强。也正是体育科学研究日益的国际化和信息化，才使得各国的体育科研人员能够及时掌握最前沿的世界体育科研发展动态，才使得借鉴、吸收新的研究成果成为可能，这大大提高了体育科学研究的效率和质量。

第三节 体育科学研究的类型

体育科学研究的类型是指根据科学研究活动过程所具有的矛盾特殊性而划分的不同的种类。因分析问题所站角度的不同，所采用的分类依据与分类方法不同，所划分的种类也是多样的，都从不同方面反映了体育科学研究这一实践性活动的某些矛盾属性。例如，可按研究对象的领域范畴分类，按研究任务的不同特点分类，按研究成果的性质分类，按研究内容的时间特征分类，按研究内容与目的的特征分类，按研究方法的特征分类，按体育技术学科、理论学科分类等（黄汉升，2010）。由于体育科学研究的学科众多，研究内容广泛，尽管目前的分类方法较多，但很难找到一种包容多种分类特征的分类方法。很明显，分类只是一种认识手段和途径，不是科学研究的最终目的，同一研究对象和研究过程可按不同的分类方法划分为不同的类型。但是，任何分类都服从于体育科学研究任务和目的需要，否则再好的分类方法对体育科学研究都是没有意义的。以下是适用于体育科学研究的几种分类。

一、根据研究成果的性质分类

根据研究成果的性质，可将体育科学研究类型分为基础性研究、应用性研究和推广性研究三种类型。

（一）基础性研究

基础性研究一般是指从理论上探讨自然界、社会有关领域中的新奇疑难现象和根本矛盾，揭示其中存在的客观规律与法则，验证或创立新的科学假说理论、定律的科学研究活动（王健等，2016）。在体育科学研究中，基础性研究就是以发现和研究体育运动中的基本规律，发展体育科学理论，揭示各种体育现象之间的联系为主要目的的研究。

在体育科学中，基础性研究的任务主要是揭示体育运动过程中的基本规律，同时还担负开辟新领域、创造新理论和新学说、寻找新方向的重要任务。基础性研究又可分为基础理论研究和应用基础研究两种形式。前者通常被称为纯粹理论研究，而后者通常被称为定向基础研究。基础性研究的主要目的是解答体育学科领域内的重大理论问题或疑难问题。理论研究包括在抽象层次进行学术探讨，如建立概念体系和分类框架，对各种理论观点进行评述、批判和综合，澄清理论分歧，对经典理论和学说史进行系统分析和介绍等；另外，理论研究还包括在理论层次和经验层次上运用实证方法研究现实问题，即通过对社会现象的观察、概括和使其抽象化来检验理论并提供新的理论解释，像对人体功能活动规律、超量恢复理论、红白肌纤维学说等的研究都属于基础性研究。

基础性研究具有超前性、创造性和理论性的特点。超前性主要指那些具有远见卓识的体育科研人员，以敏锐的眼光、渊博的知识和非凡的科学洞察力，超越同时代人的认识水平和已有理论，去发现和探索体育科学领域中的重大问题或长期争论悬而未决的体育科学问题。其研究成果也大多超越当时的一般科学认识水平，有的甚至是划时代的新的体育科学理论学说。创造性主要是指基础性研究不是在原有的体育学科或问题上绕圈子，而是另辟蹊径，寻求新的突破口，开辟新的研究领域，发现新规律，构建新理论，其研究成果具有很强的新颖性、独特性。大多数基础研究的创造性主要表现在对体育某一领域发展的普遍理论指导，为运动训练的实践活动提供科学理论依据。从新技术革命和体育运动未来的发展来看，关于遗传工程研究对运动员早期选材，微循环对训练状态的评定，内分泌研究对儿童、少儿生长发育规律的探索等，将是未来体育基础研究的重大课题。

（二）应用性研究

应用性研究是指在体育领域内采用已有的基础研究成果，去探索解决体育运动现实问题的新途径、新方法、新技术的研究活动（骆秉全，2003）。应用性研究是处于基础性研究和推广性研究之间的中间研究阶段，它是直接面向一个专门的实际目的和应用目标而展开的研究，起着承上启下的枢纽和转化作用。在体育领域中，运用先进的科学理论去解决体育运动实践中迫切需要解决的实际技术、手段、方法等问题，如各运动项目的新技术、新战术的实验研究，新的教学、训练方法和手段的探讨，选材方法、指标的研究及运动场地器材的研究等，都属于应用性研究。

应用性研究对体育运动实践具有直接的推动作用，同时，应用性研究又可以将体育运动实践中的需要反馈给基础性研究，推动基础性研究的进一步深入发展。

（三）推广性研究

推广性研究又称开发性研究和发展性研究，它是利用基础性研究、应用性研究的成果和现有的知识，为创造新产品、新方法、新技术、新工艺或完成科研任务而进行的技术研究活动。推广性研究是将应用性研究成果转化为社会生产力，应用到生产、生活、教学、训练实践中去的研究过程，它是科技转化为生产力的最后环节。作为应用性研究成果的各种新技术、新产品、新专利、新工艺、新材料等，只是技术上的成功和应用方法、途径的初步实现，一般不能直接大批量生产。因此，还需要对其进行中间试验、变型和定型试验或小规模、小批量的试验与生产，然后再正式在社会生产实践中大面积推广应用。推广性研究的基本任务是对体育科研成果做进一步的验证和推广，解决如何利用已知理论和原则提出新技术的应用和新产品的生产。

综上所述，虽然上述三种研究类型具有各自的目的、特点和作用，但它们之间又是一个相互联系、相互作用的有机体。基础性研究与应用性研究是不能简单分开的，因为许多实证性的理论研究本身也是应用研究，这两种类型研究是相互促进、相互补充的，应用性研究能够为理论性研究提供大量的感性材料，而理论性研究的成果又有助于应用性研究的发展。推广性研究与应用性研究也是相互联系的，只是二者的实践性程度不同而已。基础性研究、应用性研究和推广性研究的关系见图 1-1。

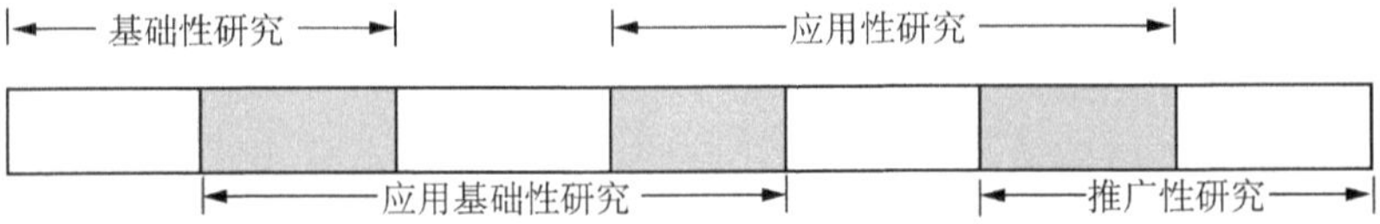

图 1-1 基础性研究、应用性研究和推广性研究的关系

引自：余丽萍，孙伟东，2013. 体育科研方法基础教程[M]. 沈阳：东北大学出版社.

二、根据研究的目的和内容分类

根据研究的目的和内容，可将体育科学研究分为探索性研究、描述性研究和解释性研究三种类型。

（一）探索性研究

探索性研究是指课题所涉及的研究范围和内容比较独特、新异，是对过去不曾有人涉足、问津的领域进行研究。任何研究都会经历从无到有、从浅到深的过程，人类对自然界和自身的认识也是从这一过程中逐步深入的。对于探索性研究，研究者一般对事物的矛盾运动和研究结果事先都是不知道的，像前面讲到基础性研究与应用性研究中某些目前未涉足的领域也属于探索性研究。探索性研究的主要目的和任务：①扩大科学知识领域或建立新的理论体系，去尝试探索新奇事物与规律；②为了大规模正式研究，探索新的研究方法的效果和成功可能性的大小，为正式研究提供经验。体育领域中提出的一些新理论、新技术和新战术的应用研究都属于探索性研究。

探索性研究面对的是尚不了解的事物，无同类研究成果可供借鉴、参考，因而作为探索的结果有可能成功，也有可能失败，或者其现有的研究成果难立刻为研究课题提供可信的答案。因此，一些重大的探索性研究课题耗时较长，其可能经过多次的探索失败后，才可能找到突破口，获得最后的成功。

（二）描述性研究

描述性研究是指在对某一问题事件进行研究的过程中，力求将观察了解到的事实与现象客观准确地加以描述，并根据描述提出某种假说或初步结论。描述性研究中描述内容一般包括对事物的性质、结构、数量和质量特征的描述及概括性、规律性的反映。像体育领域中对各项目所做的大量技、战术临场观察统计的研究，对全国大中小学生所进行体质健康调查研究，对大众体育发展现状的调查研究等均属此类研究。描述性研究是科学研究的基础，也是科学研究的起点，其主要是尽可能地描述研究主题的详细情况，而不作原因探讨。

（三）解释性研究

解释性研究以某些科学理论和事实为依据提出科学假说，然后通过研究过程中对事物的大量观察（实验、调查等）和经验事实的收集，力求在逻辑上验证假说的可能性，解释观察事实与理论假说之间关系的一致性，从而揭示事物发展过程中存在的某种规律，并提出某种新的理论。在解释性研究众多的研究方法中，实验法是揭示事物之间因果关系最为重要的研究方法。

在体育科研实践中，通常一个问题的解决并不是单单采用某种单一的研究类型就能实现的，而是通过三种类型的研究共同发挥作用，从多角度、多方面来考察和分析问题，以实现研究的目的。

三、根据研究的性质分类

根据研究的性质，可将体育科学研究分为定性研究和定量研究两种类型（姜达维，2002）。

（一）定性研究

定性研究是根据社会现象或事物所具有的属性和在运动中的矛盾变化，从事物内在的规律性来研究事物的一种方法。定性研究通常以普遍承认的公理、一套演绎逻辑和大量的历史事实为分析基础，从事物的矛盾性出发，描述、阐述所研究的事物。定性研究是非实验性、非数据化的，其目的是理解体育社会现象和运动中的人。进行定性研究，要依据一定的理论和经验，抓住事物特征的主要方面，不强调同质性在数量上的细微差异，研究结果通常是以文字而不是数据的形式表现出来（郑真真，2013）。定性研究一般在体育社会学中应用得较多。例如，研究运动员与普通人群在心理、行为和成长环境等方面的差异。从研究的逻辑上看，定性研究是基于描述性的研究，它在本质上是一个归纳的过程，即从不同的研究现象中归纳出事物的一般规律。

（二）定量研究

定量研究，是自然科学的实证主义取向最常用的研究方式。定量研究主要通过数字化的资料或信息，并对数据进行量化处理和检验，进而分析和解释事物某些因素间量的变化规律，目标是确定变量之间的关系和因果联系。定量研究适用于大样本群体的描述性和解释性研究，能够揭示群体的普遍规律。实验法、调查法和测量法是最常见的定量研究方法，其研究结果通常以数据、模型和图表的形式来表示。

定性研究和定量研究在体育科学研究中广泛运用，二者具有不同的研究范式。第一，在研究目标上，定量研究重视预测控制，确定相关关系或因果关系，而定性研究重视对意义的理解，深入理解社会现象；第二，在研究对象上，定量研究强调事实的客观实在性，而定性研究强调对象的主观意向性；第三，在研究范式上，定量研究采用科学范式，而定性研究采用自然范式；第四，在逻辑过程上，定量研究采用演绎推理，而定性研究采用归纳推理；第五，在理论模式上，定量研究注重理论检验，而定性研究注重理论建构；第六，在分析方式上，定量研究采用统计分析，而定性研究采用文字描述(表 1-2)。

表 1-2　定量研究与定性研究类型的异同

	定量研究	定性研究
研究目标	重视预测控制，确定相关关系或因果关系	重视对意义的理解，深入理解社会现象
研究对象	强调事实的客观实在性	强调对象的主观意向性
研究范式	采用科学范式	采用自然范式
逻辑过程	采用演绎推理	采用归纳推理
理论模式	注重理论检验	注重理论建构
分析方式	采用统计分析	采用文字描述

四、根据研究方式分类

根据研究方式分类，可将体育科学研究分为文献研究、调查研究和实验研究三种类型。

(一) 文献研究

文献研究是搜集文本或视频资料，对文字、图像和数据进行分析，以揭示研究对象的现状特征和发展变化规律的研究(郑旗，2006)。文献研究最大的特点就是不直接接触研究对象，而是利用二手资料进行研究，具有明显的间接性、无干扰性和无反应性的特点。文献研究主要包括内容分析法、现有统计资料分析法、二次分析法和历史比较研究法 4 种具体的研究方法。体育文献是体育科学研究成果的结晶，体育文献是记录、传播体育知识和信息的最真实的方式。体育文献可提供丰富的与研究课题有关的资料，通过体育文献我们可以：①了解以往的体育科研成果。任何一项体育科学研究都应当建立在前人研究成果的基础上，只有这样才能保证研究的连续性和继承性，避免盲目性和重复研究。②了解和研究与课题有关的各种理论观点和研究方法。体育科研人员通过对现有的体育理论和体育方法的借鉴和批判，选择新的研究角度或研究手段，并确立本研究的指导思想和理论假设。③了解体育研究对象的社会历史背景。通过收集所研究对象的社会、历史、经济、政治、文化等方面的文献资料，可得到大量有价值的信息，它们不仅有助于周密的研究设计，而且本身也可供研究和分析。

(二) 调查研究

调查研究是通过问卷、访谈和实地考察等形式，收集各种资料，以探求客观事物真相、性质和规律的研究。调查研究是一种相当古老的研究方式，也是社会研究中广泛使用的研究方式。调查研究作为体育科学研究的基本实践活动，是体育科学研究中在经验层次上获得感性材料的根本手段，是体育科研人员深入理论层次把握研究对象的基础和前提。体育调查研究简便易行，能在较短时间内获得丰富的资料，调查者可以开阔视野，增长知识；调查研究更有利于研究者深入实际，密切联系教学、训练实践，提高课题的实用价值。

此外，调查研究根据不同的分类标准，又可以细分为不同的研究类型，常见的适用于体育科学研究的分类方法和类型如下：

（1）根据调查直接目的的不同，可分为现状调查研究、前瞻性调查研究、回顾性调查研究和追踪性调查研究。

（2）根据调查的范围，可分为普遍性调查研究、典型调查研究和抽样调查研究。

（3）根据调查的具体方式和方法，可分为访问调查研究和专家调查研究。

（三）实验研究

在现实世界中，人们所观察到的事物都是以自然的状态呈现在我们面前的。因此，从研究的立场出发，探询导致或影响该状态的主要原因时，如果仅用观察法和调查法是无法满足研究需要的。

实验研究是以理论研究为先导，利用科学仪器设备、物质条件，主动地对研究变量进行操纵和控制，排除无关因素干扰，突出主要因素，在有利的条件下认识客观事物本质规律或原理的一种研究方法。实验研究是探讨因果关系的有力武器，是基础研究中应用最为广泛、获得成果最切实可靠的研究方法。实验研究不管是在自然科学中，还是社会科学中都有着广泛的应用。从这一层面说，实验研究在体育科学研究中的应用自然也不例外，在推动体育科学发展的过程中发挥着重要的作用，既有从教育学角度在体育教学和训练中的应用，也有从人体生物学角度对人进行整体研究的应用。实验研究包括控制、自变量、因变量及因果关系 4 个基本要素。也有学者表示，实验研究由实验者、实验对象和实验手段 3 个基本要素构成，其中，实验者是实验的主体，实验者的能力及经验是决定实验成败的关键；实验对象是实验的客体，实验对象的复杂程度对实验结果有着重要的影响；实验手段则是实验主客体之间的媒介，具体指实验设备及应用的操作方式，其中，实验手段的先进性与可靠性对实验过程起着重要的作用。

实验研究具有变量操作性、主动性和可重复性的特点。实验研究的变量可操作性体现在研究人员可通过操作实验刺激，控制实验变量，使实验结果向预期方向发展。实验研究的主动性体现在研究人员可根据自己的理论思维，设计合理的实验方案，人为地控制、模拟和操纵客观事物的发生、发展及变化过程，来揭示变量之间的因果关系，认识客观事物的规律或现象。实验研究的重复性体现在研究人员可以在同样的条件下重复实验，反复进行观察，验证自己的实验结果，通过重复实验逐渐接近客观真理。

五、根据研究者是否亲自收集研究资料分类

按研究者是否亲自收集研究资料，可将体育科学研究分为综述研究和实证研究两种类型。

（一）综述研究

综述研究是研究者在充分搜集、阅读、分析与相关研究资料的基础之上，对该领域某一研究主题进行充分研究，对该研究主题的国内外研究现状、研究内容、相关特征、相关研究

的优缺点及取得了哪些研究成果进行一个比较系统的分析和梳理，以便为后续的深入研究者提供思路和动向的研究。综述研究不是对各种研究成果的简单罗列，而是要用研究者自己的语言来阐述相关问题，以供后续的研究者进行深入研究。

综述研究包括“综”和“述”两个方面。所谓“综”，就是研究者必须对所搜集的大量资料进行归纳整理、综合分析，使材料更加精练、层次更加清晰、更有逻辑性。所谓“述”，就是评述，是对不同专题进行全面、深入、系统的论述。综述研究需要围绕某一专题，按时间先后顺序或专题本身的发展层次，对其历史演变、状况和趋势预测做纵向描述。在对那些研究时间跨度大、研究成果多的专题做描述时，要抓住具有创造性的、突破性的成果进行详细论述，而对一般性、重复性的资料就从简从略，这样既突出了重点，又做到了详略得当、层次清楚。由此可见，综述研究可以反映出某一专题、某一领域在一定时期内的研究工作进展情况，可以把该专题、该领域及其分支学科的最新进展、最新发现、最新趋势、最新水平、最新原理和最新技术比较全面地介绍给读者，使从事该专题、该领域研究工作的研究者获益匪浅。因此，综述研究是教学、科研及生产的重要参考资料。

（二）实证研究

实证研究是指从大量的经验事实中，通过科学归纳、总结出具有普遍意义的结论或规律，然后通过科学的逻辑演绎方法推导出某些结论或规律，再将这些结论或规律应用到实践中加以检验的研究。实证研究具有鲜明的直接经验特征，其研究目的在于分析“是什么”的问题，侧重于理清研究对象的过程、后果及研究对象的发展方向和趋势。实证研究的基本原则是科学结论的客观性和普遍性，强调知识必须建立在观察和实验的经验事实上，通过经验观察的数据和实验研究的手段来揭示一般结论，并且要求这种结论在同一条件下具有可证性。因此，根据以上原则，我们可以把实证研究概括为通过对研究对象进行大量的观察、实验和调查，获取客观材料，从个别到一般，归纳出事物的本质属性和发展规律的一种研究。在体育领域中，像在运动训练实践中对青少年运动员身体素质发展规律和不同类型项目的能源物质代谢特点进行概括和论证的研究等都属于实证研究。

第四节　体育科学研究的基本程序

无论何种类型的科学研究，不管研究时间的长短、研究对象的多少，其都是一个有目的、有计划地对既定问题进行专门探索的过程，都要经历一个基本相同的工作步骤和认识问题的过程。体育科学研究的基本程序(图 1-2)是指一个研究课题从开始到结束所要经历的完整过程。了解体育科学研究的基本程序，有助于研究者增强研究的计划性、科学性和控制性，降低研究盲目性，遵循研究过程的客观规律，有计划、有步骤地开展研究活动。一般来说，体育科学研究的基本程序包括选题、提出研究假设、进行研究设计、收集研究资料与事实、整理和分析研究资料与事实、撰写研究报告或学术论文、发表科研成果这 7 个环节。

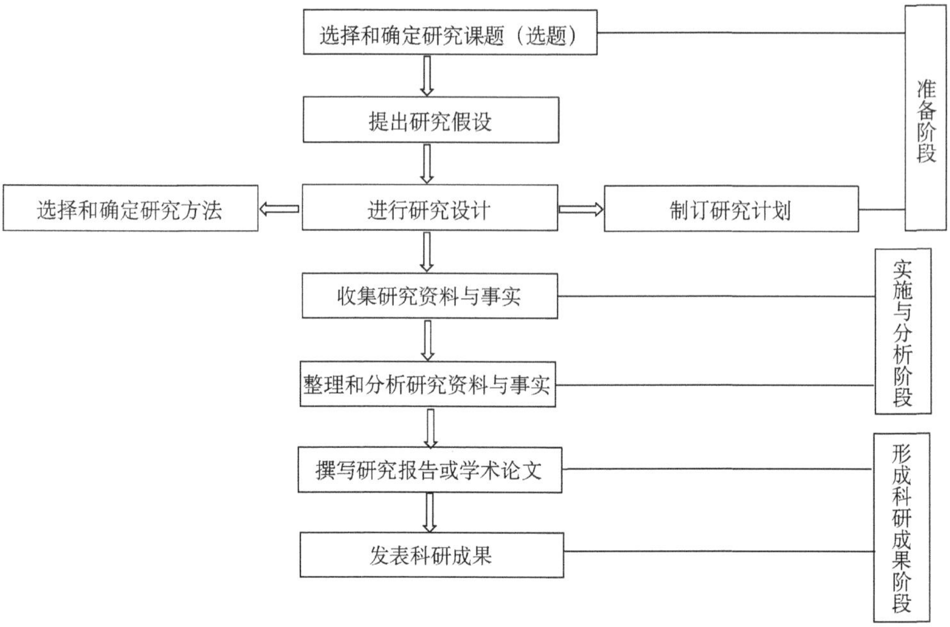

图 1-2　体育科学研究的基本程序

一、选题

选择和确定研究课题，是体育科研工作的首要环节。科研人员通常会根据自己的专业背景、体育实践经历及专业领域某些研究课题的发展现状等多方面的因素，提出一个较有意义和可行的研究题目。因此，选题是否正确和恰当，关系到整个研究工作能否顺利进行，并取得预期的结果。当然，选题是否恰当，取决于体育科研人员的专业素养、理论基础、科研能力、科研经验、科学洞察力与科技信息量。选题是科研过程中较为重要也较为困难的环节，其对整个科学研究过程起着制约和统率的作用。

二、提出研究假设

在确定选题后，紧接着就是对要研究的课题的问题提出研究假设。所谓研究假设，就是我们通常所说的科学假设、科学假说或理论假设，它是体育科研人员根据事实材料和一定的理论基础，从自己的知识经验出发，对所研究问题的预期结果进行预先的假定性设想或解释，形成和建立科学理论的初步模型。虽然只是研究设想，但研究假设不等于随意猜想，它是根据一定的科学理论和事实根据而做出的具有一定科学合理性的研究设想，并且这种研究设想还要经受后期体育实践的检验来加以验证。因此，我们说研究假设作为对科学问题的一种预测性解释，其应符合以下几个条件：

(1) 能够合理地解释原有的理论所能解释的事实和现象。

(2) 能够合理地解释原有的理论所不能解释的新发现和新问题。

一般研究方法为体育科学研究工作者提供了有效的研究思路，促进了体育科学研究的突破性发展；另一方面，在具体的研究课题中，通过多种一般研究方法的综合运用，提高了研究工作的有效性。

3. 具体研究方法　体育科学研究中的具体研究方法是针对某一具体领域、某一具体的研究方面所应用的研究方式、手段和工具。根据各种具体的研究方法的应用范围，又可分为基本研究方法和特殊研究方法。体育科学研究中的基本研究方法主要是指诸如文献资料法、观察法、社会调查法、实验法等收集资料的方法和诸如理论比较、统计分析、系统分析等分析资料的方法。特殊研究方法是指在某一学科领域中所采用的具有学科针对性的研究方法，像运动人体科学中的生化分析、动物模型、促红细胞生成素检测等。具体研究方法不像哲学研究方法和一般研究方法具有普适性的特点，具体研究方法一般只适用于某一特定领域或某一类的具体研究。

上述体育科学研究的三种研究方法是相互联系、相互影响、相辅相成的。哲学研究方法为人们认识和改造客观世界提供了普遍的方法论指导，是一般研究方法的依据和保证；一般研究方法又为体育各个学科领域所通用，它为科研人员提供了研究步骤和操作程序，引导科研人员科学有效地认识研究对象，实现研究目的；具体研究方法是体育各个学科领域所专用的研究方法，是一般研究方法在特殊领域的具体体现。体育科学研究人员应妥善处理好这 3 种研究方法的关系，理清各种研究方法的特点和适用范围，在具体的研究课题中选择正确的研究方法，以实现研究目的。

（二）按研究方式的不同

按研究方式的不同，可将体育科学研究方法分为定性研究方法和定量研究方法两种。

在科学研究领域存在着方法论之说，不同的方法论取向，决定了研究者在收集资料和分析资料时所采取的研究方式。在社会和行为科学领域，有两种相互对立的方法论取向，即实证主义方法论和诠释主义方法论。同样地，在体育科学领域也存在实证主义和人文主义两个既相互对立又相互联系的方法论体系。实证主义方法论通常采用实验法、问卷调查法和数理统计法等定量研究方法，人文主义方法论则采用实地考察和访谈等定性研究方法。

1. 定性研究方法　在前面的体育科学研究的研究类型中已经对定性研究和定量研究这两种研究类型进行了介绍。所谓定性研究方法就是根据社会现象和事实所具有的属性和运动中的矛盾变化，从事物的内在规律性来研究事物的一种方法。定性研究的材料主要来自科研人员的实地考察、访谈记录、文献资料、影像和实物等。定性研究的具体收集资料的方法有观察法、访谈法、比较法、专题座谈、事物收集等。通过对收集到的资料进行整理和处理，借助于各种统计软件进行处理、分析，探究研究对象的本质和规律。目前，像ATLAS.ti、Nvivo、Ethnography、Hyper Research 等软件在体育科学领域的应用，大大提高了体育科学研究工作的分析和处理效率，提高了体育科学研究的质量。

2. 定量研究方法　定量研究方法是自然科学的实证主义方法论取向最常用的研究方法。定量研究方法是对体育现象的数量特征、数量关系和数量变化进行分析的方法。定量研究主要通过对数字化的资料或信息进行量化处理，进而分析和解释事物某些因素间量的变化规律，目标是确定变量之间的关系和因果联系。定量研究方法一般包括建立理论假说、收集相关数据、用统计模型测试各变量之间的关系、得出各变量之间的关系这 4 个步骤（杨毅等，1998）。定量研究适用于大样本群体描述性和解释性研究，能够揭示群体的普遍规律。常见的定量研究方法主要有实验法、观察法、调查法、测量法和统计法等。其中统计法又包括描述性统计、因子分析、多元分析、结构方程等，常用的统计分析软件有 SPSS、yaahp 和 LISREL 等。

定性研究方法和定量研究方法既有区别又有联系，二者互为补充。定性研究是定量研究的基本前提，没有定性的定量研究是一种盲目的、毫无价值的定量研究；定量研究方法采用数据形式的量化分析，使研究结果更加准确和科学，它可以使定性分析得出的结论变得广泛而深刻。因此，在从事体育科学研究的过程中应根据研究的实际需要合理搭配使用定量研究和定性研究，提高体育科学研究的科学性和质量。

三、如何选择体育科学研究方法

在本书前面的内容中，已详细介绍了体育科学研究的研究类型和研究方法。定量研究和定性研究是最常见的两种研究方式，定量研究方法和定性研究方法也是体育科学研究比较常用的研究方法。在实际的体育科学研究中，有些研究人员总是会遇到诸如自己应该怎样选择研究方法和哪种研究方法更适合于自己的研究等问题。研究方法本身并不存在好坏之分，只有是否合适之说。某种研究方法相对于特定的课题目标而言，是最合适的方法，而相对于其他的课题目标而言，可能就不合适了。这就存在一个研究方法的选择问题。一般地说，选择最合适的研究方法，应该考虑以下几个方面：

1. *研究课题的内容*　研究课题的内容是影响方法选择的一个很重要的因素。不同性质、不同内容的课题，对研究方法的要求也不一样。一般来说，社会科学方面的课题与自然科学方面的课题在研究方法上有很大的区别。由于学科内容不同，掌握这些知识技能的心理过程就有所不同，其研究方法也就有所不同。理论性课题常常离不开理论演绎、文献分析、历史研究等方法，此外，有的理论性研究还要开展实验研究。实践性课题，更多地采用调查研究、个案研究、实验研究、行动研究等方法。当然，实践性研究也需要基本的文献研究和理论思考。在选择研究方法时，一定要考虑到研究内容对方法的要求，即从有利于解决问题的角度来确定研究方法，要注意研究方法的实际效能。

2. *研究者自身的心理特征和专业知识基础*　不同的研究者其心理和专业知识基础状况均有不同，其性格特点和兴趣爱好也有所差异，因此，选择研究方法时，还必须考虑这些因素。例如，性格外向的研究者就比较适合采用调查法，而性格内向的研究者往往更适合于采用文献资料法，驾驭材料能力较强的研究者可采用比较法。由此可知，选择最适合研究者自身的研究方法才是最好的。

3. *研究方法要与研究步骤安排相协调*　研究方案设计要针对整个问题的解决过程，进行时间和进程上的安排，合理设置实践操作的时间点，科学安排研究步骤，对于顺利完成研究任务至关重要。因此，研究方法的选择要与研究内容、研究过程、研究步骤安排协调一致。

4. 熟悉和熟练掌握各种常见的研究方法　在体育科学研究过程中，像文献资料法、社会调查法、实验法、个案法、观察法、行动法等常见的研究方法，都有各自的特色和长处，以及各自使用的规范和技巧。在选择研究方法之前，应了解各种研究方法的功能、特点和使用要求，努力掌握各种研究方法的内容。只有真正掌握了这些研究方法，才能从容使用这些研究方法，使其服务于体育科学研究的需要。

5. 多种研究方法的组合运用　在体育科学研究实践中，往往并不是某一种研究方法就能达到实现研究目标的要求，而是需要多种研究方法的综合运用。例如，定性研究方法和定量研究方法的结合使用。只有多种研究方法的综合使用，才能取长补短，发挥各种研究方法的优势，从而提高体育科学研究水平。

四、 研究生从事科学研究的意义

在研究生阶段，专业课的学习非常重要，它是研究生从事科学研究，甚至以后工作的基础。然而，学习专业理论知识和从事科学研究是不同的。研究生和本科生不同，本科生以获取知识为主，而研究生则是以从事科学研究为主。研究和研发不同，研发是基于已有的知识和技术进行研制和开发，而研究的目的是发现新知识、发明新技术。因此，研究生阶段除了学好专业知识，还应该学会运用这些知识，探索新知识、探究新技术。

从人类发展的角度看，科学研究可以扩展人类的知识，没有科学研究就没有技术的进步。研究生从事科学研究就是为了推动人类的发展，促进社会的进步。从个人发展的角度看，科学研究是个人能力发展的最佳实践平台，也是差异性发展的需要。研究生只有学会了做科研，才能更好地发展自我，实现自我。总之，研究生学会了做科研，才能在未来的科研工作中拥有主动权，跟上时代的步伐，成为真正对社会有用的人。

对于高校而言，培养研究生的科研能力具有重要意义，具体体现在以下几个方面。

（一）培养研究生的科研能力是研究生教育本质的体现

对于研究生教育的定义、本质的研究，是一个重要而又复杂的学术问题。奥尔特加·加塞特认为，大学的主要功能包含文化的传授、专业教学、科学研究和新科学家的培养。研究生教育在新科学家培养方面发挥着极其重要的作用。研究生教育是培养研究生进行科学探索和科学研究的教育阶段，研究生教育应着重引导学生发展智力，而不是进行机械的训练，因此应把研究生教育看作是学生科学探索方面的教育

我国学者提出，研究生教育是高层次的专业教育。研究生教育与本科教育及其他阶段教育的最大区别在于，研究生教育主要是研究生通过参加一定的科研活动，如参加课题研究、进行专题调查等，使其在本学科和专业领域具备一定的科研能力和创新能力。在我国的研究生教育中，虽然研究生阶段也要开展一些课程教学，但其主要的目的是在掌握必要的专业基础知识的前提下，对这些专业课程相关的课题进行深入研究，并通过这种科学研究实践，提高科研能力。由此可见，培养研究生的科研能力是由研究生教育的本质决定的。

（二）培养研究生的科研能力是提高研究生教育质量的关键

1. 科研能力是衡量研究生教育质量的基本要素　研究生教育质量的主要衡量标准

是所培养的研究生在掌握知识、发展和提高能力、形成良好的品德或个性等方面的程度。同时,研究生教育的目的就是培养学生进行科学研究的能力,从而促使他们对一些重要的、根本性的问题进行研究,寻求解决办法。研究生的培养,既要使其掌握本门学科坚实的基础和系统的科学知识,更要求其具有从事科学研究工作和独立担负专门技术工作的能力。

2. 知识经济时代的科研能力已经成为衡量研究生教育质量的最重要外显特征　教育质量标准在很大程度上由社会发展水平和需求状况决定,因而具有动态性。就研究生教育质量而言,质量标准应视社会经济、科技文化的发展状况及其对人才的需求而定,应使质量及其标准与社会发展和培养目标相适应,才能体现质量的现实意义。也就是说,检验研究生的培养质量,最终要看我们培养的研究生能否为我国的经济建设、科技进步和社会发展做出应有的贡献。目前,人类已步入知识经济的门槛,人力资源已经成为社会进步的主要驱动力,创新能力是处在知识经济时代的国家或民族最为需要的能力。在这种时代背景下,作为培养各学科未来的学术领导者和行业技术骨干的研究生教育,面临着来自社会各方面要求加强研究生科研能力培养的呼声,自然要高度重视研究生的科研能力,特别是科研创新能力。事实上,具备较强的科研能力也是研究生在未来社会中生存和发展的需要。研究生只有具备科研能力,特别是科研创新能力,才能站在探索未知世界、探求客观真理的前沿,才能为解决人类面临的重大课题提供科学依据,才能进行知识创新,才能推动科学技术成果向现实生产力转化。

3. 科研能力不强是引发人们对研究生教育质量提出批评的重要因素　目前,社会各界均认为,最能衡量研究生的水平和质量的,主要是研究生的科研能力和所取得的成果。经过多年的努力,我国研究生已成为一支奋发向上的科研主力军,但是受多种因素的影响,科研能力仍然存在诸多不足,尤其是与英、美等发达国家的研究生教育相比尚有明显差距,这是研究生教育质量招致批评的重要原因。因此,各个研究生培养单位也已经认识到了研究生教育质量不高和科研能力不强的关系,一致认为要以培养和提高研究生科研能力为突破口来提高研究生教育质量。

总之,重视研究生的教育质量,必然重视研究生的科研能力,培养研究生的科研能力是提高研究生教育质量的关键。

(三) 培养研究生的科研能力是建设国家创新体系的需要

1. 培养高校研究生的科研能力,有利于增强国家创新体系的原动力　位于国家创新体系基础层面的高校研究生科研能力,特别是科研创新能力的提升,会因为研究生参与未来国家创新体系的不同维度、层面的创新行为,而被层层放大其创新绩效,从而增强国家创新体系的创新能力。实践表明,创新的核心资源是创新人才这个异质型人力资本,其多寡优劣决定了国家创新体系的创新绩效。高校处于国家创新体系的基础性位置,高校培养的研究生的科研创新能力一旦得以提升,则会对国家创新体系各子系统的创新在整体上产生放大效应,创新绩效被层层放大、扩散,最终对国家创新体系的创新绩效的提升产生不可估量的倍增效应。尤其是置于知识经济时代背景下国家创新体系,更加凸显高校研究生科研创新能力培养作为国家创新体系原动力的地位。

2. 培养研究生的科研能力,是改善我国创新体系的重要环节　实践表明,不管是哪一个层次的创新，都具有比较明显的路径依赖特征。创新与系统绩效之间并不必然表现为线性关系，有效的创新或者说较高的创新绩效往往意味着选择了正确的初始路径，因而在以后的既定发展方向上不断得到自我强化。注重高校研究生创新能力的培育，就是选择了国家创新体系初始的正确的创新路径，因而在自我增强机制的作用下，使得国家创新体系呈现出创新的边际效益递增现象，进入互为因果、互相促进、不断优化的良性循环状态。反之，会使国家创新体系最终长期陷入恶性循环的"锁定"状态。可见，重视并培养高校研究生的科研创新能力对国家创新体系的绩效提升和演化方向具有不断扩散和放大的驱动作用。

综上所述，研究生学习和掌握科学的研究方法，进行科学研究，既是对研究生本人接受研究生教育，获得相应学位的要求，也是我国研究生教育培养的要求。不断提高研究生的科研能力，对于实现我国的研究生教育目标、改善我国的创新体系、实现国力的提高都有着重要的意义。

五、 研究生学位论文完成的流程

一般来说，一名硕士研究生正常都要经过 2～3 年的学习并且完成学位论文才能顺利毕业。那么，作为一名硕士研究生为什么要进行学位论文的写作呢？通过一名硕士研究生的学位论文，我们可以看出一名硕士研究生的综合素质和能力，这主要包括专业理论基础水平、发现问题的能力与水平、获取信息技术的能力、阅读与理解文献的能力、提炼与概括的综合水平、逻辑递进演化水平、数理统计技术与水平、人际沟通与协调能力、文字书写能力及口头表达能力等。一般来说，硕士研究生学位论文的完成大致要经过以下几个过程：

(1) 开题准备。研究生导师与学生进行面谈，根据学生的研究方向初步确定学位论文题目，并提交院系教研室。

(2) 审查拟定的题目。在此阶段，院系教研室会对论文题目进行审查，并且督导组专家也会对论文的题目进行审批。通过审批的论文题目方可进行开题。

(3) 填写和提交开题报告。在该阶段，教研室会组织研究生进行论文开题的筹备通知，研究生根据教研室的要求填写开题报告，制订科研工作计划。

(4) 审查开题报告。研究生将开题报告和科研工作计划书提交给院系教研室后，教研室会组织相关专家审查开题报告和论文工作计划。

(5) 正式开题。各院系的教研室成立学位论文开题评审委员会，组织研究生参加学位论文的开题汇报。在此阶段中，研究生按照开题评审委员会的要求，在规定的时间内参加论文开题汇报。

(6) 收集、处理和分析研究资料。研究生在开题通过之后，紧接着就要着手通过各种研究方法获取论文研究资料和数据，并就相关研究资料和数据进行整理、统计分析，为撰写学位论文提供素材。

(7) 中期检查。研究生在对研究资料和数据进行统计分析之后，就要按照学位论文的格式和规范进行学位论文初稿的撰写。在这一过程中，院系的督导组专家也会对研究的论文完成过程中的一些工作进行中期检查，旨在督促学生按照学校要求，在规定的时间内完成学位论文。

(8) 修改初稿和定稿。研究生在论文初稿完成之后，要将论文初稿交给导师进行审查。导师会根据研究生论文的内容提出相关修改意见，研究生按照导师的修改意见对论文初稿进行多次的修改之后，将论文定稿交给导师。指导教师针对研究生的论文定稿填写论文评语，并明确是否同意学生参加答辩。

(9) 预答辩。各院系组织专家成立学位论文预答辩专家评审委员会，组织研究生参加学位论文预答辩，研究生按院系答辩委员会的要求准备相关预答辩材料，在规定的时间参加论文预答辩。

(10) 正式答辩。各院系成立评审委员会，组织研究生参加学位论文答辩。在此阶段中，学生按照答辩委员会的要求准备论文答辩的相关材料，在规定的时间内参加论文答辩。

(11) 总结存档。在本学院的研究生论文答辩工作结束之后，院系将进行研究生毕业工作总结，并对研究生的毕业论文进行存档。

本章小结

本章从科学、体育科学、科学研究、体育科学研究的基本概念入手，阐释了体育科学是研究体育现象、揭示体育内部和外部规律的一门综合性学科，体育科学研究的根本任务，是发现和研究有关体育运动的理论与方法问题，探索解决问题的途径和方法，揭示体育领域中各种现象和关系的本质与规律，为提高体育运动实践活动的科学性服务。在此基础上，论述了体育科学研究的特点、功能和发展趋势，阐明了体育科学研究的任务、内容、类型和基本程序，并对科学研究方法的概念及体育科学研究方法的概念和分类做了概述，进一步论述了研究生进行科学研究的意义，并简要地介绍了研究生完成学位论文的基本程序。

思考与练习

1. 什么是体育科学？为什么说体育科学是一门综合性学科体系？
2. 体育科学研究的类型有哪些？它们之间有什么联系？
3. 简要论述体育科学研究的发展趋势。
4. 简要论述体育科学研究的基本程序。
5. 如何正确选择体育科学研究方法进行研究？
6. 研究生为什么要进行体育科学研究？

本章主要参考文献

崔岩，2014. 体育科学研究方法[M].成都：电子科技大学出版社.
黄汉升，1999. 现代体育科学研究的方法学特征[J].体育科学，19(2):6-10.
黄汉升，2015. 体育科学研究方法[M]. 第 3 版.北京：高等教育出版社.

黄汉升，周登嵩，2010. 体育科研方法导论[M].北京:北京体育大学出版社.

姜达维，2002. 再说体育科研方法[J].天津体育学院学报,17(3):14-18.

李艳翎,苏益华,赵贵保,等.2003.体育科研理论与方法[M].长沙:湖南文艺出版社.

骆秉全，2003. 实用体育科研方法[M].北京:民族出版社.

邵德伟，陈伟明，2002. 论现代体育科学研究方法论的几个特征[J].北京体育大学学报，25(4):454-456.

王晖，2004. 科学研究方法论[M].上海:上海财经大学出版社.

王健，曲鲁平，于建成，等，2016. 体育科学研究:方法与进展[M]. 天津:天津科学技术出版社.

王薇，2009. 体育科研实用方法[M].昆明:云南大学出版社.

杨毅，王秉彝，1998. 体育科学研究应用数学方法的思考[J].体育科学，18(1):14-15.

余丽萍,孙伟东,2013.体育科研方法基础教程[M].沈阳:东北大学出版社.

张力为，2002. 体育科学研究方法[M].北京:高等教育出版社.

郑旗，2006. 体育科学研究方法[M].北京:人民教育出版社.

郑真真，2013. 社会科学研究方法的应用[M].北京:中国社会科学出版社.

中国体育科学学会,香港体育学院,2000.体育科学词典[M].北京:高等教育出版社.

周登嵩,1995. 体育科研概论[M]. 北京:北京体育大学出版社.

第 2 章 选 题

【导读】本章从选题的概述、选题前的准备、选题的价值、选题的可行性、选题的命名等几个方面对选题工作进行了介绍。通过本章的学习，使学生掌握选题的基本知识和技巧，为整个研究工作奠定良好的基础。

学习重点与难点

- 选题的价值和选题的可行性。
- 选题前的准备工作。

第一节 概 述

选题是研究工作的逻辑起点，决定着研究的问题、焦点、内容和方向，对于后续环节和整个研究的质量与成败具有至关重要的影响。做好选题工作是取得研究成功的基本前提。

一、何谓选题

所谓选题，就是选择、明确研究问题，并以恰当的题目来表达，以及对题目的必要性、可行性等进行论证的过程。明确研究问题是选题的中心工作，恰当的题目是选题工作的直接成果，而对题目严谨、批判性地论证是确保选题质量的关键。

二、选题的基本要求

(1) 所选题目要符合学术共同体或学科专业的基本规范。学位论文选题要与欲申请的学位专业特点相匹配。

(2) 所选题目要有明确的研究问题。研究问题是对学术研究和自然现象、社会实践中那些有待解答的疑问的规范化凝练。

(3) 所选研究问题应用书面语言、主副标题进行清晰、准确地表达，使人望文知义，题目要避免冗长、语病和浮夸等弊病。

(4) 所选题目要具有必要性或者说研究价值。题目的研究价值体现在学理上的创新性、实践应用上的社会效益、经济效益等。

(5) 所选题目要具有可行性，即可以按照严格的学术规范操作实施、调查研究和科学论证。

(6) 此外，所选题目还要考虑法律、规则、伦理上的正当性，要尽量避免对研究对象(人员和动物等)和自然生态、人类社会造成伤害(艾尔·巴比，2005)。

三、 选题的基本程序

(1) 初步确定研究意向。研究者借助经验积累、同行启发或者社会需求等初步提出研究可能涉及的对象、事物和问题。

(2) 搜集、阅读和掌握相关文献，了解背景知识。通过搜集、阅读、整理、分析和述评与自己的研究意向相关的文献，来促使自己借鉴前人研究、明确研究主题。学术研究是高度专门化的，每一个主题都需要特定的背景知识。这些背景知识包括了国家的法律法规与大政策方针、前人学术研究状况、研究对象的群体特征、相关的社会文化背景及专业知识等。

(3) 进行预研究。在选题的各项工作当中，预研究是非常容易被初学者忽略的环节。许多初学者是先完成开题再去实际调研，这是不恰当的。加强预研究是确保选题质量的关键环节。

(4) 提出研究问题。将研究意向或主题用简洁的学术语言表达出来，提炼自己要研究的经验问题或理论问题，提出研究假设。

(5) 明确课题的目的和意义。把握课题应达到的目的，整理课题的理论和应用价值，挖掘其创新之处。

(6) 评估课题可行性。考虑课题是否能操作、完成。

(7) 确定研究题目。从研究主题出发，遵照学术规范确定研究题目。

(8) 进行开题论证。那些拟申请国家、社会资助的研究项目，或者与攻读学位有关的研究项目等，往往要经过专门的开题论证环节(黄聚云，2015)。

第二节 选题前的准备

高质量的研究题目不是凭空产生的，而是奠基于扎实的前期准备和预研究。研究问题的凝练需要一个充足的准备过程和大量研究素材、背景知识等的支撑。

一、搜集和阅读相关文献

科学研究是在既有的学术脉络和语境之中展开的，任何研究都无法脱离前人的学术积累。搜集、阅读和掌握前人相关文献既是追求学术创新的基础，也是挖掘自己研究问题的必然（德尔伯特·C.米勒等，2004）。

1. *掌握相关文献对选题非常重要* 为选题而进行的文献处理工作具有如下多方面的价值：

（1）获得主题相关的背景知识，丰富研究者的知识储备。

（2）掌握学界主题相关的研究现状，借鉴前人研究经验和模式。

（3）寻找既有研究中的焦点、不足和空白，梳理和提炼研究问题，明确与学界既有研究学术对话的切入点。

（4）引证前人研究的结果、发现，支撑自己的研究。

（5）将前人研究作为自己研究分析的素材、对象，进行元分析研究或者内容分析法研究等。

2. *充分搜集主题相关文献* 为了提高文献搜集的效率和质量，研究者应：

（1）要掌握各种文献资源的搜集方法和技术。

（2）要具备一定的外文阅读能力，并搜集足量的外文文献。

（3）要搜集包括期刊论文、会议论文、报纸文章、书籍专著等在内的多样化文献，避免文献来源过于单一。

（4）要尽量优先搜集来自权威载体的文献。

（5）所搜集文献应能覆盖学界主题相关的主要代表性人物及成果。

3. *认真阅读主题相关文献* 研究者应做到：

（1）熟知主要文献的核心内容和知识细节。

（2）能够从不同文献当中发现有机联系、概括某些共同问题、框架或者模式。

（3）撰写适当的阅读笔录，并经常对这些笔录进行反思性阅读和分析。仅仅只是浏览文献，还不能确保系统地掌握细节，所以要辅之以阅读笔录，即在阅读的过程中，用专门的文档记录从文献中发现的有价值信息。

阅读和撰写笔录的过程给人的第一感觉是枯燥和单调的，但知识的增长、内化过程恰恰蕴含在其中。初学者通过这种基础的训练很容易攫取专业知识的“第一桶金”，加速自己的学术成长。

4. *撰写文献综述* 研究者应尽量在选定题目之前或者过程当中撰写主题相关的文献综述。对初学者而言，文献综述的专题应尽量具体、细致、接近经验现象，这样便于掌握。当熟悉了某一专题后，再自然而然扩展到相关的专题，从而不断生发出新的专题和知识点。这样积少成多，就可以高效率和系统地把握学界研究，快速地提升自己的知识积累和专业修养。

研究者应掌握多种文献综述撰写的技巧，并提升写作能力：

（1）罗列式文献综述。其特点是将与主题相关的文献、作者及主要观点一一罗列，被罗列的各条目之间相互独立，缺乏进一步的加工、提炼、归纳和深入分析；许多文字只不过是对原始文献的摘要式复述和再编辑。这种文献综述方式主要见于初学者和前期阅读积累阶段。

（2）梳理式文献综述。其特点是按照特定的逻辑顺序对前人文献进行梳理，以构建属于自己的学术认知框架。经常使用的逻辑顺序有时间顺序、学术流派、传承关系、学者、学科领域等。梳理式文献综述的创新点在于其专题学术史的资料价值。

（3）归纳式文献综述。其特点是从前人的文献中将散乱的学术观点合理地分门别类，或者指出在研究范式上的共同特征及问题等，其价值主要在于其所归纳出的命题、问题或分类体系。

（4）对话式文献综述。其特点是紧紧围绕核心论题，在与学界既有学说对话（特别是准备挑战之）的过程中，既回顾、总结了前人之研究，又指出其存在问题与不足，并阐发了自己的见解。对话式文献综述通常有着明确的对话对象（观点），大胆采用逆向、求异思维，并做出有凭有据、富有针对性的点评。对话式文献综述的创新点在于能阐发出不同于既有学说的竞争性解释。当代科学研究强调学术对话，因为通过学术对话可以形成一种知识的累积性、递进性增长机制，能让真理越辩越明。对于学者个体而言，学术对话可以启发其思想和智慧，并使自己融入和保持在学术前沿。撰写对话式文献综述是参与学术对话的必要手段，也是明确研究问题的必经之路。

二、掌握背景知识

科学研究是一个知识积累、创新和增长的过程，高质量的选题要建立在对研究主题相关领域背景知识的扎实掌握基础之上。

1. 掌握相关的专业理论知识　研究者要具备一定的专业理论知识，理解有关概念、学说。任何研究都会涉及各种概念，研究者要能够清晰、准确地把握研究课题的核心概念。例如，要研究体育人口问题，首先就要理解体育人口的概念，目前学界对这一概念的主流定义是经常从事体育锻炼或者身体练习的人，如果理解成体育从业者就会发生偏差，并导致研究设计及操作等方面一系列的问题。

2. 掌握相关的研究方法与技术　科学研究建立在规范而严谨的方法与技术之上。不同的研究问题适合不同的研究方法和技术，事先掌握相应的方法和技术是制约选题工作的重要因素。手中的武器决定了作战的方式，如果研究者对所需的方法和技术一无所知，很多种依赖这些方法和技术的研究就无法自主实施。所以，研究方法与技术的训练程度、掌握情况对研究选题具有非常显著的制约作用。当研究本身需要使用研究者并不熟悉的方法和技术的时候，研究者一定要进行针对性的学习和训练。

3. 掌握相关的政策背景知识　科学研究是在特定的社会背景下展开的，社会背景既是科学研究的环境条件，又是研究的宏观对象，还是研究素材的重要来源，并对研究具有需求导向、舆论引导等影响——这对社会科学类研究尤其重要。掌握相关的政策背景有助于研究者：

(1) 把握社会宏观大局,对基本社会形势做出客观的判断。

(2) 从国家和社会需求出发,更好地选择符合时代潮流的主题。

(3) 了解与研究课题有关的政策支持和约束。

(4) 更好地致力于政策的落实和完善,发挥学术研究的资政功能。

4. 掌握与研究对象有关的知识　有的研究对象是非生命物体,如某种传动装置,有的研究对象是动植物或人员。不同的对象拥有不同的特性,如果不熟悉这些特性将会对研究造成很大困扰。例如,要研究高龄老人的体力活动,就要先了解高龄老年人群体的身心及行为特点,否则有可能发生将适用于青壮年的研究指标简单套用到高龄老年人身上的问题。

三、 进行预研究

预研究是指在正式选题之前或者在正式调查、实验等之前实施的尝试性研究。

1. 预研究具有重要的意义和价值

(1) 发现研究问题、提炼研究主题、形成研究假设。

(2) 了解研究对象和相关背景,判断研究可行性。

(3) 试行研究方案,改进研究工具,检验信度和效度。

预研究对提升研究的立意、基础和质量具有极其重要的价值。许多体育社会学研究选题缺乏理论或现实价值,研究方案无法有效实施,研究方法不能胜任研究实践,这些问题的发生皆与忽略预研究有关。

2. 预研究实施的时机和方式

(1) 选题之前,即在研究主题选定之前实施预研究。

(2) 大型实验、调查等研究工作实施之前,可以先进行小样本的预研究。

第三节　选题的价值

选题价值是研究选题最重要的考量指标,越是有价值的问题越有研究的必要。选题的价值体现在创新性、必要性、理论意义、实践意义等方面(袁方等,2004)。

一、 选题的创新性

科学研究是一种追求创新的认知和实践过程,创新是其内在使命,也是其意义与价值的集中所在。创新性是研究选题的最优先的考量。

选题的创新性主要体现在研究问题、研究视角、研究方法和技术、预期研究发现的新颖性和突破性等方面。因为科学研究是以问题为中心、以问题为导向的,所以提出合乎研究规范的新问题是选题创新性最主要的体现。研究者应尽量提出和选择新的问题进行研究,或者对学界已经研究过的问题进行验证、拓展,与之对话、交锋,这都有助于新知识的累积性增长(风笑天,2005)。

选择新的研究对象也有助于创新,但对其价值要做出准确评价。在那些学界已经进行过深入、系统研究的问题上更换新一批对象进行研究,其创新性是比较有限的。例如,假定学界已经在民间体育文化的传承方面积累了大量成果,研究者在视角、方法等方面没有新突破的前提下挑选一种还不曾被学界报道过的特定民间体育文化项目研究其传承问题,此时的创新性可能是比较弱的。可以明确地说:选题的创新性主要体现在研究问题上,而不是对象上。

二、 选题的必要性

如果研究选题来自科学研究和社会实践中迫切需要回答和解决的问题,就会具有更强的必要性。研究者一般应对选题的理论及现实背景进行适当的描述和分析,从中寻找和把握那些最为迫切因而也最具必要性的问题进行研究。

需求程度相当程度上决定了选题的必要性,从需求出发选题成为一种惯例。当然,需求程度与选题的创新性及价值之间并不一定是正比关系。在有的时候,那些无人问津的主题反而蕴含着真正的创新和更长久的价值。研究者应辩证地对待。

三、 选题的理论意义与现实意义

许多研究课题的申请文本都要求研究者说明选题的理论意义和现实意义。就实际情况而言,研究的理论影响和实践影响是混融在一起的,但从逻辑上加以区分,有助于凝练和深化研究问题及研究价值。

1. 理论意义 理论意义主要是就选题在知识增长、理论发展及研究方法、技术创新方面可能带来的贡献。如果选题能够提出、使用和检验新的理论产品,则其理论意义就容易突显。研究者应对理论的存在形态有所了解。

理论是关于事物如何构成以及事物之间关系如何的一种抽象化概括。理论常见的存在形态有 4 种:

(1) 抽象的概念:如“体育人口”“体质”“健康”“阶层”“社会失范”“偏差行为”“政治认同”等。

(2) 关于事物分类的类型学说:如将赛场暴力分成身体暴力、符号暴力,将体育体制分成“政府主导型”“市场主导型”。

(3) 关于事物存在或运行方式的模型:如将中国的竞技体育人才培养模式表述成“少体校→体工队→国家队”的阶梯模式或者“金字塔”模式。

(4) 关于事物之间关系的命题陈述:如“A 是引发 B 的主要因素”“A 与 B 正相关”“A 对 B 有影响”等。体育是富含理论元素的领域,但是尚需要做深入挖掘,才能形成更多结构化的、有解释力和影响力的理论。

研究选题的理论意义主要就在于能够发展理论概念、类型学说、理论模型、理论命题等各种新颖的理论产品。

2. 现实意义　选题的现实意义主要体现在对现实世界有可能造成的影响，这些影响主要涉及如下几个方面：

（1）回应国家建设、社会发展等重大而迫切的现实需要。

（2）缓解社会矛盾和问题，应对自然生态领域的挑战和危机。

（3）促进生态、民生，提高、改善人民群众生活水平。

（4）节约资源、能量消耗，促进经济增长，创造经济效益。

（5）为国争光，提高国际地位和影响力，提升国家综合实力等。

第四节　选题的可行性

好的选题不仅要考虑研究价值，还要考虑可行性。再有研究价值的选题如果缺乏可行性，也只能付之空谈。研究选题的可行性主要涉及如下几方面：

一、课题自身因素

研究问题、研究对象、研究范围、研究方法等都会影响可行性。

（1）研究问题：清晰明确的研究问题有助于提升可行性，问题过于复杂、笼统，都会降低可行性。

（2）研究对象：有的研究对象比较容易接触和控制，如试验用的大白鼠，还有的研究对象较难接触和控制，如野生动物。在同等条件下，研究者应尽量选择那些容易接触和控制的对象。

（3）研究范围：显而易见，研究范围越大，可行性就越低。研究者应选择适当的研究范围，既要避免大而不当，也要避免过小而局限于一事一物，失去代表性、可推论性。

（4）研究方法：不同的研究方法关联到不同的知识储备、技术门槛和成本代价，研究者要有准确判断。

二、物质和技术条件因素

几乎任何课题研究都需要一定的物质和技术条件，这些条件是制约选题可行性的重要外在因素。

物质条件：经费；场地；器材、设备；材料；物质保障（食物、能源等）。

技术条件：各种专业技术（如高速运动中的摄影技术、图像识别技术）；各种通用技术（如统计技术）。

研究者选题时要考虑可以获取的物质和技术条件。

三、 环境制约因素

科学研究并不是脱离时空的抽象活动，它要受到时空条件、法规制度、道德伦理、社会风气与习俗等多种因素的制约。

(1) 时空条件：气候、季节和地理条件等因素是研究者不能忽视的，如要研究冬泳活动最好是在冬季，研究室外滑雪通常要选择北方寒冷地区。

(2) 法规制度：科学研究要在合法的前提下开展，要避免出现违背法规制度的可能。许多研究设想在法规上可能是被禁止的。例如，将人员置身于有可能造成明显身心伤害的情景之中观察他的心理、行为反应。

(3) 道德伦理：有些研究设想在技术上可以实现，但因为可能造成严重的伦理问题而被禁止，如克隆人的研究。研究者在选题上要考虑的道德伦理因素是多方面的，最常见的因素包括要求真务实、不得弄虚作假和出现学术不端，要尊重研究对象的知情权(如果是人员)、隐私权及其他各项合法权益、尽量避免造成不可逆的伤害，尊重生命、爱护环境、节约资源等。

(4) 社会风气与习俗：不同的国家、地区、民族和群体，其社会风气及习俗都有可能大相径庭。这些因素或隐或现地影响着研究对象和研究过程，是研究者必须要考虑的。

四、 研究者因素

研究者自身的时间、精力、能力及兴趣等对研究选题具有直接的决定影响。研究者应尽可能在时间、精力和能力允许的范围内选择研究主题，尽量选择那些自己感兴趣且有较扎实前期积累的主题，这样有助于提升研究工作效率和形成系列成果。这不等于说研究者不能涉足那些自己陌生、并不擅长的领域——钻研新问题、攻克未知领域，这恰恰是科学进步的基本条件；但是需要研究者进行审慎的考虑(袁方，2004)。

第五节 选题的命名

好的研究问题需要恰当的题目来表达，研究题目的命名需要考虑多方面的因素，并掌握一定的技巧。

一、 题目的构成

一个完整的题目可以包含主标题和副标题，主标题是必需的，而副标题是可选项。如果只用主标题就能清晰地表达研究问题，就不需要加副标题。恰当地使用副标题可以增加题目的信息含量，使题目的研究问题、研究范围更加明确、亮点和重心更加突出。例如：

题目1：新时期体育的乡村治理功能——基于在××省××村的田野研究

通常来讲,主标题用以表达研究的核心问题,而副标题用来说明研究对象或者范围。

二、题目命名的注意事项

1. 简单明了,不拖沓、冗长　好的题目应当简单、明了。过于冗长常常意味着研究问题缺乏凝练、核心概念不突出或不适用。例如:

题目2:在建设和谐社会和社会主义新农村背景下构建具有海派文化特色的上海市农村社区全面小康体育的探索活动、发展模式及评价标准的调查研究

题目3:青少年学生体质持续下滑和健康第一背景下的上海市中小学生体质现状、问题及对策研究

稍有经验的读者都不难发现上述两个题目的不当之处。题目要精简,这是学界默认的规则,在有些语境下甚至会限制题目的字数和长度。

2. 含义明确,无歧义、不笼统　好的题目应当含义清晰、准确。由于多种原因,特别是对概念的把握不到位,会导致题目命名上的歧义和笼统。例如:

题目4:上海市社区体育组织管理研究

题目5:我市公共体育服务发展状况研究

题目4中存在“社区体育的组织管理”和“社区体育组织的管理”两种不同的解释;题目5的“我市”放在更大的语境当中来读的时候,就不知所云。

3. 论域限定清晰得当,论题或资料搜集范围不要过大、过小　好的研究题目应清晰限定自己的论域和范围,既不要过大,又不要过小。例如:

题目6:上海×××学院×××系×××班级大学生体育消费模式研究

题目7:中西五千年体育文明史之比较研究

题目6显得论域过小,题目7则恰恰相反,论域过大,以至于任何学者都无法独立完成。

4. 题目应突显学理关怀　学术研究应优先考虑“学界”而非“业界”的逻辑,应具有普遍性的学理关怀而非囿于业界小群体的旨趣和利益。例如:

题目8:×××品牌营销模式研究

题目9:知名记者×××的奥运报道风格研究

题目8给人的印象是“品牌研究”,题目9则更像是“圈内游戏”。类似的研究题目在体育领域并不少见。不可否认,这些题目具有一定的现实意义;但其学理特性并未充分突显。就一般情况而言,研究者应持一种超越具体“圈子”和小群体利益的普遍关怀,将人类的总体福祉和科学知识的增长置于基础地位考量。

5. 题目应重点突出,不要过于分散　好的题目一般都有一个明确的核心概念,并以此为重心和亮点。有些研究者喜欢在题目中排列多个专业术语,这有可能造成题目重心不明,内容分散。例如:

题目10:基层社区体育组织的生存状态、发展模式、发展困境、社会功能、治理路径及促进方略研究

题目10中出现了生存状态、发展模式等6个含义各不相同的专业术语,从而使得研究

主题及内容极度分散。这是题目命名时应尽量避免的(黄聚云,2015)。

本章小结

所谓选题,就是选择、明确研究问题,并以恰当的题目来表达,并对题目的必要性、可行性等进行论证的过程。扎实而规范的选题工作要经历初步确定研究意向、搜集阅读和掌握相关文献、了解背景知识、进行预研究、提出研究问题、明确课题的目的和意义、评估课题可行性、确定研究题目和进行开题论证等环节。

研究选题应建立在扎实的前期准备的基础之上,研究者应充分阅读相关文献、掌握背景知识并进行充分的预研究。

研究选题时要考虑选题价值和可行性,选题价值涉及创新性、必要性、理论意义、实践意义等方面,而可行性涉及课题自身因素、物质和技术条件因素、环境制约因素、研究者因素等方面。

一个好的选题需要恰当的题目名称,恰当的题目应简洁明了、主题突出。

思考与练习

1. 何为选题?选题在科学研究过程中有何地位及影响?
2. 选题前要做哪些准备工作?
3. 为什么要进行选题前的预研究?
4. 选题的价值主要体现在哪些方面?
5. 如何评估选题的可行性?
6. 如何命名研究题目?

本章主要参考文献

艾尔·巴比,2005. 社会研究方法基础[M].第8版.邱泽奇,译.北京:华夏出版社.

德尔伯特·C.米勒,内尔·J.萨尔金德,2004.研究设计与社会测量导引[M].第6版.风笑天,等,译.重庆:重庆大学出版社.

风笑天,2005. 社会学研究方法[M].北京:中国人民大学出版社.

黄聚云,2015. 体育社会学原理与方法[M].北京:北京体育大学出版社.

袁方,王汉生,2004.社会研究方法教程[M].北京:北京大学出版社.

第 3 章

文 献 法

【导读】 本章主要从文献法概述、研究过程、具体方法、文献综述 4 个方面对文献法进行讲解，通过本章的学习让学生掌握在体育科学研究中如何科学地选择和使用文献法。

学习重点与难点

- 文献法的研究过程、具体方法和文献综述。
- 如何撰写文献综述。

第一节 概 述

一、文献

（一）文献的内涵与特点

1. 文献的含义　“文献”一词最早见于《论语·八佾》篇中：“子曰：‘夏礼，吾能言之，杞不足征也；殷礼，吾能言之，宋不足征也。文献不足故也。足，则吾能征之矣。’”《辞海》中的叙述为文献“专指具有历史价值的图书文物资料”，如历史文献。我国《文献著录总则》明确规定“文献”是记录有知识的一切载体。综上所述，凡将人类的知识和信息以文字、图形、符号、声频、视频等技术手段记录在一定物质形态上，并用以交流传播的一切出版物或物质形态的载体都称为文献。

2. 文献的要素　按照文献的定义，文献必须同时满足 3 个基本条件：具有一定的信息、知识内容；要利用一定的记录手段；表现出一定的载体形态。因此，构成文献的基本要素一般包括 3 个：物质载体本身；载体所载内容；载体内容的记录方式或手段。

文献的内容是指文献所记载的人类的知识、理论等，是读者可以通过文献对于作者加以理解的东西。文献的形式可以是文字、图形、符号、声频、视频等,这些形式是沟通作者与读者的桥梁,也是读者理解作者的媒介。文献的内容和形式需要存在于一定的载体之中,文献的载体就是文献得以在更大的时空中传播的基础。

3. 文献资料的特点

(1) 数量巨大,增长迅速:随着时代的进步,科学技术的突飞猛进,以及印刷技术和印刷材料的不断革新,使得各种文献资料从数量上和类型上都以惊人的速度增长。

(2) 科技引入,形式多样:由于文献收藏储存载体的多样化,以及现代电子技术、计算机、声像工具、数码产品等高科技的不断引入使得文献资料的形式非常复杂,成为文献资料的重要来源。

(3) 学科交叉,不断渗透:由于体育的各个学科正在向着分化和综合的方向发展,以及体育运动涉及面极为广泛、复杂,许多学科不断进入体育领域,形成大量的交叉学科、新兴学科,从而使得体育科研领域不断扩大。

(4) 译文增多,语种增加:全世界各个国家,特别是体育比较发达的国家对体育科研的重视,使得体育科研水平不断提高,各语种的体育文献资料数量大大增加,翻译的体育文献资料迅速增多。

(二) 文献的类型

1. 按载体形式分类

(1) 印刷型文献:指以纸张为载体进行记录的文献,包括铅印、油印等,是目前出版物的主要形式,也是图书馆藏书的主要成分。优点是携带方便,可以直接阅读,所以流传广泛。缺点是占用空间多,文献的识别和收藏难于实现机械化和自动化,整理和保存要花费较多的人力和物力。

(2) 缩微型文献:以感光材料为载体,用光学摄影技术的方法将文献的影像体积缩小,记录在感光材料上的文献形式,如缩微胶卷、缩微胶片。这类文献存储密度大、体积小,对珍贵文献手稿、绝版书刊更适用,但需要借助缩微阅读机才能阅读。

(3) 声像型文献:以磁性和感光材料为媒介,运用录音、录像、摄影技术直接记录音频、视频信号的文献形式,如唱片、电影等,通过图像或影片,就可以使人知道复杂体育运动动作的运动轨迹、速度、加速度和位移等,体育运动的形象令人一目了然,因而,声像型文献具有准确、直观、反复使用的特点,在传播体育运动知识和技能中具有特殊的功能。但须有专用设备,有时还需要专业人员操作。

(4) 计算机阅读型文献:是指借助计算机,以磁盘、光盘、网络等为载体进行记录的文献。它利用计算机通过编码和程序设计,把文献变成数字语言和机器语言输入计算机,存储在磁带、磁盘、光盘上,形成电子图书的文献资料。它具有存储信息量大,存储、查找和阅读方便,有助于管理文献资料的优点。其缺点是必须通过计算机才能进行,携带不方便,停电或病毒等因素会影响其使用。

2. 按文献的加工程度不同分类

(1) 零次文献:指某些事件、行为、活动的当事人所撰写的第一手资料,是对当时的社会事件、行为、活动的直接记录。

$$f(x)=C/X^2$$

式中，$f(x)$为写 x 篇论文的作者占作者总数的百分比，x 为论文篇数，C 为某主题领域的特征常数。

3. 齐普夫定律　1935 年，美国哈佛大学教授、著名语言学家和情报学家 G.K.齐普夫首先用大量的统计数据来验证前人有关键词频分布规律的研究成果，并进行了系统的研究，定量揭示了文献中词汇出现频率的分布规律。齐普夫定律(最省力法则)的内容是：若用 f 表示频次，r 表示等级序号，则有：

$$f * r=C$$

式中，C 为常数。这里的常数并不是恒量，而围绕一个中心数值上下波动。

二、文献法

(一) 文献法的概念和特点

文献法是一种通过收集和分析现存的，以文字、数字、符号、画面等信息形式出现的文献资料，来探讨和分析各种社会行为、社会关系及其他社会现象的研究方式。利用文献资料间接考察历史事件和社会现象的研究方式就称为文献研究，又称间接研究。

与实验法、社会调查法等其他研究方法相比，文献研究有一个独到之处，即非介入性。文献法的优点：①无反应性，不会打扰研究对象，也不会对这些研究对象产生影响；②费用低，省钱省时；③可以研究那些无法接触的研究对象；④适于做纵贯分析；⑤保险系数相对较大。

文献法的缺点：①许多文献的质量往往难以保证；②倾向性，因为许多研究人员的研究目的不同；③选择性，由于文献较多，不可能一一选择，会有部分信息遗漏；④信息的有限性，研究者缺乏相关体验、知识，使得许多文献反映出来的信息对研究者来讲是有限和不充分的。

(二) 文献法的类型

1. 内容分析　内容分析是指对文献内容做客观的、系统的量化的描述和分析。主要用于对各种大众传媒信息，尤其对期刊、广播、电视及网络中的信息进行的分析，其适用面也最为广泛。

2. 二次分析　主要是对其他研究者先前所收集的原始数据资料所进行的再次分析和研究。

(三) 文献法的价值/作用

在资料整理与分析过程中，可以利用文献来进行查漏补缺的工作，弥补原研究设计的疏漏；利用文献掌握研究对象的活动环境，更好地分析研究对象的社会行为、社会事件、社会现象；利用其他研究者在相同或相近领域中的研究信息，帮助研究者更好挖掘资料的意义与内涵。

第二节 研究过程

在体育科学研究过程中，文献资料占有十分重要的位置。一般来说，科学研究过程中需要充分地占有资料，进行文献调研，以便掌握有关的科研动态，前言进展，了解前人已取得的成果、研究现状等。更确切地说，处理文献资料是整个研究的阶段之一。因此，如何更好地处理文献资料尤为重要。本节对研究过程中文献检索、文献阅读、文献记录、文献整理进行具体讲解和介绍。

一、文献检索

(一) 文献检索的方法

1. 工具法　　工具法是指利用检索工具查找文献资料的方法。检索工具是指用于报道、存储和查找文献线索的工具和设备的总称，图书馆目录、期刊索引、电子计算机检索用的文献数据库等都是检索工具。工具法可以细分为手工检索工具查找法和机读检索工具查找法。手工检索工具指目录、索引、文摘等印刷型的二次文献。机读检索工具是针对电子计算机情报检索系统的技术设备而言。

(1) 手工检索工具查找法：手工检索工具查找是检索文献的基本手段，常用的有顺查法、逆查法和抽取法。

顺查法是指按照时间顺序由远及近地利用检索系统进行文献信息检索的方法。这种方法能收集到某一课题的系统文献，它适用于较大课题的文献检索。例如，已知某课题的起始年代，现在需要了解其发展的全过程，就可以用顺查法但是检索课题的起始点不易查出，一般要借助于其他的工具书。

逆查法是指按照时间顺序由近及远地利用检索系统进行文献信息检索的方法。此法的重点是放在近期文献上，使用这种方法可以最快地获得最新资料，所以效率会比较高。但缺点是容易漏检。

抽取法是指根据课题特点，选择有关该课题的文献信息最可能出现或最多出现的时间段，尤其是课题领域发展最为迅速，研究成果较多的时期，利用检索工具进行重点检索的方法。这种方法效率较高，但易漏检。

(2) 机读检索工具查找法：是指通过电子计算机利用检索系统进行文献信息检索的方法。它分为脱机检索和联机检索。脱机检索是指利用单台计算的输入输出装置进行检索，用户不参与检索过程，适合大批量的定题信息检索，因此也称成批检索或定题服务。联机检索是指用户利用计算机终端设备，通过国内或国际(卫星)通信网络与大型计算机检索系统的主机连接，按照联机检索系统的要求和规定，将需要查找的课题关键词输入计算机终端，从而检索其数据库中存储的信息资料的过程。联机检索的优点是能够实现人机交互、实时在线，可以即时调整检索策略。

2. 追溯法　　追溯法是按照已有文献资料正文中所提及的、脚注、文后所附参考文献信息等为线索,逐一追踪而获得新线索,进而扩大追踪范围,获得所需文献的方法。追溯法适合初涉某一领域的研究者,无须检索工具,通过借助一定数量的文献即可实施,省时省力;可加深检索者对主题背景、方法依据等内容的理解,具有较强的方向性和针对性,且检索结果具有一定的权威性,但容易造成漏检与误检,会因检索范围过大显得庞杂,需要筛选。为了提高追溯法的检索效果,建议以相关专著和综述为起始文献进行追踪,这是因为专著和综述所附的参考文献既多且全,十分精准,类似于一个专题目录索引。

追溯法检索文献适于撰写短篇幅、题目和内容范围较小的论文,但对于科研选题或撰写篇幅长、容量大的论文,则有明显的欠缺。追溯法的检索工具为引文索引,由专门机构进行编制,减少了个人逐篇追踪检索的麻烦。

3. 综合法　综合法亦称循环法,是工具法和追溯法结合使用的一种综合性方法。综合法既要利用检索工具进行常规检索,又要利用文献所附引文或参考文献进行追溯检索,分期分段地交替使用这两种方法。例如,先采用工具法查找出有用的文献资料,然后再根据文献中所开列的参考文献名目,去查找更早一些的文献;反之亦然。

(二) 文献检索的步骤

1. 确定检索主题　首先要对所研究课题的背景资料进行全面了解,弄清其所属的学科门类、所需文献类型、时间节点等信息,明确课题的实质及要达到的预期目标,从而确定检索方向,明确检索范围,提取课题的主题概念、次要概念,并进行逻辑组配。这是检索获得理想结果的先决条件。

2. 选择检索方式和数据库　检索方式的选择应根据检索要求而定。一般来说,因为网络数据库的数据更新速度比较快,所以,当查找最新文献信息时,网络信息检索方式是较理想的选择。如果没有合适的网络数据库,可选择光盘数据库等其他数据库。

工欲善其事,必先利其器,理想的数据库,能够提高检索的质量和效率。选择数据库前要清楚数据库覆盖的学科范围、时间跨度,以及包含的文献类型、语言等,从而考虑选用哪种数据库最优。另外,不同的数据库检索指令、语法和规则不尽相同,还要弄清所选数据库的标引规则和词表系统,为确定检索途径做准备。

数据库的质量主要由以下几项指标来确定:文献的收录量、文献的摘录及标引质量、文献报道的时效、使用的方便程度、索引是否完善等。

原则上要以专业性数据库为主,综合型数据库相辅。从提高检索效率(包括时间、查准率和查全率)来看,优先选机读数据库。严格来说,为了避免检索工具在编辑出版过程的滞后性,有必要补充查找若干主要相关期刊的现刊,以防漏检。

3. 制订检索策略(检索式)　一般来说,课题的主题研究内容专业深入,涉及多个概念,除了分清概念的主次外还要对概念进行逻辑组配,选择规范的检索词及检索标识按照相应的规则连接,构成检索式,通过计算机系统进行处理。检索系统中常用的运算符包括布尔逻辑运算符、位置运算符、字段限定符、截词运算符。

检索策略(检索式)输入检索系统之后,初步检索出的结果有时可能无法满足课题的要求,如输出不相关文献所占比例较大,或者输出文献太少甚至为0,这时就需要调整检索策略。调整检索策略一般按照查全或查准两个原则进行。

当检索结果太多,且查准率较低时,检索式可做如下调整:

(1) 减少同义词或同类相关词。

(2) 提高检索词的专指性,尽量采用专指性强的主题词或自由词。

(3) 增加限制概念,用逻辑“与”(and)将它们连接起来。

(4) 使用限定字段检索,把检索词限定在题目、主题词等主要字段。

(5) 使用适当的位置算符。

(6) 减少检索年限限制检索结果的文献类型(如综述)语种及出版国家,或限定在核心期刊。

当检索结果太少,查全率较低时,应扩大检索范围,检索式可做如下调整:

(1) 增加同义词或同类相关词,并用逻辑“或”连接这些词。

(2) 降低检索词的专指度,可从词表中选择上位词或泛指词补充到检索式中。

(3) 减少限制概念,少用“与”(and)算符,删除一些非关键的检索词。

(4) 进行扩展检索,根据词表的分类结构体系扩展关键的检索词。

(5) 取消或放松某些限制过严的字段限制符、位置算符。

(6) 加回溯检索年限。

如有必要,可对检索式进行多次的反馈修改和调整,直到获得满意的检索结果。

4. *实施检索*　上述步骤完成以后,即可正式检索,检索过程中应当注意的问题有:

(1) 尽量先使用累计索引,然后再用现刊索引补充。

(2) 多个数据库(或引擎)间要相互配合使用。

(3) 根据检出结果,判断是否检索满足要求,并加以筛选。若感到不满意,应及时调整检索策略,再行检索,直到满意为止。

5. *文献筛选*　通过对题目和摘要的大致浏览,我们会对检索结果中的文献信息有一个基本的印象。从课题的研究目的出发,这些文献必然有主次、优劣之分。因此,对它们进行选择、排除合情理并且必要。所谓筛选,就是在浏览的基础上,从调查目的出发,将数量众多的文献根据相关及重要程度进行选择和剔除。文献的筛选需要遵从以下几个原则:

(1) 有用性:指知识上的有用性。要选择那些对调查课题最有用、与调查课题最相关的知识。

(2) 全面性:指内容上要尽可能全面。在时间上,过去的经典文献与最新发表文献的结合;在观点上,态度趋同的文献与观点新颖的文献;等等。

(3) 多样性:除关注电子文献的同时,报刊和图书等印刷性文献、声像资料等也十分重要。既要注意公开出版物,也要注意内部资料和各种档案文件等。

(4) 时效性:指时间上的新颖性。通过最新的文献资料,往往能够了解最新的研究动态,获得有实用价值的结论或成果。

6. *获取文献*　检索完毕后只得到了文献的线索,包括文献的题目、作者、类型、出版物名称等,并没有得到文献全文,可从本单位、本地区入手,使用馆藏目录和联合目录(联网目录)查找原始文献的收藏单位(数据库),通过借阅、复制或网上传送获得文献全文。

（三）文献检索的途径

在选择恰当的检索工具后，接下来需要根据待检课题的检索目的和要求，选择检索途径。常用的检索途径包括分类途径、主题途径、著者途径和符号途径等（表 3-1）。

表 3-1 文献检索主要途径

途径	方法	特点
分类	按照文献主题内容所属学科属性分类编排，依据分类目录查找文献。例如，体育在中国国家图书馆分类法中属于 G（文化、科学、教育、体育）等，编码为 G8；在中国知网文献分类目录中的社会科学Ⅱ辑下	优点是体现科学系统性，简明易记，便于查找同类书和文章。缺点是需要读者了解学科分类体系，如果是交叉学科内容，则专指性不强
主题	根据文献内容的主题特征进行检索	多用于互联网资源检索，优点是适应性、直观性、灵活性、通用性强，适用于交叉学科内容。缺点是不如分类法稳定、系统
著者	根据著者、编者、译者、专利权人的姓名或机关团体名称进行检索	可以掌握研究者的研究方向与学术水平
符号	利用文献的各种代码、数字特征检索，如专利号、技术标准的标准号等	要了解序号的编码规则和排检方法
书名	按照书名目录、刊名目录、篇名目录检索	查找文献最方便的途径
引文	利用参考文献或引用文献进行检索	
专门项目	根据文献信息所包含或有关名词术语（地名、人名、机构名、商品名、生物属名、年代等）、专业符号代码（元素符号等）进行检索	

（四）文献资源数据库

1. 中国知网（http://www.cnki.net/）　中国知识基础设施工程（China National Knowledge Infrastructure，CNKI）被列为清华大学重点项目，由清华大学、清华同方发起，目前是世界上全文信息量规模最大的数字图书馆，涵盖范围广，包括自然科学、工程技术、农学、哲学、医学、人文社会科学等各个领域，数据每日更新。中国知网有中国期刊全文数据库、中国优秀博士学位论文全文数据库、中国重要会议论文全文数据库、中国重要报纸全文数据库、中国年鉴全文数据库、中国图书全文数据库、中国引文数据库等多个子库。其中，中国期刊全文数据库是其中建设最早、资料最齐全、影响也最大的一个数据库。中国期刊全文数据库提供 3 种类型的数据库，即题录数据库、题录摘要数据库和全文数据库。其中题录数据库属参考数据库类型，只提供目次，可在网上免费检索。全文和文摘数据库需要另外付费。

2. 全文数据库（http://ipub.exuezhe.com）　中国人民大学“复印报刊资料”全文数据库成立于 1958 年，是人大数媒科技（北京）有限公司以人民大学书报资料中心的复印报刊资料系列数据库为内容基础，辅以先进的检索方式、优质的期刊、论文推荐而成的人文科学、社会科学资料库。收录政治学、经济学、社会学、哲学、法律、教育等各大学科相关的期刊文章，数据信息存储大，涵盖范围广，有 3 000 多种核心期刊和报刊。

3. *万方数据库*（http://www.wanfangdata.com.cn/）　万方数据库是由万方数据公司开发的综合性信息资源系统，包括 9 大类 100 多个数据库，数据库资源丰富，主要以理工类文献为主。涵盖自然科学、工程技术、农林、医学等领域，有会议论文、学位论文、成果、法规、期刊等。万方数据资源库包括中国学位论文全文数据库（试用）、中国学术会议论文全文数据库（PACC）、中国学位论文文摘数据库（CDDB）、中国学术会议论文文摘数据库（CACP）、SPIE 会议文献库、中国科技论文统计分析数据库（CSTPC）、中国科技论文引文分析数据库（CSTP）、中外标准类数据库、中国科技成果数据库等。

4. *科学引文索引*（http://apps.webofknowledge.com）　科学引文索引（Science Citation Index，SCI）是由美国科学信息研究所创办于 1957 年的文献检索系统，是重要的大型数据库，同时也是目前被国际上公认为最权威科技文献检索工具，它具有独特的"引文索引"将先期的文献被当前文献引用，故而体现出文献之间的相关性和先前文献对当前文献的影响力。通过统计论文被引用的频次等，对学术期刊和科研成果进行全方位的评价，来反映国家、地区、科研单位和个人的国际学术水平。科学引文索引的文献资源涵盖农学、生物学、环境科学、工程技术、医学与生命科学、物理学、化学、经济学、天文学、地理学等学科，以收录期刊为主，其中包含 40 多个国家、50 多种文字，主要有美国、英国、荷兰、德国、俄罗斯、法国、日本等，同时也收录一部分中国刊物和少量的专著。

5. SPORTDiscus *数据库*（http://search.ebscohost.com）　SPORTDiscus 数据库来自加拿大的 Sport Information Resource Center（SIRC），是全球唯一的专门收录体育及运动医学文献的数据库，通过 EBSCO 平台访问，收录了国际范围内运动、健康有关的各类期刊文献、会议记录、研究报告、专书、学位论文，其内容涵盖了 40 多年在健康、体能教育、休闲与娱乐、运动科学、运动医学保健、运动生理学、生物力学、训练学等方面的研究。SPORTDiscus 整合了「SIRLS Sports & Leisure」、「ERACLES」两个知名数据库。前者涵盖了 20 000 多笔有关休闲、娱乐及舞蹈文献记录的数据库，后者涵盖了超过 70 000 多笔全世界运动、体能训练与体能调适的法语数据库，所收录之文献来源包括全法国 15 个以上有关运动与教育的组织。

6. EBSCO *数据库*（http://search.ebscohost.com）　EBSCO 是一个大型文献服务专业公司，拥有 70 多年的历史，提供期刊、文献订购及出版服务，总部在美国，并在 19 个国家设有分部。EBSCO 的全文数据库——Academic Source Premier（ASP）和 Business Source Premier（BSP）是 CALIS 最早引进的数据库（最初为 Academic Search Elite 和 Business Source Elite）之一。EBSCO 拥有 100 多个在线文献数据库，涵盖商业与经济、计算机科学、教育、工程与技术、历史、法律、数学、哲学、心理学、政治学、社会学、艺术与建筑等学术领域。

二、文献阅读

（一）文献阅读的原则

1. *计划性原则*　为了提高文献阅读的效率，制订阅读计划十分必要。阅读计划的制订要综合考虑文献资料的数量、难度、性质及课题的进度安排。

2. 顺序性原则　从效率出发，不同类型文献的阅读顺序有所不同。一般地，在对某一专题的入门阶段，应先读理论文献，后读应用文献；先读专业书刊，后读期刊论文；先读文献综述，后读一次性文献；先读近期文献，后读以往文献；先读中文文献，后读外文文献；先看文献的摘要和结论部分，后看中间部分；先读主要、关键部分，后读将要、细节部分；但是，在实际阅读过程中，在不同条件下阅读顺序也要做出调整。

3. 批判性原则　阅读文献不应人云亦云，要用怀疑、批判的眼光去看待问题。当阅读一篇学术论文时，首先要清楚作者的观点和依据，思考与其他文献的区别之处，是否有相关或相悖的研究成果，然后，寻找文中是否对原有理论有所创新。在对文献的批判中继承发展文献中的创新的观点、研究成果，批判文献中错误的、无理论依据的观点，在此基础上不断探索新知。

4. 同步性原则　一般来说，文献无法通过一次检索就完全收集，在阅读的过程中会发掘出未检索到的文献，然后投入新的文献中的阅读。文献的阅读与收集具有互补效应，有利于不断推动文献的收集利用。

（二）文献阅读的方法

1. 略读　对于所检索到的文献，不要急于阅读内容，经过粗略地翻阅文献的目录或摘要，研究者可以对收集到的文献的内容、价值有初步的认识和判断，并据此确定是否需要对该文献进行深入研讨。它只求大概了解其基本内容和特点，而不要求掌握、理解或记忆其中的具体内容。粗读的特点在于一个"快速"。通过浏览，排除一批研究意义不大的文献，进一步缩小阅读范围，筛选出需要精读的部分。略读的要领是：

(1) 搜索文献所表达的作者基本观点，主要通过重点句、主要事实和数据。

(2) 把握文献的主旨和脉络，加强对于文献内容的理解。

(3) 通过联想，要把文献中的不同观点、不同事实联系起来思考。

(4) 具备批判性思维，对文献的基本观点和主要事实做出初步的评价。

2. 精读　是在粗读的基础上清楚每一个概念、术语的确切含义，对每个论点、论据、结论都要学会思考，其目的在于理解、鉴别、评价、质疑和创新。它是文献查阅的关键步骤。通过精读，不但要全面掌握文献的实质内容，而且还要对课题有价值的材料进行总结归纳，发现新的问题，提出新的见解。可以说，浏览、粗读都是为精读服务的。精读的要领是：

(1) 阅读时要眼、脑、手协调配合，边阅读、边思考、边整理，精简地记下文献要义、存在的问题和自己的见解，以提高阅读质量。

(2) 深刻思考、分析文献的每一个概念、判断和推理的过程，把握整个文献的逻辑结构和全部思想。

(3) 对文献的引用依据、阐述的观点与客观事实与其他文献联系起来进行反复对比和研究。

(4) 对文献的思想观点、引用事实与研究课题之间建立联系，并做出客观的判断和全面的评价。

三、文献记录

（一）记录的方法

“好记性不如烂笔头”，很多人阅读文献时只注重阅读而忽视了及时记录，等到了应用时才发现无材料可用，这说明及时记录非常重要。所谓记录，就是在阅读的过程中将文献的有价值的信息整理下来，以便进一步分析研究使用。与平时的笔记相比，文献信息的记录规范性更强，价值更高。常用的文献记录方法主要有4种，分别为提纲、标记和眉批、抄录及心得。

1. 提纲　提纲是指将全书或全文及章节段落的内容要点，用简洁的语言提纲挈领地记录出来。这种记录方法的优点在于对全书内容和结构整体把握，加深对原文献的认识。原文有摘要，可以考虑收编为文献的提纲。

2. 标记和眉批　标记就是用符号在书刊或文章内容上留下醒目痕迹。在阅读过程中，在属于自己的书刊上用笔画波浪线、直线、加着重号、圈点等，有助于在阅读中把握重点，同时也便于摘录。眉批就是在书刊正文的上方空白处记录自己的体会、批语、订误和校闻等，这种方法简单，方便，可以随读随写不受约束。

3. 抄录　抄录是指将文献中有价值的信息记录下来，它分为全录和摘录两种方式。全录是指将全文抄写下来。摘录是指只将对自己有价值的信息记录下来，文献中独创性的观点、见解和看法，所引用的具有争议性的意见和作者自己的意见，证据充分的事实材料、数据或论据资料等对形成和阐述自己观点的部分都可以摘录下来。需要注意的是，抄录时一定要注明引文出处。

4. 心得　心得是指在阅读文献资料时形成的自己的认识、体会和得到的启发与收获，并记录下来。这对于形成自己的观点、看法具有启发意义，往往在头脑中零零散散，一闪即逝，所以要及时记下。

（二）记录的方式

1. 卡片　卡片体积小，随身携带，便于编排、归类、整理与查找，使用较多。用卡片记录资料，要按一定的格式：作者、书名、题目、年代、卷期、页码、出版社等。卡片记录资料内容不宜过多，如确实记不下，可用多张卡片，应用一定的方式编排序号或从边上钉起来。期刊论文一般附有摘要，但尽量不要直接抄写其摘要，应在理解全文的基础上自拟摘要，这样帮助会更大。

2. 活页本　活页本记录资料的格式要求与卡片基本相似，但应将活页右边空出约1/3边，便于以后填写心得体会等，活页本也便于归类、整理，但排列、调动、查找都不如卡片方便灵活。

3. 专题本　用笔记本记录具有携带方便、不易散失、篇幅不受限制等优点，专题本是在笔记本记录的基础上，把要记录的内容按类归纳，分别记录在不同的笔记本上。缺点是查找起来极不方便。

4. 剪贴与复印　剪贴与复印是指将资料中的某些有价值的内容剪裁下来，或复印后再做剪裁，贴在卡片上或专门的本上。内容较多的资料可用订书机订好后归类存放。剪贴和复印的优点是可节省抄录时间，内容无误。剪贴与复印的资料一般是阅读时印象强，并非完全消化理解，故剪贴时在纸面上要留有余地，以便再次阅读时记下读后的感受。还应注明资料的出处，便于以后使用。

采用哪种记录的方式，读者可根据自己的习惯，灵活运用。但有一点必须明白，将别人著作或文章中的精华挑选出来，并非易事，需要有眼力、有细致认真的求实精神。

四、 文献整理

文献研究要经过文献资料搜集阶段、文献资料整理阶段、文献资料分析阶段，文献资料整理是指将搜集回来的资料信息分门别类，是去粗取精、去伪存真的过程，通过再一次的检查筛选、分类、命名汇编，从而使得所搜集的资料条理清晰，一目了然，为进一步更好地分析文献资料做准备，是文献研究的重要过程。

（一）文献资料的检查筛选

在文献资料搜索阶段搜索的文献资料里存在一些与主题无关、非真实性、错乱的文献，通过文献资料的检查筛选将之剔除，确保文献资料的真实性、准确性、全面性。

1. 仔细阅读，找准筛选方向和范围　阅读文献要做到集中精力、精心钻研、细心考量，不放弃任何一个与研究主题有关联的文献资料的同时剔除与文献无关联的文献资料，明确文献主旨要点，找准筛选方向和范围。

2. 掌握相关知识技能　掌握相关的文献筛选的技能使文献资料信息的筛选更加准确、迅速、有效。一些虚假的、非真实性、无逻辑的文献资料信息要结合常识、逻辑推理、资料之间对比、自身的经验进行判断，严格审查。

3. 结束前的检查　文献检查筛选之后要对筛选的文献进行检查，检查文献命名排序及格式，防止要点遗漏，对遗漏的文献迅速补充，使搜索的文献资料具有真实性、合理性、规范性。

（二）文献的分类

分类是指把无规律的事物分为有规律的，按照不同的特点或性质划分事物。文献资料的整理分为检查筛选、分类、命名汇编，文献分类是文献整理的重要步骤，是文献分析与研究的基础，对文献资料进行分类其实也是理解和掌握文献内容的过程，有利于资料的存取。

不同的文献资料重点不同，对其分类标准应该也要有所不同，分类标准要全面、有效、层级分明，使得文献更具条理，一目了然。文献资料可以分为品质标准和数量标准、现象标准和本质标准，按照不同的标准对文献资料进行种属的分类。在分类的同时可以添加较为明显的标题和所属类别的标记，方便之后研究阅读文献时对文献进行查找和应用。

（三）文献资料的编目和排序

文献资料的编目和排序是指对分类之后的文献资料进行命名，将其编目和排序，标明书名、作者、出版日期、出版社及所属的类别，按照文献资料内在关系进行排序，便于日后查找。

（四）文献管理软件

文献管理软件是学者或者作者用于记录、组织、调阅引用文献的计算机程序。文献管理工具的使用大大提高了使用效率，主要包括这几个方面的内容：建立目录、搜索、排序、连接文件、查找、交叉引用、同步与云储存、多学科文献管理功能、标记标签功能等。常使用专门的文献管理软件有 CNKIE-Study、NoteExpress、EndNote 等。

1. CNKI E-Study　CNKI E-Shudy 是由同方技术有限公司推出的依托中国知网数据库的文献管理软件，用来管理及阅读下载的本地文献，具有支持多种类型的分类管理，支持 CAD、KDH、NH、PDF、TXT 等格式，另外也支持记录笔记、划词检索和标注、文献检索和下载、浏览器插件、云服务，支持在线投稿等功能，从而提高学习和管理文献的效率，能有效地避免文献数据资料的丢失。

2. NoteExpress　NoteExpress 是北京爱琴海软件中心研发的文献检索和管理软件，提供有近 500 种中文期刊参考文献的编辑样式，能够对中外文献资源数据库进行检索、导入、下载、阅读、笔记等，搜集文献资料，其核心功能为在撰写过程中能将正文中指定的位置添加注释并按照不同的格式要求自动生成参考文献索引。

3. EndNote　EndNote 由 Thomson Corporation 下属的 Thomson ResearchSoft 开发。Thomson ResearchSoft 是以学术信息市场化和开发学术软件为宗旨的子公司。EndNote 是一个专门管理参考文献数据库的软件，能够嵌入在 Word 编辑器中，可以直接插入参考文献且无须担心格式问题，大大提高文献检索的效率。其主要功能为在线搜索文献、建立文献库和图片库、定稿文献、引文编排。

第三节　具体方法

本节主要介绍文献研究方法的几个类型，包括文献资料法分为内容分析法、二次分析法、现有统计资料分析法和历史比较研究法。文献资料法具有节省人力物力，能够不接触研究对象，通过文献就可以达到研究目的等特点。但文献资料具有时效性，并不能准确地反映当下的情况。另外，文献资料的可靠性、可信性和准确性很难保证，这需要研究者进行科学甄选。通过本节学习，学生可以掌握并运用文献研究的这几种方法。

一、内容分析法

拉扎斯菲尔德和贝尔森认为，内容分析是一种对传播所显示出来的内容进行客观的、系统的、定量描述的研究技术。莫顿认为，内容分析是研究者通过系统分析文献的显性内容的特征，从而得到与之相关的潜在关于内容的推论（阿特斯兰德，1995）。内容分析指对各种信息传播形式的显性内容进行客观、系统和定量的描述与分析。所谓“各种信息传播形式”指的是如书籍、杂志、报纸等资料；所谓“显性内容”，是指这些形式外在的内容，如他们的文字、颜色和事物本身，而不是这些文字、颜色和实物的含义。研究者所分析的只是这些外在的、表面的内容，而不是内容的深层解释。“进行客观、系统的”描述，意味着内容分析是一种规范式的方法。它要求研究者根据预先决定的计划，采取一定的规则，按照一定的步骤来进行。而“定量的”描述则说明内容分析法的基本性质。它意味着，在内容分析中，其基本目标通常是决定内容中某一项目的频数，或者决定某一类别在整个内容中所占的比例等(风笑天，2018)。美国学者肯尼思·D.贝利在其《现代社会研究方法》一书中指出，内容分析常常用于：

(1) 描述内容所表现的趋势。

(2) 说明它们所提供信息的来源特征。

(3) 审视交际中那些不合格标准的内容。

(4) 分析劝说(或论证)的方法。

(5) 分析文体与风格。

(6) 说明读者对提供给他们的信息的意见。

(7) 描述表达的方式方法。

(一) 内容分析法的特点

内容分析主要具有4个特点：客观、系统、定量、普适性。客观指基于文献资料，采用统一的判断标准进行编码分析，研究结果不受研究者主观态度的影响，即对同一素材不同的研究者或相同研究者在不同时间里重复这个编码过程，都应得到相同的结论；系统指有关显性内容的完整析出，不允许出现任何重要遗漏；定量指在传播内容中找出重要的且又易于计量的特征及属性，所有参与者按照事先安排的方法程序操作执行，分析过程高度被控制，使析出的信息能够用数量加以准确描述(张彦，2011)。普适性即研究结果应该符合一个理论的、经验的和应用的场景(田麦久，2002)。

(二) 内容分析法的步骤

内容分析的主要目的是用数量化的形式将非数量表示的文献(文本或图像)呈现出来，其结果经常以频数、百分比等统计形式来表现。因此，内容分析的过程很重要的是一种从非数量化形式转向数量化形式的过程。内容分析法的步骤见图3-1。

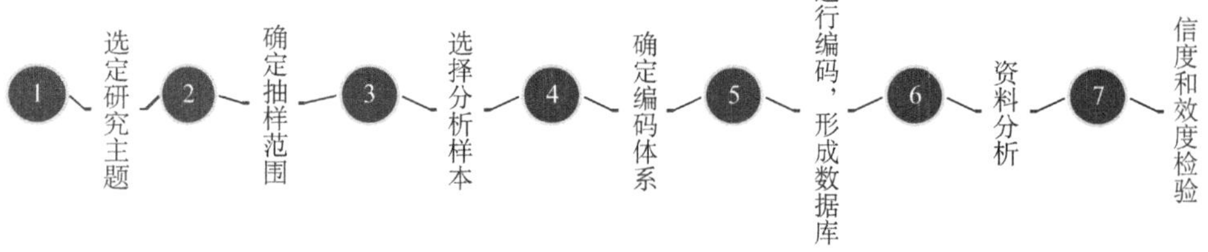

图 3-1　内容分析法的步骤

1. 选定研究主题　观察单位就是所要分析的主题，在内容分析中，如果分析的是文本资料，那么分析单位可能是字词、标题、段落、题材、位置、概念等。

2. 确定抽样范围　抽样分析主要包括以下3个标准来确定所要分析的文献资料。

(1) 符合研究目的和研究内容的要求。

(2) 公开出版的文献要符合规范性要求,文献材料具有真实性和可靠性。

(3) 抽样文献具有可获得性。

3. 选择分析样本　　内容分析的样本主要有3种方式。

(1) 来源抽样:指选择文献资料的源头,如期刊类型、数据库类型等。

(2) 时段抽样:指选择文献资料的时间。抽样时应避免所选时间的周期性。

(3) 单元抽样:指选择文献的最小单位是什么。

4. 确定编码体系　　资料分类需要符合穷尽和互斥的要求,并在分类基础上确定编码体系。研究者需要根据研究目的、内容,在理论指导下制订一个编码系统,从而用来识别文件内容的次数、强度、方向和篇幅这些可操作化的信息。研究者需要确定编码单位即内容分类,然后为他们赋予数值,并制作编码表,编码可分析为显性编码和隐性编码。显性编码是看得见的、表面的内容,隐性编码是研究者需要寻找文本中潜藏的、隐含的意义(田麦久,2002)。

5. 进行编码,形成数据库　　确定编码单位后就要制订和赋予数值。分类的基本要求是坚持穷尽性(样本中出现的所有情况必须都可以归到某一类)和互相排斥性原则。

6. 资料分析　　阅读或观看文献样本,并按编码体系进行数据统计,量化的内容分析对于资料的分析方法主要是描述性统计技术,多用频次或百分比来呈现。定量处理和计算:①统计各类别在文献中出现的频次;②统计分配给某一类别的幅度;③各类别所展示的详尽程度。

7. 信度和效度检验　　对选取的文献资料应该进行核查,已公开发表的刊物、出版物为准,保证所选资料的真实性和可靠性;多人同时进行分类、编码时,应提前对编码人员进行培训,熟练掌握编码系统、正确记录、遵守规则;检验多个编码人员之间的一致性,测量一致性信度(风笑天,2018)。

(三) 内容分析法的评价

内容分析法的优点是:

(1) 内容分析不通过直接与研究对象接触达到研究目的,即具有非介入性。

(2) 内容分析节省时间、人力和财力。主要通过文献资料的收集、整理、分析来揭示规律。

(3) 内容分析可以及时调整。因为不涉及实地调查,所以在研究过程中可以调整研究具体的内容和结构。

(4) 内容分析可较为准确地揭示文献资料的信息(康永征等,2012)。

(5) 内容分析的标准化和客观化程度较高。内容分析法是将研究对象用标准化的、数量化的方式进行记录、统计和分析,所以结果更客观一些。它是文献研究方式中最具量化分析特征的方法。

(6) 可对内容分析得出的结论进行对比分析。内容分析具有的标准化和客观化的特征,使得研究者可以根据一定的标准将自己的研究结论同别人的结论进行对比。

(7) 内容分析可以适用于总体很大的文献研究。内容分析不仅结合了抽样的调查方法,

(2) 知识图谱在期刊评价与研究中的应用。知识图谱在对期刊的研究热点、研究趋势及学术影响力等方面的研究也有着得天独厚的优势。

(3) 知识图谱在作者合著网络研究中的应用。通过合作网络的知识图谱绘制，可以直观地识别出较大规模的合作团队和团队组成结构，可以认知区域间和机构间的科研合作水平，从而对科研管理提供依据。

5. 知识图谱分析法目前存在的问题

(1) 发展尚处于起步阶段。从内容上看，虽然在理论、方法和应用等方面都已有一定数量的论文，但总体仍表现为“零碎”的研究较多、孤证的研究较多、应用性的研究较多。还只有一些散点而没有形成系统的网的特点(汤建民，2010)。我们需要继续加强知识图谱的应用研究，同时还应进一步重视对原理与方法本身的研究，以期为知识图谱分析法的相关应用提供更为坚实的理论支撑。

(2) 样本选择随意性。大部分论文的数据样本，在选择上具有很大的随意性，有些论文甚至没有说明获取样本的具体步骤，而且阈值的选择也没有标准可循，这无疑会影响研究结论的严谨性和可靠性，必须引起重视。

(3) 对知识图谱分析法的认识不足。理论假设、关键技术、自身局限、应用现状和存在问题等方面的回顾性、反思性研究还非常缺乏，今后应该加强这方面的研究。

(4) 数据的依赖性强。应进一步重视开发适合各种来源数据库所下载的数据进行处理的软件，以减少研究人员在数据收集、数据清洗、数据处理等方面的时间和精力。

(5) 对知识图谱的标注不规范。建议对每幅知识图谱最好在数据来源、数据规模、可视化软件、阈值大小等方面进行标注，以便于其他人在异时异地的情况下仍能正确地识别和解读(汤建民，2010)。

二、 二次分析法

文献研究中，研究人员可以根据现存的文献资料进行再加工，用于新的研究。二次分析又称为二手分析或次级分析，是对第二手资料的分析，是对他人通过实地调查所得到的原始数据进行再次分析(田麦久，2002)。二次分析法包括两种类型：

(1) 把同一资料(已有的、别人的研究所收集的资料)用于对不同的问题的分析和研究中。

(2) 用不同分析方法处理同一种资料。人口统计学中运用一次分析最为广泛，并且已经成为一门科学学科。二手统计资料可分为原始数据和经过整理后的统计数据。这些资料有的是以统计文件(如书籍、报告等)的形式呈现数字；有的以集刊的形式保存在图书馆或存入电子档案；有的则是向社会公开的调查资料数据库。二次分析不一定劣于首次分析，它甚至可能产生比最初搜集那些资料的研究人员更为精确和适用的结论。事实上，二次分析完全可以像首次分析一样的完善和精确。二次分析人员甚至稍有优势，因为他不必把大量的时间和精力花费在研究设计和资料搜集上，而能够把更多的时间和精力用于对于所获资料的分析解释和创造性思考上。但是，指标选择与索引构造是应注意的事情。因为二次分析人员必须在现成的指标中寻求适合的概念框架的指标。

(一)二次分析法的步骤

二次分析法的步骤具体见图 3-3。

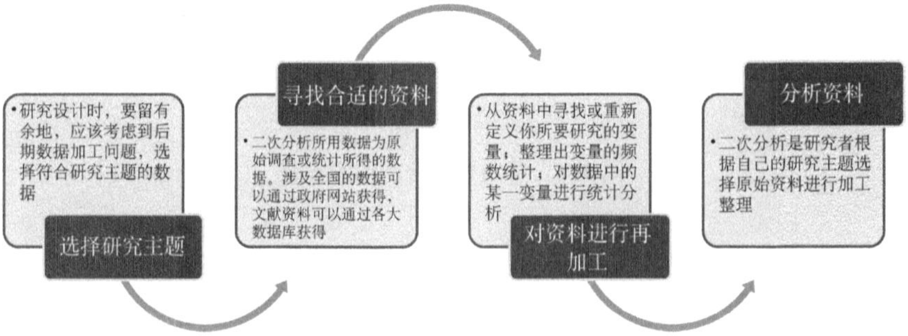

图 3-3 二次分析法的步骤

(二)二次分析法的评价

二次分析法的优点为节省人力、物力，因为二次分析的资料为已经整理好的，所以不用在通过实验测量来获得。实验设计包括设计、实施、校正、整理测量资料、分析资料等需要消耗大量的人力、物力和财力。此外，二次分析法适合比较研究和趋势研究。缺点包括：①准确性和适应性不足、时效性较差，因为是在别人研究资料的基础上进行分析，所用的资料只能反映当时的情况，因此时效性较差；②数据和研究主题切合度不高，已有的文献资料都是研究者根据自己的研究目的进行实验、分析、成文，所以很难获得与自己研究主题切合度非常高的资料。

(三)系统综述分析法

系统综述分析法是二次分析法的一种，又称为研究述评、研究综述、系统综述等。系统综述主要通过在特定时间内针对某一专题，归纳整理大量原始研究论文中的数据、资料和主要观点、分析提炼而写成的报告，能反映出这一专题的历史背景、研究现状和发展趋势。系统综述是指应用明确的方法，查询、选择和严格地评价相关研究，从中提取数据并采用适当的统计学方法合并数据，得出综合性结论的过程。元分析是一种定量综合研究结果的研究方法。系统综述并非一定要做元分析，对多个研究进行了元分析的系统综述称为定量系统综述，没有进行元分析而仅仅进行了描述性分析的系统综述称为定性系统综述。元分析是通过对众多现有实证文献的再次统计，对相关文献中的统计指标利用相应统计公式，将若干项研究结果合并成一个单独估计值的一种统计方法。根据获得的统计显著性分析两个变量间真实的相关关系。元分析是一种特殊形式的文献总结，其目的不是为某研究问题提供文献性证据，而是利用各种文献概括出经验性的和理论性的结论。一项高质量的文献分析应能够得出几项具体结论并指明今后研究的方向，还有可能修正旧理论或提出新理论(田麦久，2002)。

1. 系统综述分析法的步骤　系统综述分析法的步骤具体见图 3-4。

图 3-4 系统综述分析法的步骤

2. *系统综述分析法的评价* 传统的叙述性文献综述，会因为作者的一些主观看法及兴趣的不同而产生不同的结果，而且一般都是采用定性的方法，其结果一般只能得出“有差别”或“效果较好”等类似的结论。这种类型的文献综述固然可以给读者提供较多的信息，但是却无法提供一个定量的结果，因此结果相对模糊。而且文献综述的作者往往会根据自己的主观评价来决定资料的取舍，从而导致不同作者对同类研究的综述，可得出不同的结论。这在很大程度上降低了文献综述的效果。尤其是在很多试验结果并不一致的情况下，如何对文献进行分析就成了一个非常棘手的问题。元分析本质上是一种观察性研究。可以较客观地依据统计学原则进行定性、定量的综合分析，可提高统计效能，兼容相互矛盾的试验和统计分析结论，获得综合性的分析结论(程新等，2010)。

三、 现有统计资料分析法

现存统计资料是指他人整理好的以频数、百分比等统计形式出现的聚集资料，如《中国统计年鉴》《中国社会统计资料》等。二次分析利用的是原始数据资料，而现有统计资料的研究者是利用那些以频数、百分比等统计形式出现的聚集资料。进行现存资料分析时应注意以下问题：

(1) 对现存统计资料的内容、对象、范围、特点等都具有清楚明确的认识，这是进行现存统计资料分析的前提。

(2) 对各种统计指标、比例和数字的实际含义及它们的计算方法等应十分清楚。阅读时就应明确把握统计数据所代表的内容。

(3) 现存资料是聚集资料(集合资料)，它们所描述的对象通常是群体而不是个体。在利用现存资料时应注意避免犯层次谬误(田麦久，2002)。现存资料分析时间跨度大，各个省市国家的统计数据内容和格式基本相同，可以用来跨省市、国家的比较研究。

1. *现存统计资料分析法的步骤* 现存统计资料分析法的步骤具体见图 3-5。

2. *现存统计资料分析法的评价* 现存统计资料分析法这种文献研究方法本身就要求资料的质量，也必然会受到现存统计资料内容的限制。由于现存统计资料并不能准确地贴合我们的研究主题，由现存统计资料得出的结论尚不能有效地代表我们研究的变量和概念。因此，逻辑推理和重复验证就显得尤为重要。现存统计资料分析的信度很大程度上依赖于资料，这就要求资料要具有较高的精确性。减少资料造成的误差，就需要从源头上解决，也就是提高现存统计资料分析的信度。

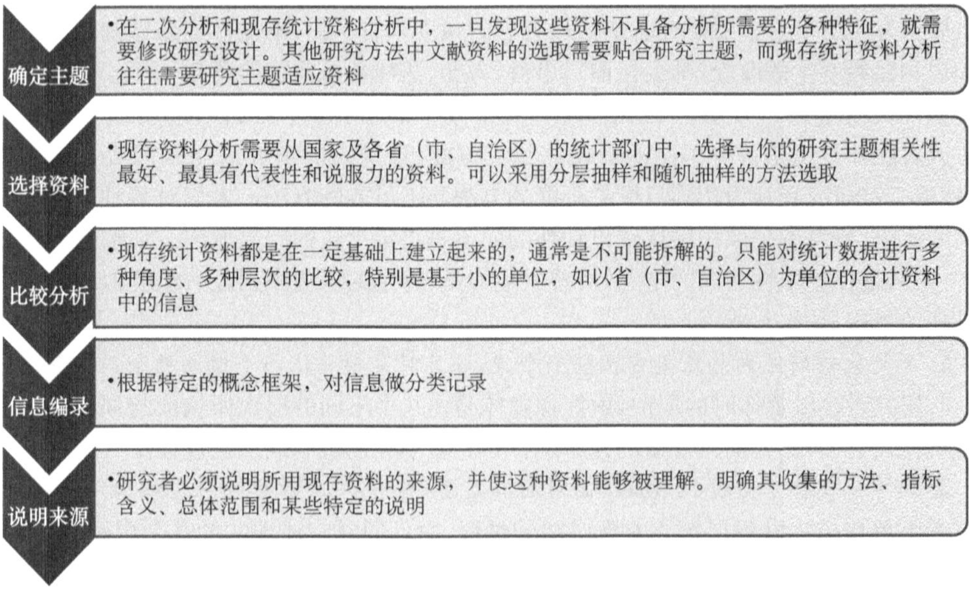

图 3-5　现存统计资料分析法的步骤

四、历史比较研究法

历史比较研究法是传播学研究方法之一，即从历史学的角度研究和分析大众传播媒介产生与发展的历史，以及媒介在不同的历史阶段对社会发展的影响和作用，认识媒介发展的规律及其与社会政治、经济、文化等的相互关系。它不仅研究过去，还根据历史发展的总趋势，判断大众传播媒介的发展变化，预测不同媒介的发展前景、可能出现的问题及相应的对策。历史比较法在体育科学中运用也比较多，如对一名运动员不同时期的运动训练水平进行比较。历史研究是社会学、政治学非常重要的研究，尤其是对宏大社会现象进行研究或者对社会现象进行历史性考察时，这种研究方法就更加重要。历史研究收集的是大量历史文献资料，包括个人日记、札记、档案、回忆录、纪录片、原始资料等（田麦久，2002）。历史文献主要包括原始资料（信件、日记、报纸等）、二手资料、历年纪录（档案或现有统计文献）、回忆文献（根据记忆总结的生活经验，并以文字呈现出来的资料）。历史比较研究法包括横向比较、纵向比较、宏观比较和微观比较 4 种类型。

（一）历史比较研究法的特点

1. 历史比较研究证据通常是有限的、间接的　研究者通常不可能直接观察或亲自参与，研究者从证据中重新建构已经发生过的事件，但是他们又无法对自己的重新建构具有绝对的信心，历史的证据特别依赖过去所残存下来的资料，这通常是以文明的形式存在的（如信件与报纸）。

2. 研究者所重建的过去历史或另一个文化极易被歪曲　研究者通常更清楚他研究的那段时期之前所发生的事件、他研究地点以外的其他地方所发生的事件及他研究那段时期之后所发生的事件。要研究者从被研究者的角度来看事物，不是件容易做到的事。今天的知识和已经发生的改变，都会扭曲对事件、人物、法律甚至实物的感知。

3. 研究者承认人们有学习、做决定和依据其所吸取的教训改变事件发展路径的能力　研究者想要找出是否有不同的行动路径。据此，这些人的世界观与知识成了制约的因素，塑造了被研究者视为达到目标的可能的方法和不可能的方法。人们对某种事物是否有特别的认识，研究者采取一种比较机动性的而不是决定论式的因果取向。大部分的比较研究者，尤其是那些定性取向的学者，所感兴趣的是，特定的历史序列在一组类似的个案之间所展现的风貌、结果与成因。

4. 历史比较研究的焦点集中在整个个案，并且对复杂整体与个案间的个别变量进行比较　研究者接触整体时的取向，就好像整体是由几个不同的层次所构成的那样。研究者不但要抓住表面，还要揭露普遍的、隐藏的结构，看不见的机制或因果过程。

5. 研究者整合了微观（小规模、面对面的互动）与宏观（大规模的社会结构）的层次　研究者不单单描述微观层次或宏观层次的过程，而且同时叙述现实的几个层面或层次，并且寻求其间的关联。

6. 它具有从某个特定的情境转换成一般性的比较，或从一般性的比较转换到某个特定情境的能力　研究者检验特定的环境，记录下相似性与差异性，然后进行概括。研究者接着又使用这些概括的原则来检验特定的情境。

（二）历史比较研究法的步骤

历史比较研究法的步骤具体见图 3-6。

图 3-6　历史比较研究法的步骤

1. 对象概念化　研究者从一个比较松散的模型或一组概念出发，将其应用到某个特定的情景。这些暂时的概念包括研究者用以观察世界、"配套"观察结果及搜索证据暗含的假设或有组织能力的类别。对不熟悉的资料或概念，研究者需要广泛阅读一般性研究资料。这可以帮助研究者掌握特定的背景、搜集具有组织力的概念、细分主要的议题、列出需要进一步研究的问题名单。

2. 找出证据　研究者需要运用诸多索引、书目、参考文献，查阅各大图书馆的藏书。根据搜集到的资料进行归纳整理，建立完整出处的参考文献目录。研究者根据证据中的发现来调整最初的概念、问题或焦点。然后根据不同分析层次的研究报告、关于某个主题的几个研究及跨主题的研究报告，新的议题与问题随之产生。

3. 评估质量　研究者搜集证据时应考虑两个问题：

（1）证据与浮现的研究问题和演化的概念之间的相关性。

(2) 该证据是否准确有力。研究者往往通过阅读证据可以找到隐性的概念框架、特殊的细节及经验的概括。

4. 组织证据　研究者应避免投入大量的精力去做笔记,然后任其堆积。通常应提出低层次的概括性原则或主题,开始进行初步分析。整理证据时,借助理论的洞察力来激发组织资料的新方法与向证据提出新问题。

5. 综合整理　综合整理把某个特定的证据与基本关系或因果机制的抽象模型加以联结。研究者也会认为,主题或解释标出了关键性指标与支持性证据。关键性指标是明显的证据,通常用来推论某个理论关系的存在。研究者寻找构成解释模型关键部分的那些指标。

6. 撰写报告　最后一个步骤是把证据、概念和综合分析串联成一篇研究报告。撰写报告的方式是历史比较研究的关键。把证据、论点和结论组成一篇报告,始终是个决定性的步骤;不过,较之于定量研究,慎重处理证据与解释更容易造就历史比较研究,也更容易毁掉它。研究者把证据与论点编织成一幅连贯的、充满说服力的图画,与读者交流。

(三) 历史比较研究法的应用

历史比较研究法主要用于讨论重大问题;探究诸如某个特殊结果,是哪些社会因素共同促成这类问题;新解释资料或挑战旧的解释;强概念化与理论化的建构。通过检验历史事件或不同的文化情景,研究者不仅能够产生新的概念,并且还能够拓展自己的观点。概念比较不可能被限制在单一的历史时刻或单一的文化中。他们可以植根于生活在某个特定文化与历史情境之下的人类经验(劳伦斯·纽曼,2007)。

第四节　文献综述

文献综述既可以是学位论文的重要组成部分,也是可以独立成篇的学术论文,其质量关系到整个研究的基础稳固程度和选题的科学依据。好的文献综述不仅可以为后续研究奠定坚实理论基础和提供某种延伸契机,而且通过表明作者对已有、既有研究进行文献归纳、分析和梳理整合的综合能力,从而有助于提高自身研究报告水平。国内外学者通常将文献综述的撰写作为科研入门的最佳途径,以便更好地"站在巨人的肩膀上看问题"。

一、文献综述概述

(一) 文献综述的定义

"文献综述"一词英文称为 survey、synthesis、overview、review,中文又称研究述评、研究综述、综合性研究述评等,是较为详细的独立研究工作,同时也是学位论文的重要组成部分。文献综述是指在全面收集有关文献资料的基础上,经过归纳整理和分析鉴别,对一定时期内某个学科或专题的研究历史、已取得的研究成果、目前存在的问题及未来发展的趋势给予全面、系统的叙述和评价。综述包含"综"和"述","综"是指作者尽可能全面收集素材进行综合分析、分类整理,理清其相互关系和逻辑顺序,使材料条理更加清晰;"述"就是评述，是对整理出来的文献观点、结论加以叙述，给予评论，确认当前的研究进展。“综”为基础，“述”为提升。

（二）文献综述的作用与意义

一篇好的文献综述是一幅学术谱系图，撰写文献综述不仅是为了陈述以往的相关研究，也是对自己的研究进行一个定位。写好一篇文献综述，会使研究者在思想上有所启发，对科学研究方法有所借鉴，对其从事的研究项目的水平有所衡量，对要取得的结果有所预见。

文献综述的作用与意义主要包括以下方面：

1. 掌握最新研究成果　阅读文献综述能使读者了解有关领域的新动态、新技术和新成果，帮助读者不断更新知识，提高业务水平；通过对最新成果的介绍，给读者以借鉴，引导读者进行深入分析与学习；也有利于研究者快速便捷地获取相关领域的进展信息。

2. 提供科研选题线索　通过文献综述可以发现研究的空白与盲点，刺激新观念的产生，使研究者预测未来研究趋势；为后续研究提供思考的方向与内容，即未来研究可以找出更有意义或更显著的结果，从而有意识地改变科研题目的组成，为选题打下坚实的理论基础。

3. 完善研究计划，扩展研究方法　文献综述可为研究者提供客观全面的相关背景资料。帮助研究者了解和熟悉相关研究的现状和成果，并与自己的研究对比，有利于构思和完善所从事的研究计划。此外，还可以了解前人采用的研究方法、研究视角及研究策略，为研究者提供借鉴和参考。

4. 科研基本功训练　撰写文献综述是对研究者的综合训练，是培养和提高其科研能力的重要方法和途径。通过撰写文献综述，可以提高研究者对研究项目相关知识的熟悉程度，对文献尤其外文文献的阅读和理解能力，对研究结果和结论的综合分析能力，对科研文章的写作能力。

（三）文献综述的种类

文献综述的种类较多，目前还没有一个统一的划分标准。按照不同的划分方式有不同的文献综述种类，一般来说，有以下 4 种划分方式。

1. 按照文献信息的加工深度

（1）叙述性综述：是围绕某一问题，广泛搜集文献资料，对内容进行分析整理和综合，并以精练概括的语言对有关方法、结果、观点和发展概况等做综合客观描述的综述文章。叙述性综述最主要的特点是客观，一般不提出撰写者的评论、褒贬。

（2）评论性综述：是在对某一问题或专题进行综合描述的基础上，从纵向或横向上对比、分析和评论，提出自己的观点，明确取舍的一种综述文章。评论性综述的主要特点是分析和评价，引导读者寻找新的研究方向，因此有人也将其称为分析性综述。

（3）专题研究报告：是就某一专题进行反映与评价，并提出发展对策、趋势预测，是一种现实性、政策性和针对性很强的情报分析研究成果。

2. 按照内容的组成因素和特点

（1）成就性综述：专门介绍某一研究领域、某一方面或某一项目的新成就、新技术及新进展。这种综述文章颇有实用价值，对当前工作有一定的指导意义。

(2) 动态性综述：针对某一研究专题，按年代和学科本身发展历史阶段，根据时间顺序由远及近地介绍并分析研究进展，着重介绍不同历史阶段的成就。写作上，重点选择有代表性的文献，介绍每一阶段的重要成果或突破。

(3) 观点争鸣性综述：根据文献提炼出主要几种学术观点，由作者加以分类、归纳和总结，按不同的观点分别叙述。在这类综述主要基于原始文献中的事实，阐述学者们观点的差异性。

3. 按照综述报道的时空范围

(1) 横向综述：是对某一专题的某一时期各方面的有关知识进行综合整理，横向综述不分时序，按照主题或地域、国家等展开叙述，有利于在同一水平上对比。

(2) 纵向综述：是对某一学科或某一问题，从历史渊源开始，再论述其发展历程，从而揭示这一学科或问题的发展规律，便于科研人员和读者系统了解学科的知识。

4. 按照综述范围大小

(1) 综合性综述：从客观上对某一领域进行综合论述，不但对本专题领域知识进行综合，还要考虑其他相关因素，要求作者站在更新的角度看待问题。

(2) 专题性综述：是就某一学科中的某个问题综合叙述，综述的专业性和针对性较强。

(四) 文献综述的特点

1. 客观性　文献综述的客观性主要体现在以下两点：一是阐述前人的研究成果时，应秉持实事求是的原则，不能随意扭曲或者断章取义、避免因个人理解问题导致的表述偏差；二是在总结、比较、评论前人的研究成果时应基于客观事实进行分析评价。另外，在做出预测时，要以事实数据为依据，以科学的推导方法为手段，力求客观。

2. 综合性　通过检索并整理大量文献，详细了解某一研究领域的发展脉络。一方面要以某研究领域的发展为纵线，按时间先后顺序或专题本身发展层次，对其历史演变、目前状况、趋向预测进行纵向描述，反映出某一专题的来龙去脉和发展轨迹；另一方面要对国内外的相关研究进行横向比较，阐述并解释各学者之间观点的异同及研究成果的差别。只有综合地归纳整理、分析提炼、消化吸收这些纵横交错的文献，才能全面准确地把握研究发展规律，做出客观评价并预测未来发展趋势。

3. 评述性　评述性体现在对前人研究的客观评价上，对其进行分析，总结研究成果，存在问题和发展趋势。通过叙述与评论，理清某一领域发展的脉络或特点，为后续研究做好铺垫。评述并不是重复前人研究的成果，而是对所整理得出的观点、结论进行叙述和评论，反映作者的观点和见解，并与综述的内容构成整体。只有在"综"的基础上进行客观地"述"才能提升综述价值，并对读者起到指导作用。

二、文献综述的撰写

(一) 文献综述的格式

文献综述的格式相对多样，但总体来说，一般都包括前言、主体、总结和参考文献 4 个部分。

1. 前言　前言部分主要说明写作背景、目的、综述范围，有关主题的现状或争论焦点，使读者对主题有个初步的大体轮廓。

2. 主体　主体部分是文献综述的核心。在格式上没有统一规定，可按文献发表的年代顺序不同的问题不同的观点进行综述。要将搜集到的文献资料归纳、整理及分析比较，阐明有关主题的历史背景、现状和发展方向及对这些问题的评述。此外，主体部分应特别注意对代表性强、具有科学性和创造性的文献引用和评述。

3. 总结　总结部分将前人的研究思路、主要结果及评价进行权威性总体总结，起到“画龙点睛”的作用，使读者记住论文的关键内容，并能提出自己的见解和观点。

4. 参考文献　参考文献是引用文献的直接依据，并为读者深入探讨有关问题提供了文献查找线索。因此，应认真对待，并按照参考文献国家标注著录格式书写。

（二）文献综述的步骤

文献综述的撰写是推进性的，通常情况下，包含选择主题、文献检索、展开论证、文献分析、文献批评、综述撰写6个步骤（图3-7），层层递进，每一步工作都为下一步打下基础。

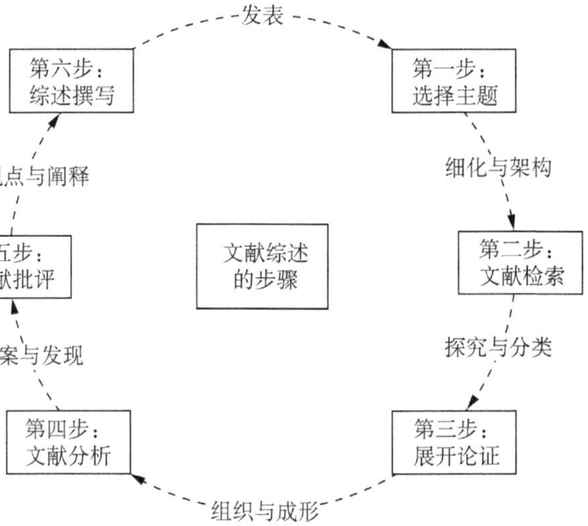

图3-7　文献综述的步骤

改编自劳伦斯·马奇，布伦达·麦克伊沃，2011. 怎样做文献综述：六步走向成功[M]. 陈静，肖思汉，译. 上海：上海教育出版社.

第一步：选择主题——从日常兴趣到研究课题

研究兴趣通常来自人们对生活工作中的一些矛盾、争端、焦点问题的好奇，这些好奇驱动研究者不断地界定和澄清“为什么研究（why）”和“研究什么（what）”的问题。研究者将日常生活兴趣转化为研究课题主要经过3个阶段（图3-8）：宽泛的兴趣，具体研究对象、视角、立足点，资料整理、研究课题。

选择一个研究兴趣需要细心和预见性，这些兴趣可能来自阅读有关学术和专业期刊，或者是通过媒体或专业团队对当今某个领域问题的报道，还可能是研究领域相关的国家、地区进行的争论和创新。然而通常早期的研究兴趣都太宽泛，接下来需要进一步缩小选择的范围，直到找到一个可清晰识别、有意义并可供研究的兴趣。

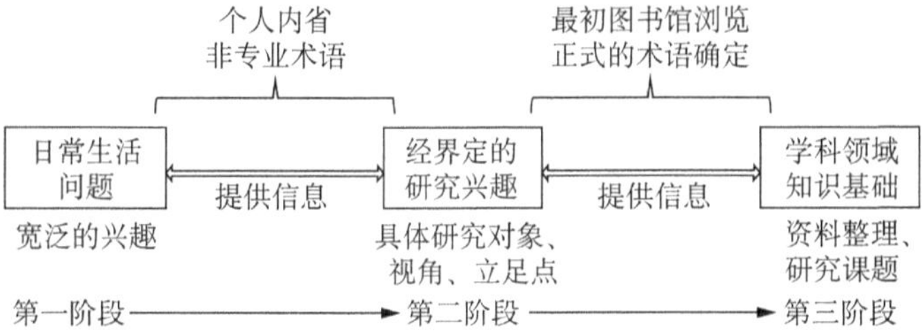

图 3-8　从日常兴趣到研究课题

改编自劳伦斯·马奇，布伦达·麦克伊沃，2011. 怎样做文献综述:六步走向成功[M]. 陈静，肖思汉，译. 上海：上海教育出版社.

第二步：文献搜索——搜索任务和方式

文献搜索决定文献综述所包含的信息。文献搜索的任务是尽可能全面地找出支持论题最有力的资料证据。在搜索文献时，应进行预览、选择和组织材料，并对相关资料加以分类和存储。最后，通过现有资料分析主题的广度和深度，进一步确定并精练研究课题。具体内容详见“第三章第二节　文献研究过程”。

第三步：展开论证——为文献综述建立论证方案

开始撰写高质量的文献综述前，需要进行论证前期的工作，建立一个针对研究对象的论证方案。

论断、论据和推理构成了逻辑性的论证。首先，论断是论点的声明或主张，推动论证的进行。在一个有说服力的论证中，论断应该是一个声明性的陈述，表达让人思考并接受的立场和观点。其次，论断的有效性依赖于证据的提供。证据是一系列支撑论断的资料，要求应从高质量、高相关的资料中寻找证据。最后，没有一定的组织方式，呈现的资料就不能引导我们做出论断，那么推理则是实现从证据到结论的重要环节。

上述分析采用简单论证讲述了论证的基本过程，但是大部分论证比这要复杂。复杂论证的形成要经过两个阶段(图 3-9)：第一个阶段是建立简单论断。第二个阶段是组织简单论断使之形成一系列前提条件，作为正式复杂论断的依据。

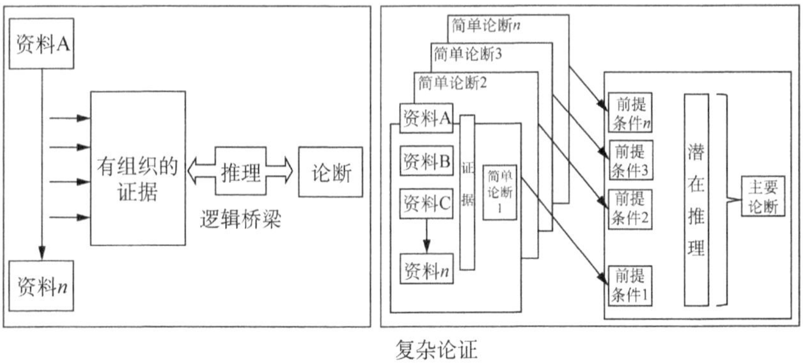

图 3-9　论证模式

改编自劳伦斯·马奇，布伦达·麦克伊沃，2011. 怎样做文献综述:六步走向成功[M]. 陈静，肖思汉，译. 上海：上海教育出版社.

第四步：文献分析——进行发现式论证

文献分析的目的是发现关于研究问题“我们已经知道些什么”，并分为集中收集到的资料、综合信息资料、分析资料类型 3 个阶段。

第一阶段：集中收集的资料。文献分析始于集中信息，通过集中资料可以对文献进行宏观把握，从而有利于资料的组织分类。为了便于记录资料，通常可以建立中心控制文档（图 3-10）。中心控制文档有不同的制作方式和模式。如果把全部资料转移到矩阵图中会感觉麻烦，此时可以使用简单的编码来指代在资料来源和中心文档中出现的内容。此外，还可使用具有资料查询、搜索和报告功能的文献管理软件如 EndNote 辅助进行文献资料整理。

		作者篇名期刊号（A）	作者篇名期刊号（B）	作者篇名期刊号（n）
第一阶段 集中收集的资料	1.关键概念或关键词			
	2.引文或参考文献资料			
	3.主要观点			
	4.资料质量			
第二阶段 综合信息资料	5.证据分类			
	6.论证方式和简单论证			
	7.简单论断			
	8.论断的可接受性			
第三阶段 分析资料类型	9.简单论断（前提）			
	10.复杂论证			
	11.复杂论断			

图 3-10　中心控制文档：文献研究矩阵

改编自劳伦斯·马奇，布伦达·麦克伊沃，2011. 怎样做文献综述：六步走向成功[M]. 陈静，肖思汉，译. 上海：上海教育出版社.

第二阶段：综合信息资料。在对文献资料初步整理的基础上，我们要对资料进行组织，形成证据，进而在此基础上做出一些简单论断。资料转变成证据的方式多种多样，选择何种方式组织资料取决于你研究问题的性质。例如，可以依据时间阶段来组织资料，或者按作者对资料进行分组。然而，对于资料转变没有必要限制使用一种证据组织形式。

完成资料转变成证据形式后，下一步要做的就是推理。这一阶段能否成功关键在于研究者鉴别推理形式能力的高低。如图 3-11 所示，推理形式从简单到复杂通常分为一对一推理、并行推理、链式推理和联合推理。根据研究需要选择最优的推理形式。

第三阶段：分析资料类型。通过以简单推理形式形成的简单论证和论断为前提条件，将这些论断组成复杂论证的依据，然后在应用复杂的推理形式来确定用于证实复杂论证主要论断的推理方案。复杂推理方案经常采用推理形式中的两种或多种形式来建立中心论证。复杂论证以 4 种基本推理形式为基础来组织和规划各种前提条件，从而开展发现式论证。发现式论证中常用分歧推理和对比推理。

分歧推理就像学术辩论，引用一些专家的观点、调查研究、数据、专家证词或其他资料说明研究问题的一个方面，然后引用另一组资料来展示相反的观点。它是并行推理形式的一个分支：

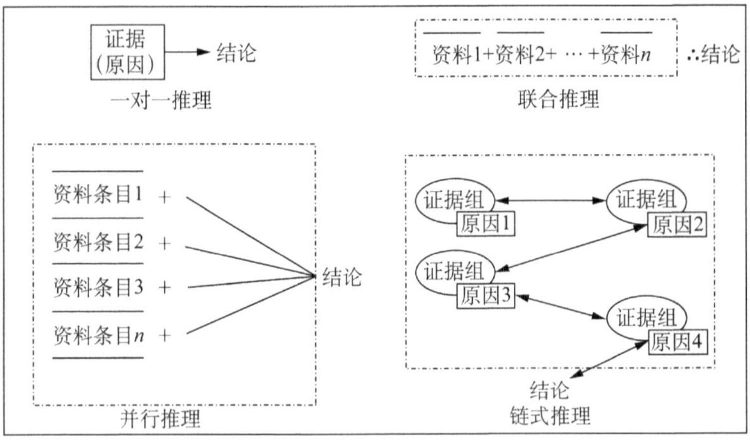

图 3-11 基本推理形式

改编自劳伦斯·马奇，布伦达·麦克伊沃，2011. 怎样做文献综述：六步走向成功[M]. 陈静，肖思汉，译. 上海：上海教育出版社.

原因 1，原因 2，原因 3…原因 n ∴结论 A

VS 原因 1，原因 2，原因 3…原因 n ∴结论 B

对比推理通过比较和对比每一个观点的证据和论断来检验资料组的相似点和不同点，推理形式如下：

原因 1，原因 2，原因 3…原因 n ∴结论 A

∧ 原因 1，原因 2，原因 3…原因 n ∴结论 B

完成发现式论证(图 3-12)表明研究项目的第一种论证或前段任务已结束。然而，还有许多问题仍有待解决，我们必须批判地看待研究课题的现有知识并继续进行深入论证。

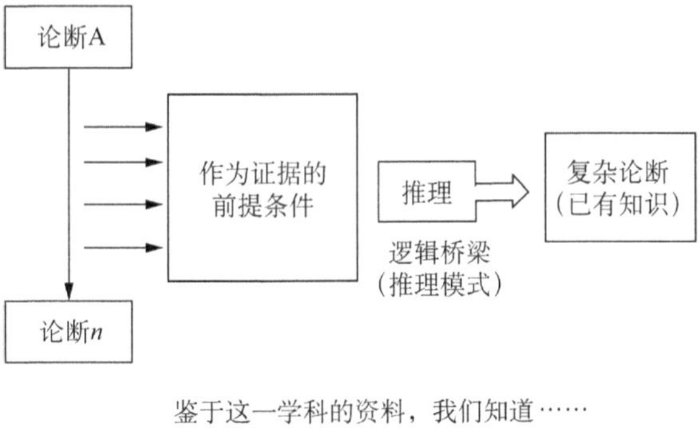

图 3-12 文献分析：发现式论证

改编自劳伦斯·马奇，布伦达·麦克伊沃，2011. 怎样做文献综述：六步走向成功[M]. 陈静，肖思汉，译. 上海：上海教育出版社.

第五步：文献批评——对研究进行阐释

当构思文献批评时，如果我们提出研究问题的答案是清晰的，并且经过了发现式论证的界定，那么便找到了文献综述的主题。然而，高质量的文献综述中，文献批评不能是仅支持已有知识，而必须做得更加深入。文献批评的目标及达成该目标通常需要经历3个阶段为隐含推理、二度论证、论证模式。

第一阶段：隐含推理。隐含推理是对论据进行逻辑阐释的过程，以便提炼论点，导出特定结论。文献批评运用隐含推理将已有文献中的论证作为命题式的论据，从而支持文献综述的论题。文献检索与文献批评通常以“如果……那么……”的形式先后出现。

第二阶段：二度论证。我们使用“如果……那么……”的论证形式把文献分析环节中获得的诸多论点与文献批评环节相结合，并得出一系列结论。试着连接这些相互关联的命题：“如果这就是我们对这一主题的了解，那么根据研究问题，我们可以得出下述判断”，这些暗含的结论即成为文献综述的主旨论点。

该论证形式包含两次论证过程，在文献分析环节构建的是发现式论证，在文献批评环节构建的是支持式论证(图3-13)。其中，文献分析环节所得出的一系列复杂论断，正是文献批评环节支持式论证的基本依据。如果由文献分析环节中发现式论证所得的主要论断成立，那么需要对研究问题提出相应的解答。支持式论证是一种带有隐含意义的论证，因此论证模式必须证实这种隐含性。

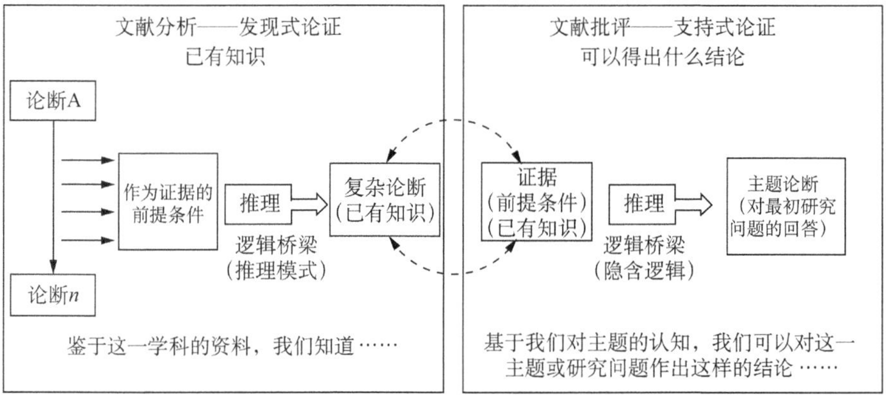

图3-13 文献综述研究方案

改编自劳伦斯·马奇，布伦达·麦克伊沃，2011. 怎样做文献综述：六步走向成功[M]. 陈静，肖思汉，译. 上海：上海教育出版社.

第三阶段：论证模式。要对文献批评进行论证，必须弄清已知前提与研究本身之间的关系：已有知识能够如何回答这一问题？如何构建“如果……那么……”的逻辑关联？埃宁格与布洛克瑞德在《辩论决策》(*Decision by Debate*)一书中提出了隐含论证的九类基本模式(图3-14)，分析了研究问题和由发现式论证所得出的论断之间的关系。九类推理模式提供了不同的方法，以证明支持式论证的结论，也就是文献综述的中心论点。每个模式都建立在完整的逻辑规则基础之上，我们应根据研究需要选择能够在前提与论点之间建立最佳逻辑关联的模式。

第六步：综述撰写——撰写、审核、修改

至此，我们掌握的背景资料经过组织，形成大纲，论据也被分类和存档，并且随着论证的阐释、分析与发展，已经完成部分尝试性写作。但仍需要通过不停修改(包括写作、审核

论证模式	逻辑规则	先决条件:“研究者必须表明……”	典型研究问题
从因到果	任何原因都必然会导致某种结果(有因必有果)	证据中包含造成某种结果的直接原因的资料	• 引发全球气候变暖的原因有哪些? • 多代福利依赖的原因有哪些?
从果到因	任何结果都必然是由某种原因导致的(凡事必有因)	证据中包含研究问题的有关案例导致某种直接结果的资料	• 青少年酗酒的早期预防措施有何成效?
预示	可辨识的征兆、信号或征象会先于事件与行为的出现	证据中包含某些征兆性资料,预示着研究问题中某些行为或事件将会发生	• 儿童自闭症的早期征兆是什么? • 功能异常群体的特征是什么?
从个体到总体	对于个体成立的命题,对于总体也成立	证据中所选择的个体具有代表性,能够代表研究问题所界定的总体	• 通过随机抽样检验一批灯泡的质量情况如何?
从总体到个体	对于总体成立的命题,对于个体也成立	研究问题所界定的个体具有代表性,能够代表证据中所指出的总体	• 游客进入上海世博园区为什么要进行安全检查?
平行案例	当存在两个相似案例时,第一个案例成立的命题,第二个案例也成立	证据中所提供的案例与研究问题所界定的足够相似,可以视为平行案例	• 全国优秀教师的哪些教学方式、策略值得我们学习、借鉴?
类比论证	如果两个事物相似,对于其中一事物的结论可以假定对另一事物也适用	证据中的案例(A)性质有助于解释和澄清研究案例(B)与之相似的性质	• 建构文献综述的步骤与玩频域游戏有什么类似之处?
权威论证	一个人对某个问题知道得越多,他对问题的论断就越真实	证据中所呈现的证词是与研究问题所界定案例相关的可信赖的专家证词	• 复杂组织的有效领导特征是什么? • 人类智能的本质是什么?
结果-途径	一个结果可以直接归因于某种特定行为的执行	证据中所提到的特定行为将导致研究问题中所界定的某种结果	• 实习导师需要掌握哪些辅导技能才能成功的辅导实习生?

图 3-14 九种论证模式

改编自劳伦斯·马奇,布伦达·麦克伊沃,2011. 怎样做文献综述:六步走向成功[M]. 陈静,肖思汉,译. 上海:上海教育出版社.

与校订)才会使论文变成最终的完美作品。良好的写作过程遵循两个阶段:作者通过写作增进自身理解;作者通过写作促进他人理解自己。文献综述写作过程具体见图 3-15。

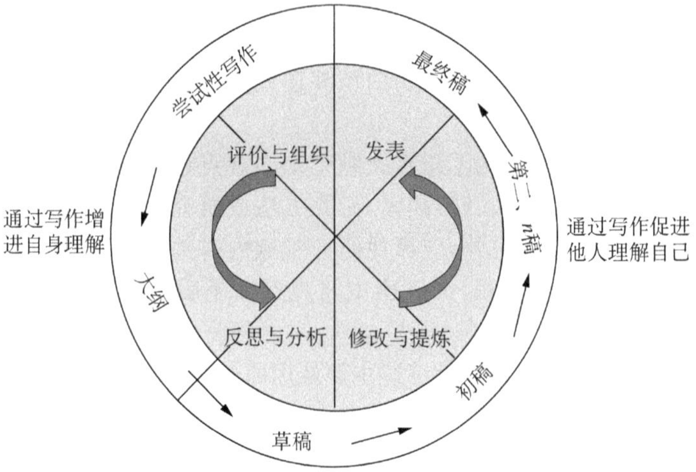

图 3-15 文献综述写作过程

改编自劳伦斯·马奇,布伦达·麦克伊沃,2011. 怎样做文献综述:六步走向成功[M]. 陈静,肖思汉,译. 上海:上海教育出版社.

第一阶段:通过写作增进自身理解。写作增进自身理解是一个形成性行为,即持续地学习与掌握有关研究课题的材料。首先,进行尝试性写作。接下来的任务是反思与分析,进行写作大纲设计。大纲设计是着手正式写作的正确开端。待大纲设计完成后,应进行以下审阅检查:大纲中主要观点的铺陈方式是否连贯合理?大纲是否完全涵盖了论文的内容?论断是否建立在有力的论据基础上?结论是否都经过了合理的论证?论点的论证思路是否合乎逻辑?大纲是否是一个完整的整体?经过大纲修改、完善直至能够肯定的回答上述每一个问题。最后,将大纲扩展为连贯的句子、完整的段落、完整的文章,形成初稿。

第二阶段:通过写作促进他人理解自己。在这个阶段,每一稿都必须通过修改有所进步,使主题的描述更加精确。我们可以这样询问读者:"你是否看到了我所看到的东西?如果未能看到,我应该怎么样修改才能使文章的中心思想更加明确?"每一次修改都应该将审核校对后的文章及时反映给选定读者,直至期望的文章最终完成。

初稿的核心任务是完成一份清晰的、可以被读者理解的书面交流文本。为了确保他人审阅的是你写的最优的文稿,要对初稿进行一系列检查。首先,检查文章的写作细节。例如,句法、语态、分段是否准确?其次,检查文章中的论据是否准确有力,以及论证方案是否完整统一。最后,依据检查结果对初稿进行必要的修改。

为了确保论文能被他人理解,必须从读者的视角进行评审。要把论文转换为他人能够理解的语言和逻辑。尽可能寻找在写作、校对或某一专业领域有能力的评审人员,请每位评审人员仔细审阅你的文章并进行全面回应。这些兼任"仲裁人"的审核文章的读者会提供必要的反馈,帮助润色文稿,并有助于其发表。最后,经过一系列修改完善,并参照写作格式手册及目标期刊的相应要求,完成最终稿。

(三)文献综述的写作技巧

1. 拟好综述的标题　文献综述的标题要能够概括全文的中心问题,表达应清晰准确,体现综述的研究范围、对象、内容和方法。题目不能太宽太杂,要用专题学科范围和年代范围进行限制。目的要明确,使读者明白该综述究竟是为了科研论证解决难题,还是只为让读者了解该领域的学术动态。

2. 注重归纳,提炼观点　为了避免文献中众多观点堆叠,应将收集到的资料加以归纳综合,可根据不同的研究内容、影响因素,研究方法或研究结论等进行归纳总结,在学术构思的层次上做到清晰明确。另外,应抓住研究领域内有关学术争论的矛盾焦点,以及各学科的内在、纵深发展的相互联系,提炼出主要观点和矛盾,在此基础上进行后续评价与展望。

3. 适当运用连接性语言　文献综述主要使用原始文献资料,在对众多文献信息进行加工处理时,为了避免行文呈现出杂乱无章的状态,应适当使用承上启下和表达并列或转折等过渡关系的语言,把各个文献资料的观点、结论等信息融为一体,让文献综述层次分明,且具有内在逻辑性。

4. 补充必要的铺垫性资料　为了便于读者理解,需要在文献综述中介绍一些背景资料等辅助性资料作为参考,让读者尽快熟悉某一研究领域。这些资料可设置在文献综述的引言部分,或在正文中的过渡段部分。辅助性资料同样需要作者自行整理归纳加入,且篇幅不可太多。

5. 尽量引用一次文献　撰写文献综述时,应尽量引用原始文献,即一次文献。如果一篇文献综述中,大部分资料来自二次文献,则作者文中阐述的观点和介绍的研究成果不足以令人信服，而且可能会导致片面的结论。因此，在引用参考文献时，注意引用原始文献。

（四）文献综述的常见问题

1. 简单罗列文献，“综”而不“述” 综述是文献的“综合评述”，有些综述仅仅简单地罗列原始文献中的观点，而未进行系统的分类、总结和提炼，文献综述成了大量论点的堆砌。未经过主观思考和分析，简单罗列文献，“综”而不“述”，降低了文献综述的质量，应极力避免。

2. 论点不定，层次不清 论点是文章的核心和灵魂，有些文献综述的结构比较混乱，思路不清，偏离文献综述的论点，使读者抓不住文章的重心。因此，在撰写文献综述前，应把握好主题及相关论点，注意文献综述的结构规范，梳理好各段落的层次，各论点之间的过渡要衔接自然，保证论点鲜明，层次清晰。

3. 过度认可或批判前人研究成果 文献综述是描述与解释、欣赏与批判、继承与发展的有机统一。不少文献综述，毫不置疑地接受现有文献的所有研究结果，不用批判的眼光审视与评价，难以跳脱原始的研究观点与思路；另外，有些综述对某些研究成果进行忽略或弱化，放大已有研究的不足，以此突出自己研究的价值和意义，这种做法也是不可取的。

4. 参考文献质量不高或过于陈旧 参考文献的质量是决定文献综述水平的重要影响因素。在撰写文献综述时，应注意引用文献的权威性、可靠性和科学性。有些文献综述所引述的文献来自级别较低的刊物，权威性和对读者的说服力较低。另外，参考文献陈旧也极大地影响了文献综述的质量。

三、文献综述案例及述评

（一）以王政淞等的《动作能力对儿童青少年体力活动与健康促进的重要意义——基于动作能力研究模型的综述分析》为例

1. 前言部分评述 前言部分首先交代了研究背景，全球儿童青少年体力活动不足情况严重，西方发达国家儿童青少年体力活动与健康促进的科学研究和产、事业实践起步较早且得到较好发展。其次说明了研究主题的现状及焦点问题：动作能力已被国外运动流行病学专家学者全面引入儿童青少年体力活动与健康促进这一领域之中。最后指出了研究的目的：系统梳理儿童青少年动作能力与体力活动和体质等健康要素之间的研究现状，结合动作能力研究模型，阐述了动作能力对儿童青少年体力活动与健康促进的重要意义。总体来看，前言部分作者通过对写作背景、研究现状及焦点问题、研究目的进行系统的阐述，使读者对研究主题有了初步的了解。

2. 主体部分评述 主体部分按照动作能力与体力活动、健康体质、感觉功能、体重状态 4 个不同研究问题分别进行综述。首先介绍了动作能力对于个人体力活动参与、身心健康发展重要性这一主题背景。其次，分别介绍了 4 个不同研究问题的研究现状、存在问题及未来发展方向。这一部分与文献综述的撰写第四步文献分析中发现式论证相对应，对研究主题的已有知识和发展进行综合并形成相应论点。评述了目前国外儿童青少年动作能力干预对体力活动的影响效果；分析了目前研究的发展定位及不足并提出了对未来研究的期望。最后，基于儿童青少年体力活动与健康促进整体框架的动作能力研究模型探索了动作能力与不同研究问题的内在机制，丰富了论证依据，增加了研究深度，与文献综述撰写第五步文献批评中的支持式论证相对应。

总体来看，主体部分作者按照不同的研究问题进行系统综述，一方面，对不同问题的已有研究进行了系统归纳、整理，逻辑清晰、资料翔实。另一方面，在对相关研究梳理的基础上结合理论模型进一步充实了研究的依据。通过发现式论证和支持式论证相结合更有利于深化研究的主题，加深研究的依据，值得我们研究借鉴。但是，本研究主体部分对于动作能力研究模型的内在影响机制的分析相对较少，如若对相应的机制进行深入的分析，文章将更加出彩。

3. 总结部分评述　总结部分对前人研究的思路、主要结果及不足进行了最终的、总体的总结，并提出了自己的见解和观点：对我国儿童青少年动作能力与体力活动促进研究未来的发展前景提出了讨论性建议。

4. 总体述评　该文以儿童青少年动作能力对体力活动与健康促进为主题，对近年来该领域相关知识进行综合整理的典型横向综述。文章条理清晰、论证充分，系统梳理了动作能力与体力活动、健康体质、感觉功能、体重状态等健康要素之间的研究现状，并基于国外儿童青少年动作能力研究模型，详细阐述了动作能力对儿童青少年体力活动与健康促进的重要意义。文章对于不同研究问题的论证模式值得我们学习、借鉴。但文章对于动作能力研究模型中的相关影响机制分析不够深入，仍可进一步提高文章质量和水平。

（二）以司琦等的《阶段变化模型在身体活动领域应用研究的综述：1998～2012年》为例

1. 前言部分评述　在前言部分，作者首先交代了足量的身体活动对于国民健康的重要意义。其次，作者强调要应对久坐不动或身体活动不足所引发的公共卫生问题的挑战，重要的途径之一是设计和制订行之有效的身体活动干预措施，从而引出文章论述的重点——阶段变化模型。最后，作者引用相关文献，从理论和实践的角度说明当前阶段变化模型研究还存在的不足，解释基于阶段变化模型的身体活动研究缺乏强有力支持的原因，以及在国内发展的现状，说明了本研究的必要性和研究目的。

作者在前言部分向读者解释了阶段变化模型目前的研究现状，提出了要研究的问题，符合前言撰写的基本规范，但篇幅偏多，可适当精简。

2. 主体部分评述　作者在主体部分对论文检索结果进行了详细的描述，包括综述论文的特征描述，论文发表年度变化特征，论文研究类型、研究设计的特征，研究对象的特征，研究使用阶段变化模型的特征，而且对搜集整理的文献进行分类描述，阐述国内对阶段变化模型研究的发展特征。在讨论与分析部分，作者对阶段变化模型应用研究发展趋势、研究方法特征、研究对象多样性、模型应用情况和青少年相关研究结果进行了分析，并在文献分析的基础上，提出对目前研究的评价，既有研究取得的突破和优势之处，也指出了研究的不足，存在的问题等，同时对此研究的局限性进行了说明。在主体部分，作者对大量文献进行了归纳整理，体现了作者的文献总结能力，对阶段变化模型的描述也较为翔实，有综有述,相对规范。

3. 总结部分评述　作者用简练的语言,以分点描述的形式对研究结果进行深层次总结,提出阶段性模型在我国的理论研究及实践运用领域的特点和不足之处,未来需要进行进一步的验证。

4. 总体评述　这是一篇综合性的文献综述。文章采用文献资料法,对发表于 1983 年 1 月 1 日～2012 年 12 月 31 日 30 年间中文期刊论文进行筛选,选取了符合标准的 114 篇论文,对基于阶段变化模型的身体活动研究成果进行系统综述,论证该模型在我国的适用性和应用性。作者着重对综述论文的特征进行描述,同时,对各阶段各学者的研究贡献、研究中依然存在的问题等方面进行具体阐述,给出适当评价,并提出后续应关注纵向设计、检验测量工具、针对不同性质受试者及基于整体模型进行研究等方面研究的展望。

整体来看,本篇综述的文献资料翔实,作者采用科学方法对大量文献进行了梳理与总结,工作量较大。文章布局合理,条理清晰、论证完整,符合文献综述撰写的科学规范。

本章小结

文献是人们专门建立起来储存于传递信息的载体,是人们从事各种社会活动的记录,包括用文字、图像、符号、声频、视频等手段记录人类知识的各种物质形态。文献法与其他研究方法相比,具有自己独特的特点,它不与研究对象直截接触,而是通过间接途径进行研究。通过对文献的分析、梳理,研究者可以快速、高效地掌握某一体育研究领域的研究进展和前言热点,有利于体育研究的不断发展。本章旨在让同学们了解文献法研究过程、具体方法的基础上,进行文献综述的撰写,帮助同学们更好地完成毕业论文的"文献综述"部分及发表高质量的综述文章。

思考与练习

1. 试着根据本节内容学习,指出 4 种文献研究方法的异同。

2. 尝试选择一个自己感兴趣的领域或热点问题应用研究过程进行文献检索、阅读、记录和整理。

3. 据本节内容尝试撰写一篇文献综述。

本章主要参考文献

阿特斯兰德,1995.经验社会研究方法[M].北京:中央文献出版社.

陈悦,刘则渊,陈劲,等,2008.科学知识图谱的发展历程[J].科学学研究,26(3):449-460.

程新,黄林,李昆太,2010.Meta 分析:一种新的文献综述方法[J].广东农业科学,(6):376-378.

风笑天，2018.社会研究方法[M].第5版.北京：中国人民大学出版社.

焦晓静，王兰成，2015.知识图谱的概念辨析与学科定位研究[J].图书情报工作，59(15)：5-11.

康永征，辛申伟，2012.跨学科视域下的社会科学研究方法[M].北京：中国社会科学出版社.

劳伦斯·纽曼，2007. 社会研究方法：定性和定量的取向[M].第5版. 郝大海，译.北京：中国人民大学出版社.

林聚任，刘玉安，2008.社会科学研究方法[M].济南：山东人民出版社.

汤建民，2010. 基于中文数据库的知识图谱绘制方法及应用：以创新研究论文的分析为例[M]. 杭州：浙江大学出版社.

田麦久，2002.体育科学研究方法[M].北京：北京体育大学出版社.

张彦，2011.社会研究方法[M].上海：上海财经大学出版社.

赵丙军，王旻霞，司虎克，2012.基于 CiteSpace 的国内知识图谱研究[J/OL].图书情报工作网刊，(8)：23-31.

Rafols I，Porter A L，Leidesdorff L，2010. Science overlay maps：a new tool for research policy and library management [J]. Journal of the American Society for Information Science and Technology，61(9)：1871-1887.

第4章　研究设计与质量控制

【导读】本章主要从研究设计(研究设计的概念、特征、类型、程序、应用举例)、抽样(抽样术语定义、抽样方法及原则、样本量、抽样误差和偏差、应用举例)、信度(定义、信度的种类与评定、信度的影响因素)、效度(定义、效度的种类与评定、效度的影响因素、信度与效度的关系、应用举例)等方面对科学研究的质量控制进行讲解,通过该章节知识的学习让学生掌握检验信度和效度的方法。

学习重点与难点

- 研究设计的程序、抽样的方法、信度与效度的应用。
- 应用时如何指定严谨的研究设计、确定抽样的类型、信度及效度的种类。

第一节　研 究 设 计

一、研究设计的概念

在科学研究中,研究结论(conclusion)产生之初,研究者应该做的是一份严谨科学的“研究设计”(research design),这份研究设计的内容有且不限于研究实施的时间方案、资料收集和分析方案等(张力为,2002)。研究设计可以被视为科学研究的结构,它是将研究项目中所有要素结合在一起的“胶水”,简而言之,研究设计就是拟议的研究工作计划。研究设计不仅预计并制订了与执行数据收集、处理和分析有关的看似无数的决策,并且为这些决策提供了一种可实施性的逻辑基础。严谨的研究设计规定了收集和分析所需信息的方法和程序,保证了科学研究的开展,从而可以让研究结论更加逼近真实。

二、研究设计的特征

完善的研究设计可以让科研实施以最少的工作、时间和金钱产生最大的信息。那么什么样的研究设计算是优秀的、可执行的？换言之，好的研究设计的特征是什么？现有的文献表明，一份好的研究设计至少应该有以下 3 个显著特征：

(1) 规定了与研究问题有关的信息(数据)的来源和类型。

(2) 提供了一种策略，用于指定收集和分析数据时应使用的方法。

(3) 囊括了时间和成本预算，因为大多数研究都是在这两个约束条件下进行的。

以上研究设计的特征可以作为制订一份完善研究设计的依据。研究者在选定了具体的研究问题且正确地提出了假设之后，需要进一步指定完善的研究设计，那么，研究设计都需要包含哪些要素？根据现有的文献来看，一份好的研究设计应该能够提供以下储备查询的方案，我们可以将其理解为一份研究设计的核查清单，其中的要素作为研究设计的主要内容。

(1) 研究问题是什么？

(2) 研究目的是什么？

(3) 研究的具体性质是什么？

(4) 研究的领域或学科分布及理论基础是什么？

(5) 研究大约需要多长时间、多少经费？

(6) 研究样本的总体和个体是多少？

(7) 应该使用哪种类型的采样？

(8) 收集方法方式是什么？

(9) 分析资料的方式是什么？

(10) 研究的价值发挥应该是什么？

三、 研究设计的类型

依据不同的分类标准可以设定不同的研究设计分类方案。翻阅众多的科学研究方法工具书，可以看到不同的学者、不同的学科对于研究设计的类型均有独到的理解(艾尔·巴比，2018)。在具体的研究设计当中，一般而言，可以在确定研究问题及对相关的变量进行概念化之后，根据可及的研究资源，确定研究设计的类型。尽管目前研究类型的分类较多，但大致分为定量研究设计、定性研究设计和混合研究设计三大类(表 4-1)。

表 4-1　定量研究设计和定性研究设计的比较

比较内容	定量研究设计	定性研究设计
哲学基础	实证主义	人文主义
研究范式	科学范式	自然范式
逻辑过程	演绎推理	归纳推理
理论模式	理论(假说)检验	理论建构
主要目标	确定相关或(和)因果关系	深入理解社会现象
分析方法	数学统计	文字描述

（续表）

比较内容	定量研究设计	定性研究设计
资料收集方式	实验、调查	实地研究
资料收集技术	量表测量、问卷调查、实验室控制实验、结构式观察等	参与观察、无结构访谈等
研究技术特征	客观	主观

（一）定量研究设计

定量研究设计是通过检查变量之间的关系来检验客观理论的一种手段，相比较而言更加强调研究程序的标准化、系统化和操作化。实验室控制实验、量表测量、问卷调查、结构式访谈、结构式观察等是定量方法常见的资料收集技术，获得的主要是数据化资料，并采用数学手段分析这些资料，表现出研究结果的概括性、精确性及理解的客观性。定量研究设计中的变量通常可以在仪器上进行测量，以便可以使用统计程序分析编号的数据。总体来说，定量方法是目前科学研究中的主流方法，应用的频率远远高于定性方法，但如果仅仅以应用频率确定两种方法谁优谁劣，则肯定不妥。定量研究设计的方法论基础较为稳固。

（二）定性研究设计

定性研究是一种探索和理解个人或群体归因于社会或人类问题的含义的手段。研究过程涉及新出现的问题和程序，通常在参与者的环境中收集的数据，从详细信息到一般主题的归纳式数据分析，以及研究人员对数据含义的解释。最终的书面报告具有灵活的结构。从事这种查询形式的人支持一种看待归纳风格，注重个体含义及呈现复杂情况的重要性的研究方式。定性方法更加强调研究程序的灵活性、针对性和特殊性。参与观察、无结构访谈、个人生活史等是定性方法常见的资料收集技术，获得的主要是具体的、个别的实例，并采用文字描述分析这些资料，表现出研究结果的丰富性、细致性及理解的深入性。

（三）混合研究设计

混合研究是一种将定性和定量形式结合或关联的查询方法，指在研究过程的某一阶（如在资料收集阶段）融合了定量研究设计与定性研究设计的方法。它涉及哲学假设、定性和定量方法的使用及研究中两种方法的混合。因此，这不仅仅是简单地收集和分析两种数据。它还涉及同时使用两种方法，因此一项研究的总体实力要比定性或定量研究更高。混合模型则是指在研究过程的所有阶段（如概念化、资料收集、资料分析、推论）均融合了量化方法与质化方法。

四、研究设计的程序

现在，摆在我们面前的现实问题是，有没有一种统一的、标准的研究设计程序规范？从目前的方法学经典著作当中，学者们对研究设计的程序规范各有见解。透过这些纷繁复杂的现象，我们可以看到尽管目前研究设计的内容多种多样，却都围绕着两个目的：一是辨识问题，提炼主题；二是论证和验证主题，即回答解决什么问题，预期取得什么结果及选择论证此预期结果的技术方法。此外，方法学专家们比较达成一致的是通过精巧的研究设计（最主要的目的是以严谨的研究设计减少研究误差），来提供有效的信息，保证研究结论的信度和效度。本书提供了一种研究设计的程序规范（图 4-1），该程序规范可以在一定程度上告知研究人员进行研究设计时的世界观。当然，研究设计的选择还取决于要解决的研究问题的性质、研究人员的个人经历及研究对象、实证进行时的精力和经费安排等。下面将分阶段对研究设计的内容进行呈现。

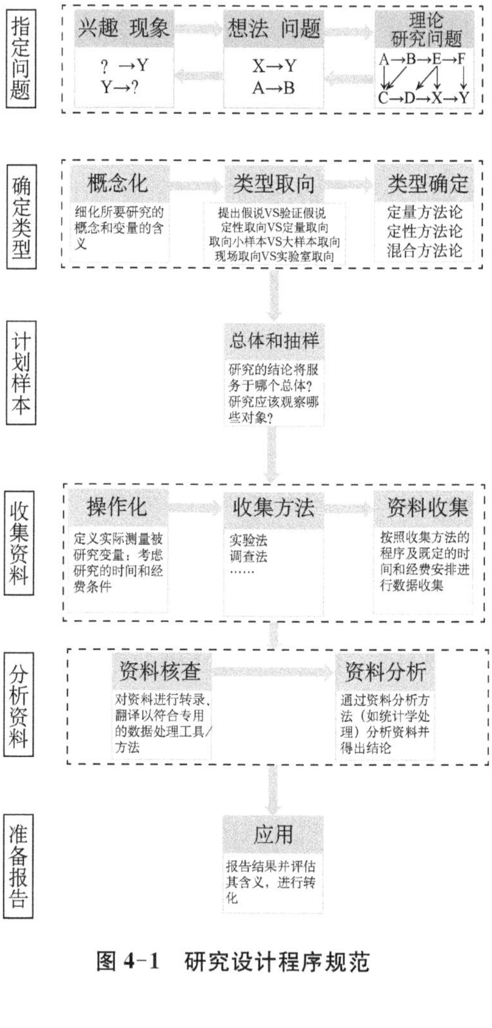

图 4-1　研究设计程序规范

（一）指定问题

准确地表达问题往往比回答问题更困难，而一个表达准确的问题基本上就回答了问题本身。在我们向他人清楚地陈述一个研究问题的时候，其答案已经呼之欲出了。

研究问题是科学研究的开始，是进行实证研究的起始点。我们在图 4-1 中列举了指定问题的范式。图中的字母（A、B、X、Y 等）可以代表变量或概念。研究伊始，研究者们的科研想法可能会源自自身的兴趣或者一种特殊的现象(社会学中居多);进一步地,根据兴趣或者现象,敏锐的研究者会产生一些科研想法或者提出一些亟待破解的问题;而这种想法和问题可能就是理论的一部分,或者这种亟待破解的问题就可以上升到可以进行科学研究的研究问题(李丹阳和张力为,2020)。通过这种理论或者研究问题又可以引申出新的想法、新的兴趣,这种循环往复不断推动了科学的进步。因此,一个优秀的学者通常是沿着一个既定的研究方向从事科学研究。其中既定研究领域的研究问题可以在兴趣、现象和理论、研究问题之间进行递进转化是重要原因之一。

(二) 确定类型

确定研究设计的类型是整个研究设计中的重要步骤,它关乎研究问题的变现及解决问题的主要逻辑步骤实施。在确定研究选取的设计类型之前,研究者需要进行概念化和设计类型取向的选择。

1. 概念化　表达印象的术语和存在于头脑中的资料标签都是所谓的观念。将模糊、不精确的观念进行明确化、精确化的思维过程,我们称为概念化,也可以具体理解为达成共识的过程。而观念进行概念化之后的结果,也就是达成共识的结果称为概念。明确了上述术语的概念,我们不妨联想一下,在我们的工作和生活中,日常的交流用语甚至于新闻报道的用语通常是模糊的和意会的,那么由此产生的现象和问题通常也会融汇于实际的问题当中。那么,我们对这些现象和问题进行科学研究时,必定需要将其转化为特定学科的学术用语,以方便后续的测量与评价,以上的这个过程就是一个概念化的过程。简而言之,概念化就是为研究中的概念指定明确的、共识性的意义,是概念操作化的必要条件。

2. 类型取向　在研究的过程当中,研究人员会因为研究任务和研究目的的不同而有不同的研究设计类型取向。图 4-1 中列举了 4 类研究设计类型取向方法,这是参照了张力为教授的《体育科学研究方法》中的研究设计的方法取向一节的内容。例如,提出假说和验证假说是科学研究的两个最为重要的组成部分。假说的质量和实证的能力是科学性的重要标志,这大概是自然科学和社会科学的共识,以此来衡量体育科学的科学性,给人一种强烈的危机感。需要说明的是,研究设计的类型并没有所谓的优劣之分,目前的体育科学实证研究当中,验证假说取向、定量取向、大样本取向和实验室取向是目前的主流,但并不意味着它们的对立面在应用中有缺陷。研究设计的类型取向主要取决于研究任务、研究目的、研究者本身的科学素养及研究的可及资源。

(三) 计划样本

科学的魅力在于通过具有代表性的样本演绎或归纳,使人们的认识不断深化。因此,抽样问题是学者们老生常谈的问题。在理解抽样之前,我们需要先认识一下什么是总体,总体是构成它的所有元素的集合。在研究设计当中,我们可以将总体理解为研究设计最终要服务的对象群体,而与之相对应的样本则是从总体中按一定的方式抽取出的一部分元素的集合。从总体当中抽取样本的过程称为抽样。样本的代表性关乎研究结论接近真实世界的程度,因此抽样技术一直是方法学专家们关注的热点问题。抽样起源于西方的大选民意测验,近年来随着大样本量研究设计取向的发展,抽样作为一种统计武器更是受到研究者们的关注。

(四)收集资料

1. 操作化　操作化是对特定研究程序(操作)的发展,并指向经验观察,操作化也是经验主义和实证主义的本质区别。概念化的过程并不能完全承担概念具体实施的责任,还需要对已经清晰的概念进行操作化的处理。根据艾尔·巴比的观点,概念化和操作化是紧密相关的,尽管我们已经明确了我们研究中的概念,但是这个概念所对应的定义可能存在较大的差异(一对多),而这个定义下所对应的测量指标的数量也可能是大量的(量化研究中称为潜变量),因此,操作化在问题变现的过程中的位置举足轻重。需要说明的是,操作化的过程并没有一个系统化的程序可以遵循。

2. 收集方法　确定了研究设计的指标之后,后续就要有针对性地进行资料收集,随着科学技术的发展,现有的资料收集方法比较丰富,研究者可以在确定了具体的数据收集方法之后借助当前先进的网络、人工智能等技术,实现数据收集的智能化。例如,定性研究设计中常用的访谈法,访谈法诞生之初,由于沟通方式的限制,研究人员需要耗费巨大的精力和财力才能完成访谈,通常还会因为数据的转录、翻译问题出现数据的偏差;随着现代互联网技术的发展,现在的移动通信技术已经可以满足研究人员随时随地地完成访谈任务,大大增加了访谈法的数据采集效率。此外,还有人工智能辅助下的计算机视觉在人体运动动作识别数据的采集,VR 技术应用在竞技体育项目的技战术分析等。需要说明的是,固定的数据收集方法一般都会有较为成熟的方法论体系,包括收集流程、信效度控制等,研究者在进行研究设计时,在遵循固定的数据收集程序的基础上,大胆创新,合理利用当前先进的技术手段,最大化地减小数据收集导致的误差,从而使研究的结果更接近真实情况。

(五)分析资料

分析资料是将纷繁复杂的数据按照特定的排列组合进行定性或定量的呈现,这项工作进行之前,一般需要对前期收集到的数据进行必要的核查和检验,包括对异常数据的处理等。而在定量研究设计中,统计学下的数理分析思维则占据了主流,统计方法与研究设计不是必然联系,统计学只是其中随机现象(简单、无组织)的认识工具,一旦确认,则在研究设计时要充分考虑统计方法的要求(至少是一组方法,不是某一个统计方法的要求)。如果只考虑一个方法,并且一定要用这个方法,方法应用本身不又陷入确定性了吗?统计学是一个工具箱,问题和方法不是一对一的,是一对多的,不确定的性质使得任何与统计相关结论建立在概率基础上的,结局的出现纯属偶然"上帝掷骰子"。在定性研究设计当中,对数据的分析通常是通过研究者的经验对资料的理解。真正意义上的社会科学研究,必须以实证为基础。当然,实证研究不一定要用统计,但科学的数学化倾向和概率化倾向,使统计的运用十分普遍。

(六)准备报告

研究设计的最后一项内容是应用,是对整个研究设计的报告,并将研究的结论进行科研报道或舆论宣传,提升研究的实际应用意义。研究报告是研究质量和作者水平的综合体现。高水平的研究报告，不但可以让读者获得最新研究信息，还可以使读者体验到科学研究中探索的激情、大胆的设想、巧妙的构思和严谨求实的作风。那么，什么样的研究报告才是好的研究报告？著名体育科学研究方法专家张力为教授，提出了评价研究报告质量的10项标准，它们分别是理论贡献、因果关系、方法创新、实际意义、积累力度、效果大小、精细程度、外推能力、吸引魅力和可信程度，张教授还特别指出，如果从简洁性出发，最重要的标准应该是研究报告是否能够改变读者的传统观念。张教授的标准可以为我们在研究报告的撰写中提供向导。

五、研究设计的应用举例

定性设计策略："一位高风险项目运动员的心理康复历程"案例研究设计。

案例研究设计在体育科学各分支学科（如运动医学、运动生物力学、运动训练学和运动心理学等）中也得到了相当多的应用。该类研究可以对某种类型单一案例（如特殊的运动创伤、奥运会冠军的运动动作等）的深入调查。案例研究中研究人员可以在其中深入计划、事件、活动、过程或一个及多个人。研究人员在持续的时间内使用各种数据收集程序来收集详细的信息。

如何帮助这些高风险项目的运动员应对运动损伤的挫折和康复治疗的挑战，是备战北京冬奥会面临的重要课题。这项研究介绍了北京体育大学心理保障团队如何帮助一位中国自由式滑雪空中技巧受伤运动员应对康复困难并重返国际比赛的心理康复历程。2017年2月～2018年2月，在历时1年的心理训练中，共对其进行了5种心理干预，这名运动员逐渐克服了运动损伤所带来的焦虑，建立了伤后康复自信，提高了自我控制的能力，并在平昌冬奥会上取得了她个人的最佳成绩，获得了冬奥会奖牌。该案例理论翔实，称得上案例研究的经典。

第二节　抽　　样

一、抽样术语定义

1. 总体　　统计总体简称总体。总体亦称母体，是数理统计的基本概念之一。统计所要研究事物的全体，由许多具有某种共同属性或特征的个别事物组成。同一总体中的各个总体单位至少有一个相同的特征，这是构成统计总体的必要条件。组成总体的个别事物称为总体单位。例如，如果我们希望对参加第27届悉尼奥运会的俄罗斯代表团进行研究，那么，该团全体成员就是一个研究的总体，每个代表团成员便是这一总体的各个元素（总体单位）。数理统计要研究的是总体的一些属性，如体育理论课程情况、体育实践课程情况、师资等。它是个体的一些指标，实际上，个体指标在总体中的分布，才是真正的研究对象。

总体的基本特征：

（1）同质性：即总体中所有总体单位都必须具有某一共同的品质标志属性或数量标志

属性，这是形成统计总体的一个必要条件。

(2) 差异性：即构成总体的单位除了必须具有同质性以外，还应在一个或若干个可变的品质标志或数量标志上存在质或量的差别。

(3) 大量性：即构成总体的总体单位要足够多。

同时具备这3个特征，才能形成统计总体。

2. 样本　样本是借助于特殊方法抽出而组成总体的一部分，是社会调查研究中的直接客体。如总体是某地某年全部高中生(的百米成绩)，从中随机抽取部分高中生，分别测得其百米成绩，组成样本。样本的主要特点是它代表总体，它的容量小于总体容量。

样本形成的主要阶段有：

(1) 按照假设和研究任务的性质论证样本的结构，在这种情况下要考虑到实现研究任务中的总体的特征。

(2) 在考虑已有情报的情况下，首先是考虑试验研究全部结果的情况下，明确样本的结构。

(3) 在样本结构最后确定后。例如，按人分职业、业务水平、性别、年龄布局之后，社会学家应选择样本类型和容量(样本单位的数量)，编制可行性情报一览表，采取组织抽样调查的方法以预防样本位移而产生的误差。

样本中所包含的个体数目称为样本容量。通常将样本数 N 为30以上的称为大样本，30以下的称为小样本。在抽样调查中，确定必要样本容量很重要，样本容量太大会造成人力、物力和财力的很大浪费；样本容量太小又会使调查误差太大，影响抽样推断的有效性(管宇等，2017)。

3. 个体　个体是指某一次统计分析工作中欲研究的全体对象中最小的一个单位。例如，要考察某地区学校学生的体育成绩达标情况，则该地区每个人的体育成绩就是一个个体。在用统计方法研究大量同类现象的规律性时，常把被研究的对象的全体称为总体或母体，而把要研究的每一个对象，也就是组成总体的每一个基本单元(元素)称为总体单位，简称个体。

4. 抽样　应用一定的技术从被研究的总体中抽取一部分样本作为推断总体性质的依据的过程。在教育研究中，最常见的目的是以这种方式从总体中挑选出一组具有代表意义的样本。抽样方法有单纯随机抽样、系统抽样、分层抽样、整群抽样、多级抽样等。获得具有代表意义样本的方法之一是随机抽样，这样偏差就会被限制在选择的机遇误差之中。

有时采用分层次随机抽样，先确定层次变量，然后再在每个层次中进行随机选择(如分别从男性和女性中挑选)。这种方法提高了抽样的准确度(例如，男女样本数可保证与总体数成比例，而这一点是简单的随机抽样所无法做到的)。关键的问题是样本的数量。研究人员需要估算出足够的样本数，以便在一定的抽样误差中看出区别，并达到可接受的概率水平。抽样也包括选择观察的事件或现象(事件抽样)。例如，为描述各种课堂活动，研究人员可以从活动中或时间段中挑选样本(时间抽样)。例如，为了计算上海市高校体育教师学历，而从上海市高校职工中抽取500人的样本，这一过程称为抽样。抽样调查一般适用于对总体不可能或者不必要进行全面调查，而又必须掌握全及总体指标数值的某些现象。

5. 概率抽样和非概率抽样

(1) 概率抽样称随机抽样，一种抽样方法。它是从总体中按一定概率获取样本的方法。概率抽样能够保证样本的代表性，避免人为的误差，它还可以对由于抽样造成的误差进行估计，因此可获得估计量的精度。概率抽样亦称概率性抽样。其属于抽样方法的一种类型，与非概率抽样对应。即根据随机原则从调查总体中抽取一定数量调查单位的抽样方法。在概率抽样的样本中，每个被调查者的选择概率是已知的。概率抽样需要满足下列条件：①一切可能样本值的集合；②各样本值出现的概率，即样本空间上的概率分布是已知的。简单随机抽样就是一种概率抽样。

根据概率论原理抽选样本的方法，它要求在抽样过程的各个阶段各抽样单位被抽取的概率是已知的。概率抽样有下列数学性质：①样本空间是可以确定的；②每个可能抽到的样本的概率是已知的；③根据样本计算估计值的方法必须加以说明，根据这种方法，对任何一个具体的样本只能得到唯一的估计值。概率抽样又称随机抽样。例如，简单随机抽样就是一种基本的概率抽样。

(2) 非概率抽样也称非概率性抽样。其属于抽样方法的一种类型，与概率抽样对应。根据研究者的主观判断和愿望，有意识地选择和抽取一部分有代表性的样本个体进行调查(肖海燕，2018)。这种抽样法对各个个案来说，并没有被均等抽取的机会，也不知道被抽取的机会有多大，而且不能在一定把握的前提下推论总体。在此种方法中，个体被抽样抽中的概率是未知的和无法计算的，往往产生较大的误差，而且误差无法估计。在特定条件下，对于无法确知的总体的调查，可以使用非概率抽样，但在应用中需要注意所得结论的适合性。

非概率抽样的缺点是：样本被选出的概率是未知的，因此对于较大的总体不具有代表性，从而也就大大限制了把调查结果推广到样本范围之外的可能性。此外，运用这类抽样方法，调查者无法估算抽样误差。所以如果用样本的研究结果去推断总体，是不可靠的，同时也不能用于决策和预测。

非概率抽样的优点是：简便易行、费用低，可以随时利用现成的被调查者。它比较适合探索性研究和较小规模的个案研究，以获取一些有价值的信息，并最终用于建立可检验的假设，如调查一些能提供很多情况的人或一些极端的个案，能给研究者提供许多差异突出的情况。其具有方法简单、省时省力和节约经费的优点。所以，如果研究人员除研究样本外并不打算用其结果推断调查总体，或者如果该项研究仅仅作为一项较大规模的研究试验，那么在这两种情况下，一个非概率样本的代表性可以说是完全充分的。

二、抽样方法及原则

(一) 概率抽样

概率抽样一般包括简单随机抽样、分层抽样、整群抽样、系统抽样、多段抽样、二重抽样等。

1. 简单随机抽样　简单随机抽样又称完全(纯)随机抽样，是指从总体中不加任何分组、划类、排序等的完全随机抽样，仅按随机原则直接抽取样本的随机抽样方法。它的特点是每个样本单位被抽中的概率相等，样本中的每个单位完全独立，彼此间没有关联性和排斥性。简单随机抽样可分为：

(1) 抽签法：将总体各单位编上序号，将号码写在纸片上，掺和均匀后，再从中抽选，被抽到的号码所代表的单位，就是应当纳入样本的被调查者，直到抽满预定的样本数目为止。

(2) 随机号码法：先把总体中所有单位加以编号，根据编号的最大数确定使用随机数表中若干列数字，然后从任意列或任意行的第一个数字数起，可以向任何方向数去，凡碰到属于总体单位编号范围内的数字号码，就定为应调查的样本单位，这样一直数下去，直到抽够预定的样本数目为止。

(3) 出生年月法等。简单随机抽样是最基本也是最简单的随机抽样方法，是其他随机抽样方法的基础。简单随机抽样，用抽签、摇码、掷骰子或乱数表等方式从总体中抽出若干个案。它适用于母体（母本）小，并编有号码的母体个案名册的情况。如果母体大，或母体之下的群类互为异质时，这种方法并不适用。

简单随机抽样的优点是完全排除了抽样中主观因素的干扰，最符合随机原则，并且简单易行，只要有总体单位的名册就可进行。缺点是它只适用于总体单位数量不多的调查对象，如果总体单位很多，则编号工作十分繁重甚至无法编号，并且，对于比较复杂的调查总体，只有抽出较多的样本单位，才能保证样本的代表性，它抽到的样本单位通常是极为分散的，这会给实际调查工作带来一定的困难，最后，它没有利用人们关于总体的某些已知的知识，是一种不小的浪费。因此在实际工作中很少被采用，只有在总体单位之间差异程度较小时才被采用。

2. 分层抽样　　分层抽样又称类型抽样或分类抽样。简单来说，分层抽样是把总体单位按其属性特征，分成若干类型或层，然后在类型或层中随机抽取样本。类型抽样的特点是，由于对总体的类型进行划分，各类中的单位之间共性增大了，差异程度缩小了，因此，抽取的样本具有较强的代表性，是一种较好的抽样方法。它适用于总体情况比较复杂、总体各单位之间差异较大、总体单位数较多的情况。在类型划分时应注意，类型之间必须有清楚的界限，以便在划分类型时不致发生混淆；各类型中的单位数和类型之间的比例数要明确；类型的数目不宜太多。类型抽样的具体做法是：①按类型比例抽取样本法，即按统一比例确定各类中抽取的样本单位数，而不考虑各组中的标志变动程度；②按差异程度抽取样本法，该法是根据各类中的标志变动程度确定各类中抽取的样本单位数，变动程度大的，多抽些单位，反之少抽些单位，而不是按统一规定的比例抽取样本；③最佳配置法，是既根据各类的大小又考虑其标志变动程度，确定抽取各组的样本单位数。

此法可保证观察单位适当分布于各层，抽样误差较小，同时便于做各层的分析比较。分层所用的特征往往是与所研究的指标有关的，之所以要考虑分层抽样的方法来做调查，就是要设法控制抽样误差。否则，这种分层在控制抽样误差方面将失去意义。为了提高分层抽样的效率，分层时要尽量使层内差别小而层间差别大，如果层间差别和层内差别一样大，就失去了分层的意义。

分层抽样可分为等比例分层抽样和不等比例分层抽样两种。等比例分层抽样是抽样总体中各类（组）的单位数所占的比例与总体中相应各类的单位数所占的比例相等。不等比例分层抽样是抽样总体中各类单位所占的比例与总体中相应各类的单位数所占的比例不相等。

分层抽样的主要优点是：通过分类，可以把总体中标志值比较接近的单位归为一组，使各组的分布比较均匀，而且保证各组都有中选的机会，这样计算的抽样平均指标变异程度较小，在总体各单位标志值大小相差悬殊的情况下，抽样误差比简单随机抽样或机械抽样要小。

分层抽样的主要缺点是：如果事先对总体的情况不清楚，便无法进行恰当分类。因此，分层抽样比较适合于对总体特征有了大致了解，能够按主要标志分成各个类型的情况对样本进行分层。

3. 整群抽样　　整群抽样又称集体抽样，是指从总体单位中成批（组）抽取样本，而不是一个一个地从总体中抽取样本。整群抽样可采用随机抽样法，而更多的是采用等距抽样法。整群抽样的置信度取决于各群间平均数的变动程度。群间平均变动程度小，抽样误差就小，反之，抽样误差就大。整群抽样法适用于群间差异较小的情况。

整群抽样的步骤为：

(1) 分群：总体分群的标准，一般根据村落、街区、行政单位等标准进行分群。

(2) 群内普查：凡被抽中的群内各单位都要调查。

整群抽样与分层抽样的区别在于，分层划组是为了归类，使层组内差异减小，每组都有一定量的样本单位，并在层组内随机抽取出来；整群抽样是划群，希望群内各单位的差异大一些，尽可能与总体的差异度相类似，以便具有代表性，抽选群的方法是随机的，没有抽中的群内各单位全部都不会进入样本，而抽中的群内各单位则全部进入样本。例如，拟了解某小学儿童跳远水平情况，可随机抽取部分班（群）的全部儿童做调查。

整群抽样的优点在于被调查单位集中在少数群里，便于组织调查，节省人力、物力和财力。但其缺点是，由于样本集中在少数群内，在总体中分布不均匀，代表性差。因此，与其他抽样方法相比，整群抽样的抽样误差较大，抽样效果较差。

整群抽样的设计方法有两种，一种是单阶段整群抽样，另一种是多阶段整群抽样。单阶段整群抽样就是在一个总体群中随机抽取一个个整群，然后把这些整群内的所有单位作为整群抽样的样本。由于在这个抽样过程中实际上只进行了一次随机抽样，所以称单阶段整群抽样。而多阶段整群抽样要经过若干个分阶段的随机抽样，才能最终抽到整群抽样所需要的样本数。在多阶段整群抽样中，各阶段随机抽取整群样本有两种抽样方法：一种是等概率抽样，另一种是概率比例抽样。在多阶段整群抽样中，一般采用概率比例抽样，但如果事先并不知道第一次抽样的个体单位数是多少，就无法进行概率比例抽样，这时适宜用等概率抽样。

4. 系统抽样　　系统抽样又称等距抽样或机械抽样。系统抽样是将总体中的各个观察单位按一定特征的顺序编号，先随机抽取第一个观察单位，再依次按一定间隔机械地每隔若干号抽取一个单位进行观察。运用这种方法取样时，先将母体的每一单位编号，用公式 $R=N/n$（N 表示母体个案数，n 表示要抽出的样本个案数）计算样本区间。如样本区间（或组距）为分数，可按四舍五入法化为整数。然后在 $1\sim N/n$ 号中随机选出一个号码作为第一个样本单位，再将另一个样本单位的号码加上组距即得第二个样本单位。以此类推，直到样本个案数抽足为止。

系统抽样的具体做法是：

(1) 无关标志排队等距抽样：对总体单位采用与调查内容无关的标志进行排队，如按姓氏笔画、时间顺序、地理位置等排序，近似于纯随机抽样。例如，从 2 000 名学生中抽取 100 名进行运动水平情况调查，可按职工姓氏笔画排列，然后每隔一定人数抽取一人作为样本。

(2) 有关标志排队等距抽样：对总体单位按与调查内容有关的标志排列。实际上有关标志排队抽样法类似于分类抽样。它与分类抽样法不同的是，有关标志排队抽样法是按抽选距离分段进行抽样，而分类抽样法是按类型分组进行抽样。利用等距抽样法抽取的样本在总体中分布比较均匀，样本的代表性较高，样本也便于抽取，所以是实际工作中应用较多的一种方法。它的缺点是：当抽样起点一旦确定后，一个样本就只有一种组合方式，当总体的排列顺序出现周期循环时，可能产生较大偏差。

5. *多段抽样*　　多段抽样又称多级抽样，是指从总体中抽取样本的过程是分几个阶段进行的抽样方法，是把抽样的范围在总体内逐步缩小，直至最后在一个较小范围确定样本的方法。它是把抽样调查的各种方式如简单随机抽样、分类抽样、整群抽样、等距抽样等方法组合起来，先抽取大样本单位数作为第一阶段的样本，再从第一阶段抽取的样本中抽取第二阶段的样本，直到抽取最终样本单位为止而不是一次完成抽样过程。

多段抽样的组织工作比较复杂，但它为抽取样本提供了方便，可节省人力、物力。样本的代表性也较高。它是把抽样过程分为两个或两个以上的阶段，逐阶段确定样本。

通常的解决方案是所谓的多级选择。在这种方法的最简单版本中，我们首先选择一个包含许多分析单元的更大的采样单元。选择了较大的单元后，我们将列出该单元中的所有分析单元，并从该单元中进行选择。因为在这个简单的示例中有两个选择步骤(从较大的单元列表中选择，然后在每个选择的较大单元中选择分析单元)，所以这是一个两阶段选择的案例。

6. *二重抽样*　　二重抽样亦称二相抽样。在总体中先抽取一个较大的样本称为第一相样本，以获取某些辅助信息，在此基础上再在第一样本中抽取第二相样本。例如，在分层抽样时，当层数未知时，可先从总体抽取一个较大的简单随机样本，对这个样本只需要区分每个被抽中的单元属于哪一层，从而用以估计层数。然后按分层抽样在这个第一相样本中进行再抽样，得第二相样本。这第二相样本需要测量单元的指标值，并以此对总体指标量做出估计。二相抽样常用于：第一相抽样费用相对较低，而根据所获得的辅助信息对估计量精确度的提高能足够补偿由于需要抽第一相样本而造成第二相样本量减少引起的精确度降低的情形。

(二) 非概率抽样

1. *方便抽样*　　方便抽样又称偶遇抽样。是一种为配合研究主题而由调查者于特定的时间和特定社区的某一位置上，随意选择回答者的非概率抽样方法，这种抽样方法适合对一些特殊情况的调查，像一些时过境迁的突发性事件或现象(违章驾车、骚乱、聚众闹事等)。通过在当场抽取样本询问当事者、目击者、旁观者及过往的行人，可以了解事件发生的经过、原因及对事件的看法和态度。为了提高方便抽样的准确率，通常应选择活动较频繁、结构较完整的社区抽样。如果选择的“代表区”很完善(即所要抽取的人,都可能在特定时间和特定的位置上出现),其效果近乎随机抽样。方便抽样的优点是方便简单、节约时间和经费。缺点是由于调查人员往往选择离自己最近的或最容易接近的人作为回答者,所以会影响抽样的准确度,因而代表性也较差(有时甚至完全不具代表性)。但尽管如此,它仍是传播研究中常常要采用的一种非概率抽样方法。

采用方便抽样的基本假定是被调查总体中所有个体是同质的。此法的优点是方便,抽样费用低;缺点是样本偏差大,资料价值低。一般用于试点调查或被调查对象个体差异不大、抽样费用不能过高的调查。

2. 定额抽样　定额抽样亦称限额抽样、配额抽样。与分层抽样相似,所不同的是它还要求每一层次样本代表它在总体中所占的比例。根据调查对象的有关品质标志或数量标志,大致确定各层或各类样本个案的比例(并与总体的比例尽可能相一致)来抽取样本的方法。这种方法的一般步骤是:①选择将总体分层的品质标志或数量标志;②根据选择的品质标志或数量标志把总体分为若干层;③决定各层样本的大小,通常是将总样本数按照各层在总体中所占的比例进行分配;④选择样本单位,各层样本数决定之后,研究者即可以为每个调查员指派“配额”指标,每个调查员可以在某个或几个层中自行访问一定数量的样本单位。在调查员进行选样调查过程中,有时还可以对样本单位的选择加些其他限制,如年龄、经济条件、健康状况等,以符合抽样设计要求。在社会学研究中,这种抽样方式经常用于民意测验中,由调查者自行确定被调查单位,或者由研究者对每一个调查员分配可能接受调查的对象,然后进行调查访问。采用定额抽样的最大优点是在较低廉的抽样费用下能获得各类人物、事物或社会现象的样本,而且不需要对总体编号排序,简单易行。

它的主要缺点是不能用来推算总体的指标。定额抽样与分层抽样都有将总体分层的特点,不同的是分层抽样的样本单位是按随机原则从各层抽取,定额抽样的样本单位是由调查员在层中依照所规定的标准去自由选择,只要完成配额任务即可。因此,定额抽样的样本不可能像分层抽样那样依据概率原则来决定其大小和抽样误差,样本的代表性也比分层抽样低。如果使配额样本的种种特征之间的差异尽量减少,其代表性也是可能达到要求的。

3. 雪球抽样　雪球抽样一般指一种非概率性的抽样技巧。但是,Tenhouten等1971年创造了一种抽一个概率雪球样本的方法,从而允许对抽样误差做估计计算和对重要问题做统计检验。雪球抽样是一种像滚雪球那样凭借着自然形成的人际关系网由少到多、逐级扩大的抽样方法。雪球抽样在舆论研究中多用于调查某一特殊人群的舆论现象。雪球抽样是介于随机抽样和非随机抽样之间的一种抽样方法,它的常态是非随机的,如果要使雪球抽样成为随机抽样,必须在每一阶段的全部抽样单位中随机地抽取。雪球抽样是分阶段进行的。第一步是从研究者所认识的人当中去访问几个具有调查对象的特征的人,并把这些人作为提供情况的人,依靠他们去认同其他合格的人。第二步是访问这些人,并让这些人引领去找第三步要访问的更多的人。如此一直推下去,一步步扩充访问人数,直至达到所需的样本数。如果要使雪球抽样成为概率抽样,只需要在每一阶段进行随机抽样即可。如果非概率样本足够的话,则可在第一阶段中用定额抽样等方法。雪球抽样近年来被越来越多地应用于社区研究中。雪球抽样为进行观察性研究的人所采用,尤其适合于社区研究。同时也适应于对特殊类型人(如残疾人、吸毒者和桥牌爱好者等)的研究。但雪球抽样方法的样本代表性比较低。

4. 判断抽样　判断抽样又称目的抽样、立意抽样。一种依据调查者的主观判断来选取样本的非随机抽样方法,由法国社会经济学家黎伯莱创造。判断抽样一般是对被研究的总体先做初步了解,然后主观地、有意识地抽选某些具有代表性的对象作为调查样本,借以了解和掌握总体的一般状况。它可分为印象判断抽样和经验判断抽样两种:印象判断抽样是纯粹凭调查者的主观印象选取调查对象;经验判断抽样是调查者根据以往的经验和对调查对象的了解来选择调查对象。判断抽样的代表性取决于调查者对调查对象的了解程度,取决于调查者的判断能力。判断抽样的调查结果不能用于对总体情况的科学推断。

判断抽样在我国被很多人称为典型调查。为了提高判断抽样的价值,提高根据这些样本推论一般的可靠性,应尽量抽取"多数型"或"平均型"的单位作为样本。判断抽样调查所得的结果,一般不宜推广到大范围,否则很可能造成失误。在社会学研究中,判断抽样一般适用于下列两种情况:①探索性研究,为设计问卷、进行正式抽样调查或全面调查打下基础。②总体范围较小,只能抽取极少数个案作样本,若用简单随机抽样可能遗漏更重要或更具有代表性的个案。这时,如能采用判断抽样,则能把这些重要个案搜集在样本之中。

判断抽样的好处是方便、迅速、节省,但其准确性和代表性全凭调查者的专业知识和判断能力而定。一般说,判断抽样所获的样本资料不具有推断总体的特征。但判断抽样在某种特殊的情况下具有价值。研究者根据经验和长期的观察研究而确定的与研究主题相联系的样本,不但具有意义和代表性,而且可以用于统计推断和预测。例如,美国有一些专门研究总统选举的研究人员认为,那些多年来一直都是大多数人投获胜总统选票的地区,对选举投票结果具有决定意义。于是研究者根据这样的判断,就常常用从这些地区抽取的样本来预测总统选举,可以获得较准确的预测。判断抽样的优点是:研究者能够充分利用自己的经验、技能和所具有的知识,去获得更多更准确的信息。

5. 维量抽样　维量抽样亦称维度抽样,是非概率抽样的形式之一,是定额抽样的一个多维量形式。即将总体中所要研究的变量(维量)一一列出,并确保这些变量的任意组合都在样本中有所反映,然后从中抽取样本。维量抽样旨在对与总体有关的所有变量详加说明。通常构成一个多维样本要求:①明确描绘总体轮廓;②清楚说明哪些变量是最重要的,并产生一个包括这些变量值的各种结合在内的类型;③利用这一类型作为抽样框架,从中抽取样本。该方法适用于只要求有一个小样本的研究。其对所抽取的每一个样本的研究均比在大规模研究中所做的更为细致。

(三) 抽样的程序

1. 界定总体　界定总体包括明确总体的范围、内容和时间。实际调查的总体与理论上设定的总体会有所不同,总体越复杂,二者的差别越大。例如,要研究某地青少年的犯罪状况,理论上的总体是这一地区符合一定条件的所有的青少年,但实际上我们能够抽样的总体并不能全部包括,也就是说只能根据我们所能够掌握的这一地区符合一定条件的青少年进行抽样。因此,抽样总体有时不等于理论上的研究总体,样本所代表的也只是明确界定的抽样总体。此外,由于调查研究内容的不同,对总体的限定也会有所不同。

2. 确定抽样框　　这一步骤的任务就是依据已经明确界定的总体范围，收集总体中全部抽样单位的名单，并通过对名单进行统一编号进而组合成一种可供选择的形式，如名单、代码、符号等。抽样框的形式受总体类型的影响：简单的总体可直接根据其组成名单形成抽样框；但对构成复杂的总体，常常根据调查研究的需要，制订不同的抽样框，分级选择样本。例如，进行全国人口抽样调查，先以全国的省市为抽样框选部分省、市为调查单位，然后再以这些省、市中的各县、区为抽样框选部分县、区为调查单位，这样依次到村或居委会。在概率抽样中，抽样框的确定非常重要，它会直接影响到样本的代表性。因此，抽样框要力争全面、准确。

3. 样本设计　　样本设计包括确定样本规模和选择抽样的具体方式。抽样的目的是用样本来代表总体，自然样本数越大，其代表性越高。但样本数越大，调查研究的成本也越大。因此，确定合适的样本规模和抽样方式是抽样设计中的一项重要内容。我们在第三节中将详细讨论这一问题。

4. 评估样本质量　　评估样本质量即通过对样本统计值的分析，说明其代表性或误差大小。对样本代表性进行评估的主要标准是准确性和精确性：前者是指样本的偏差，偏差越小，其准确性越高；后者是指抽样误差，误差越小，其精确性或代表性越高(图 4-2)。

图 4-2　抽样的程序

三、样本量

(一) 样本量估计

样本量又称样本数、样本大小、样本规模。样本量是指样本中所包含的观察单位的总数。

在组织抽样调查时，抽样误差的大小直接影响样本指标代表性的大小，而必要的样本单位数目是保证抽样误差不超过某一给定范围的重要因素之一。因此，在抽样设计时，必须决定样本单位数目，因为适当的样本单位数目是保证样本指标具有充分代表性的基本前提。必要抽样数目主要取决于下列因素：

(1) 研究总体的标志变异程度。标志变异程度大，则样本单位数目应多些，反之则可少些。

(2) 抽样极限误差“Δ”数值大，则样本单位数目可少些，反之则要多些。

(3) 推断结果的把握程度要求高，则样本单位数目应多些，反之则可少些。

必要抽样单位数目是根据抽样极限误差公式推导确定的。但由于进行抽样调查前并不知道总体的差异程度，就需要组织一次试验性的抽样调查，用样本的差异程度指标代替总体的差异程度指标，或者用以前同类抽样调查资料取得的指标值来代替，以确定抽样调查所需样本单位数目。抽样的样本单位数在抽样前就应确定。

样本容量首先决定于研究任务；第一，从被研究的性质来看，决定于总体的一致性程度;第二,决定于保证结果的可靠性;第三,决定于结果所要求的精确度,即允许的(极限的)代表性误差的大小。应该注意,实现抽样技术手段的总体,要注意从总体中抽取样本的方法。样本容量可借助于足够大数统计表,可根据足够大数列线图和借助数学公式来确定。在实际抽样方案设计过程中,首先要根据抽样范围、目的和经验样本量给出样本量的大致范围;其次再综合考虑精度、置信度、费用等要求,根据抽样理论计算最优样本量或复杂抽样方案样本量。最后,要最大限度挖掘和利用历史调查和预调查的信息资料,在理论计算的"绝对数量"的基础上确定更为合理的样本量区间,增强抽样调查在实践过程中的灵活性和可操作性。

(二)统计效力与样本量

统计学是发展迅速的一门学科。传统的统计分析方法和统计观念不断地被调整,新的统计分析方法不断涌现。任何推理统计都涉及两类错误率,即第一类错误率(type Ⅰ error rate,记作 α)和第二类错误率(type Ⅱ error rate,记作 β)。效力分析是研究必不可少的研究设计与分析环节。其主要目的之一就是在规定第一类和第二类错误率的前提下选择适当的样本量,确保总体效应量存在时一项研究在很大程度上能发现它。

统计效力和样本量,这两种技术是设计实验过程中的里程碑。它们允许我们决定:①需要多大的样本才能做出准确可靠的统计判断;②我们的统计测试在特定情况下检测特定大小的影响的可能性有多大。样本量的估计和统计效力的分析都非常重要,因为如果没有这些计算,我们可能冒着样本量过高或过低的风险。在第一种情况下,如果样本量过低,实验将缺乏准确性,无法为研究者提出的问题提供可靠的答案。另外,如果样本量太大,可能会浪费时间和资源,并且获得的收益也很少。因此,以一种具有成本效益和科学价值的方式进行研究似乎是至关重要的。

效应量可以补充假设检验所不能准确探测到变量的关系强度大小的信息,它不依赖于样本量,可用于不同研究之间的比较。在心理学研究中,许多变量缺少实际意义的单位,报告效应量是比较合适的。样本很大时,如果效应很小,统计显著性的结果可能只有理论意义,没有实际意义。样本很小时,即便效应很大,也有可能得不到统计显著性的结果。那么,我们就没有把握认为该效应实际存在,该效应就一定大,因为样本很小时,第二类错误率就会增大,即统计效力下降。因此,即使对两个独立样本平均数差异的检验没有发现统计上的显著性,我们也不能草率地断定样本来自的总体之间就一定没有差别。

显然,样本量越大,统计效力越大,而更大的样本量允许研究人员检测小的和大的效果大小,而不管它们各自的方差如何。大样本量允许检测处理效果的灵活性。大的样本量通过能够检测广泛的效应量(小的、大的、均匀的和非均匀的)来增加灵活性。小样本量显著降低了统计效力,降低了检测任何类型效应量的灵活性。随着样本量的增大,可以采用裂群法、刀切法等验证技术提高统计结果的精密度和准确性。在设计实验时,我们应该注意将我们的推理的统计效力提升到足够高的水平,以便能够检测到我们零假设的一个合理的伪造。在强大的统计程序(测试)中,提交第二类统计错误的风险是最小的。许多因素可能会对统计能力产生相当大的影响。最重要的包括:①样本量;②实验效果的期望大小;③实验数据的变化;④微积分中使用的测试类型。

四、抽样误差和抽样偏差

（一）抽样误差

抽样误差是指严格按照随机原则抽样，所得样本统计值与总体参数值之差，主要指样本平均数与总体平均数之差（张力为，2002），样本比与总体比之差。由于抽样调查是一种非全面调查，样本不是总体，样本统计值也不是总体参数值。所以，即使严格遵守随机原则，抽样误差也是不可避免的。社会统计中的抽样误差，正是指这种完全按随机原则抽样而必然要产生的代表性误差，它不包括违反随机原则抽样所产生的偏向性误差，也不包括抽样工作中的登记性误差。说明抽样误差大小的指标是标准误。抽样误差有一定的规律。研究和运用抽样误差的规律，进行实验设计和资料分析，是统计学的重要内容之一。偏向性误差和登记性误差不属于代表性误差，并非抽样调查时必然要产生的误差，所以又称“非抽样误差”，它是进行随机抽样时应该避免和可以避免的。抽样误差则是不可避免的，但可以减小抽样误差，其措施有：①增加样本个案数；②选择适宜的抽样方式。例如，在同样条件下，不重复抽样比重复抽样的抽样误差小。又如，在总体现象分类比较明显时，采用分层抽样比其他方法的抽样误差小。由于总体真正的参数值未知，真正的抽样误差也未知，所以抽样误差的计算一般都以抽样平均误差来代表真正的抽样误差。抽样平均误差是指所有可能出现的样本统计值的标准差。通常运用最多的抽样平均误差是指样本平均数或样本比率的标准差。在重复抽样条件下，运用得最多的计算抽样平均误差公式，其是简单随机抽样的平均误差公式。对于不重复抽样，在总体个案数很大而样本个案数相对很小的情况下，一般都采用重复抽样的平均误差公式来代替。

抽样误差是指样本均数（率）与总体均数（率）间的误差，它是个体差异造成的，由于生物个体反应的差异很大，故实验样本误差就很大，即使个体的客观条件相同，亦即材料较为均匀，但仍有谁被选中的问题。

抽样误差是抽样调查所固有的，是没有确定原因的随机性误差，是衡量抽样调查准确性的指标。抽样误差的大小主要受以下3个因素的影响：

1. 样本单位数的多少　在一定的抽样方式下，样本数目越多，抽样误差越小，反之，抽样误差越大。如果样本单位数与全及总体单位数相等，抽样调查就等于全面调查，也就不存在抽样误差了。

2. 被研究总体的标志变异程度　标志变异程度越大，抽样误差越大，反之，抽样误差越小。若总体中各单位的标志值都相等，没有差异，则抽样指标与全及指标相等，抽样误差也就不存在了。

3. 抽样调查的组织方式　如在同样条件下，不重复抽样比重复抽样的抽样误差小，在总体现象分类比较明显时，分层抽样比其他方式的抽样误差小。抽样误差的计算，由于总体真正的参数值未知，真正的抽样误差也未知，因此，一般都以抽样平均误差来代替真正的抽样误差。抽样平均误差是指所有可能出现的样本统计值的标准差。由于总体内部元素的差异性及样本范围与总体范围的差异性，样本结构不可能与总体结构完全一致，所以，在用样本的统计值去推算总体的参数值时，总会产生偏差，这种偏差就是抽样误差。

样本容量和抽样误差之间关系的一般规律是，样本量(n)越大，抽样误差越小，在一定程度上可以提高估计的准确性。然而，使一个样本足够大，以最小化抽样误差和产生合理的测量精度，不可避免地意味着浪费时间和金钱。因此，我们必须有足够的样本数量以确保样本有足够的代表性。

（二）抽样偏差

抽样偏差亦称抽样偏倚，是指代表性抽样误差中的系统误差。如果一种抽样方法不能保证所研究的人群的每一个个体被抽到的机会相同，就可能发生偏倚。保证所有的个体被抽到的机会均等的最佳方法，就是使用完全随机抽样。

五、应用举例

案例：某市有 300 所小学，共 240 000 名学生。这些小学分布在全市 5 个行政区。其中，重点小学有 30 所，一般小学有 240 所，较差的小学有 30 所。某研究机构欲对全市小学生抽取 1 200 名学生进行调查，以了解全市小学生的体质状况。请设计一项抽样方案。

分层抽样方案：

（一）确定每所小学学生人数

因为有 300 所小学，240 000 名学生，假设每所小学的学生人数相同，所以每所小学有学生人数 800 名。

（二）确定不同小学学生人数

有重点小学 30 所，一般小学 240 所，较差小学 30 所，所以重点小学有学生人数 24 000 名，一般小学有学生人数 192 000 名，较差小学有学生人数 24 000 名。

（三）确定抽样比例

因为要从 240 000 名学生中抽取 1 200 名学生进行调查，所以 1 200 ∶ 240 000＝1 ∶ 200，即每 200 名学生中抽取 1 名学生进行调查，所以由第 2 步得出 24 000×1/200＝120 名。192 000×1/200＝960 名；24 000×1/200＝120 名，然后按照简单随机抽样法分别抽取相应的人数。

（四）确定抽样人数

综上所述，要从 240 000 名学生中抽取 1 200 名学生进行调查，应当从 30 所重点小学中抽取 120 名学生，从 240 所一般小学中抽取 960 名学生，从 30 所较差小学中抽取 120 名学生，共计 1 200 名学生。

第三节　信　　度

一、定义

信度(reliability)是指测量工具、测量手段或测量结果的准确与可靠程度(张力为，2002)。把一种测验或量表先后两次应用于同一组测试，两次所得的测量结果的一致程度，这就是这种测验或量表的信度。一致程度越高，则信度越高；反之，则信度越低。一般来说，高信度的测验更为公平，其分数才能较如实地反映测验水平。

二、信度的种类与评定

在调查研究中，所要测量的属性往往要比量体重这一类属性复杂得多，因此它的信度问题也就更为复杂。例如，学生对于上体育课的态度，目前没有一个显而易见的测量手段来测量它，其信度需要认真评价。测验的信度包括重测信度、复本信度、分半信度、同质性信度及评分者信度(表 4-2)。信度的评价指标是信度系数，理论上可以表达为真实值方差和测量值方差的比值。

表 4-2　信度测量调用过程表

信度的测量方法	调用过程	分析结果
重测信度	Analyze → Scale → Reliability Statistics → Intraclass correlation co-efficient 选项 Analyze → Descriptive statistics → Crosstabs → Kappa 选项	内部相关 ICC 系数(测量变量为连续变量和等级变量) Kappa 系数(测量变量为分类变量)
复本信度	Analyze → Correlation → bivariate，根据需要可选择 Pearson、Kendall's tau-b 和 Spearman 选项	Pearson 相关系数、Kendall 等级相关系数和 Spearman 等级相关系数
分半信度	Analyze → Scale → Reliability Model 中的 Split-half 选项	Spearman-Brown 系数和 Guttman Split-Half 系数
同质性信度	Analyze → Scale → Reliability Model 中的 Alpha 选项	Cronbach's Alpha 系数
评分者信度	Analyze → Scale→ Reliability Statistics 中的 Friedman chi-square 选项 Analyze → Correlation → bivariate，根据需要可选择 Pearson、Kendall's tau-b 和 Spearman 选项	Kendall 和谐系数 Pearson 相关系数、Kendall 等级相关系数和 Spearman 等级相关系数

（一）重测信度

重测信度（test-retest reliability）指的是用同一量具对同一组受试者施测两次或多次，所得结果的一致程度（张力为，2002）。重测信度越高，测量结果的一致程度越高，这也表明受测验环境中日常随机因素的影响越小（李灿等，2008）。重测信度通过相关系数计算，表示测验得分在不同时间的稳定程度，是检查测验信度的常用方法之一。两次测验的间隔时期，对信度系数有重要影响。时间过于接近，会有练习效果；相隔太远，在间隔期间的个体变化也可能会影响测验成绩。表 4-3 是有关握力测验间隔与测验信度的关系。从中可见，重测信度与两次测验的时间间隔密切相关。若一个测验能达到表 4-3 所显示的水平，则表明该测验已经是重测信度极高的测验了。

表 4-3　握力测验间隔与测验信度的关系

两次测验的间隔时间	信度系数(*r*)	两次测验的间隔时间	信度系数(*r*)
同日或次日	0.90～0.95	5 周	0.75～0.80
1 周	0.85	9 周	0.78
2～3 周	0.80		

实践中，研究者往往根据自己研究的具体情况决定两次测验的间隔时间，而且很少进行长达 9 周的追踪研究（表 4-3），许多研究者采用的是 2 周至 1 个月左右的间隔时间。该方法的最大不足在于难以对不同测验的重测信度进行系统的比较。

重复测量有两个缺陷：首先，研究对象的特征可能随时间发生变化，那么两次测量的差异就不单纯由误差引起；其次，重复测量受前一次测量的影响，会产生“记忆效应”，不一定能真实反映研究对象的特征。因此，重复测量的制订尤为重要，多数学者认为，两次测验的间隔时间以 2～4 周较为合适。对问卷重测信度的评价分析时，当评估的变量是分类变量时，可用 Kappa 系数来评估再测信度；当评估的变量是连续变量或等级变量，则用基于方差分析的组内相关系数（intraclass correlation coefficient，ICC）来评价问卷的再测信度。一般信度系数大于 0.75 表示重测信度很好，而低于 0.4 表示重测信度较差。如果结果表明某个问卷项目的信度系数低于 0.4，则要考虑对该项目进行修改或者删除该项目。

（二）复本信度

复本信度（alternate-form reliability）指的是对同一对象实施两个同一性质的测验（A 本和 B 本），所得结果的一致程度（张力为，2002）。复本信度的不足之处有：第一，测验的内容易出现练习效果。与重测信度一样，第一次测验的影响波及第二次测验的结果，有可能影响相关系数（为抵消这种练习效应，在实际应用时，可让半数受试者先做 A 本再做 B 本，另一半受试者先做 B 本再做 A 本）。第二，由于测验的反复，测验的性质也有改变的可能。例如，第一次接受思维能力测验，即使是同样的问题，第二次的测验在心理学的意义上可能也会成为不同性质的测验。第三，由于该方法需要至少有一个复本作为参照，这就给测验题目的编制与筛选增加了难度，从而造成了工作量的成倍增加。

评估复本信度要用两个复本对同一群受试者进行测量，然后计算两种复本测量分数的相关系数。相关系数反映的是测量分数的等值性程度，复本信度又称为等值性信度。测定复本信度也应考虑复本实施的时间间隔，一般来说，复本应几乎在同一时间实施，以剔除时间的影响。

（三）折半信度

折半信度（split-half reliability）指的是将一个测验分成对等的两半后，受试者在这两个部分所得分数的一致程度（张力为，2002）。在测验没有复本且只能施测一次的情况下，通常采用折半法求两个部分的相关系数。最常用的折半法是奇数-偶数法（即单号问题分成一组，双号问题分成另一组）。采用折半信度测量信度的优点在于：折半信度只在一个时点上进行；不受记忆效应的影响；在重复测量法中容易出现的误差项之间的相关在折半信度中不易出现；从实用的角度，折半信度比较经济和简便。但是折半信度存在不足之处：首先，没有一种理论推导严格证明其有效性；其次，对于同一组问题，可能会存在多种组合方式，从而导致折半信度的计算带有一定的随机性。

进行折半信度分析时，如果量表中含有反意题项，应先将反意题项的得分做逆向处理，以保证各题项得分方向的一致性，然后将全部题项按奇偶或前后分为尽可能相等的两半，计算二者的相关系数，最后用斯皮尔曼-布朗（Spearman-Brown）公式求出整个量表的信度系数。

（四）内部一致性信度

内部一致性信度（homogeneity reliability）指的是测验内部所有测题之间的一致程度。常用内部一致性法计算同质性信度（张力为，2002）。内部一致性有两层含义：第一，所有测题反映的是同一特质；第二，各个测题之间有较高相关性。一些表面上看起来是测量同一特质的测题，如果不具有较高的题间相关性，则不能认为具有较好的同质性信度。一些表面上看起来不是测量同一特质的测题，如果具有较高的题间相关性，也可认为具有较好的同质性信度。并非所有的测验都要求较高的同质性信度，现行的许多测验都是异质的。在什么情况下需要考察题目的内部一致性，取决于测量目的。一般来说，用于预测的测验或学习成绩的测验可不考虑内部一致性。而在提出或验证某种理论的构想和假设时，却要求对所研究的特征或构想做出“纯粹”的测量。否则就不能由测验分数做出意义明确的推论。这时，必须考虑同质性信度。

测题间的同质信度可以通过内部一致性反映。Scott（1960年）及其他一些学者发现，有些题间（量表各测题得分之间）、题总（量表各测题与量表各测题合成的总分之间）及内部一致性的指标之间，在统计学上有某种相当稳定的关联。也就是说，即使在用性质相当不同的方法研制的量表上，这些相关性也相当稳定。如果使用题间相关性，其同质性系数很少超过0.40；用相同的数据计算出的复本信度系数和分半信度系数，很容易就可以超过0.90。因此，评价量表的内部一致性时，不能只看系数的大小，而且要特别注意使用的是哪些指标。目前，最常使用的指标是克隆巴赫 α 系数。判断问卷量表内部一致性高低时，至少需要认真考虑以下两个因素：

1. 量表条目数量的多少　一个含10个左右条目的量表，克隆巴赫α系数应能达到0.80以上。如果条目增加，克隆巴赫α系数会随之升高，条目多于20个时，克隆巴赫α系数会很容易地升至0.90以上。如果量表的条目减少，克隆巴赫α系数会随之降低。一个4个条目的量表，克隆巴赫α系数有时可能会低于0.60或0.50。因此，在判断量表信度时，首先应当了解该量表条目的数量，然后再以此为基础，判断克隆巴赫α系数是否达到了可以接受的水平。

2. 量表条目的内容范围　一个具有较高内部一致性的量表，未必就是一个好的量表。

（五）评分者信度

评分者信度（scorer reliability）指的是多个评分者给同一受试者评分时的一致程度（张力为，2002）。对于一些无法完全客观评分的测验来说，信度在一定程度上受评分者评定过程的影响。换言之，评分者之间的评分尺度差异所造成的误差（如评分时掺杂有个人好恶的成分），会影响测验的信度。这种现象在许多活动中都普遍存在。例如，体育运动中的评分类项目如体操、武术、花样滑冰等，就明显存在评分者信度问题；心理测验中的创造性思维测验、画人测验、罗夏墨迹测验、主题统觉测验，也是无法实现完全客观记分的测验；甚至在高考数学的阅卷过程中也是如此。北京师范大学心理系的研究者曾将同一考生的数学高考试卷复印后，供全国许多省市的有关阅卷者试评，结果，其得分差异达到惊人程度：有人给90多分，也有人给不及格。可见，测验应尽量采用标准化测验，应力求使评分标准具有唯一性，以克服由评分者带来的误差。

评分者信度分为评分者间信度和评分者内信度。前者是用于度量不同调查者间的一致性，后者是度量同一调查者在不同的场合下（如不同时间、地点等）的一致性。两名调查者的评分者间信度和测量两次的评分者内信度可用Pearson相关系数或Kendall等级相关系统、Spearman等级相关系数表示。如果调查者在3人以上或同一调查者测量3次以上，且采用等级记分时可以采用Kendall等级相关系数来确定评分者信度。

三、信度的影响因素

测量的可靠性受多种因素影响，主要有受试者的样本、测验的长度、测验的难度、评分者的客观性、测验的内容、时间间隔、测试群体的变异性等（张力为，2002）。

（一）测试的样本

影响信度估计的一个重要因素是受试者样本的情况。团体的异质程度与分数的分布有关，一个团体的异质程度越高，其分数分布的范围也就越大，信度系数也就越高。由于信度系数与样本团体的异质性有关，因此我们在使用测验时，不能认为当该测验在一个团体中有较高的信度时，其在另一个团体中也具有较高的信度。此时，往往需要重新确定测量的信度。经研究表明，信度系数不仅受样本团体的异质程度的影响，也受样本团体平均水平的影响。因为对于不同水平的团体，项目具有不同的难度，每个项目在难度上的变化累积起来便会影响信度。但是,这种影响不能用统计公式来推算,只能从经验中发现。

（二）测验的长度

一般来说,测验越长,测试题目越多,信度值越高。这是由于测验加长可能会改进项目取样的代表性,从而能更好地反映受试者的真实水平;测验的项目越多,在每个项目上的随机误差就可以互相抵消。但是测验题目过多,也会造成受试者厌烦情绪,从而降低信度。而且项目越多就越可能包含有离开测定目标的不纯项目,研究者需要根据研究目的和研究经验在编制测验时在长测验和短测验之间进行选择。在增加或减少测验条目时,信度如何变化,可以根据斯皮尔曼-布朗公式算出。

（三）测验的难度

测验的难度与信度没有直接对应关系,但是当测验太难或太易时,则分数的范围就会缩小,从而降低信度。显然只有当测验难度水平可以使测验分数的分布范围最大时,测验的信度才会最高,通常这个难度水平为0.50。当题目过难时,受试者可能凭猜测作答,这样也会降低信度。

（四）评分者的客观性

如果一项测量是采用标准化测量量表或精密仪器设备,人为干预因素较少,通常其评分标准和过程的客观性较强,如身高、体重、人格、智力等,其结果的信度系数会比较高。而如果一项测量更多的是需要依靠评分者的主观判断,人为因素较多,则信度系数会低一些。

（五）测验的内容

测试内容的清晰程度与信度呈正相关,即题目越清晰明确,题目间内部一致性程度越高,则信度越高。而测验项目内容的广泛程度与信度呈负相关,即测验内容越广泛,则其内部一致性程度越低,测验信度越低。通常测验时间越长、内容越多、范围越广,信度就会越低。测验项目包括的内容越单调,测验的信度越高。

（六）时间间隔

间隔时间越长,由受试者年龄变化所带来的变化会影响到测验结果,测量信度也会降低。

（七）测验群体的变异性

主试方面的指导语、性别、态度倾向性、认真程度等会影响受试者,特别是主试在测验过程中,是否按照规定的程序与标准,是否有意或无意地对受试者施加影响,都会造成测量结果的偏差;受试者方面的身体状况、心理状态、认真程度也会对测量信度造成影响。

（八）受试者得分的离散程度

得分之差(用标准差表示)越小的组,其测验的信度就越低。因此,对于有较大个体差异的受测群体来说是高信度的测验，在运用于高度选择了的对象群体时，信度会变低。例如，在全国性规模实施的升学能力倾向测验，即使对全体受试者显示出相当高的信度系数，若用于都是优秀高中毕业生而作为一流大学的入学者选拔用，未必能成为信度高的测验。

（九）受试群体的能力水平

在某种（某一群体）能力水平上信度高的测验，对于别的能力水平的群体未必信度就高。例如，比奈智力测验对低能的成人有相当高的信度，但是对于普通智力以上的成人，其信度低。

（十）其他因素

以下 4 种因素亦会影响测验信度。

第一，受试者方面。身心健康状况、动机、注意力、持久性、求胜心、作答态度等。

第二，主试方面。制造紧张气氛，给予特别协助，评分主观等。

第三，测验内容方面。试题取样不当，内容一致性低，题数过少，题意模糊等。

第四，施测情境方面。测验现场条件，如通风、温度、光线、噪音、桌面好坏、空间宽窄等。

四、应用举例

案例：对《学生校外身体活动问卷》进行信度检验，有 120 名 11 岁在校 5 年级学生（男生 50.0%）完成该问卷。

方法：采用重测信度检验《学生校外身体活动问卷》，并在 2 周后再次完成该问卷。采用组内相关系数对问卷两次测验结果进行分析，结果显示该问卷的组内相关系数为 0.61～0.85，根据 Koch 和 Landis（1997）的评价标准，证明该问卷具有较好的重测信度。

第四节　效　　度

一、定义

效度（validity）是指一种测验或量表能够用来真正测量它所要测量的目标的准确程度（张力为，2002）。效度的定义包含两个内容：一是实际测量与所研究的问题的概念是否一致；二是概念是否被准确地测量。例如，算术测验本来是以测量算术成绩为目标的，但如用语生僻，其结果在很大程度上所反映的不是受试者的算术水平，而是语文水平，这种算术测验的效度即是不高的。效度意味着测量的正确度符合目的性，当测量者所测量的正是他所要测量的东西，测量就有了效度。在调查测量中，信度与效度的关系是：如果一种测度是有效的，那么它必定是可信的；但一种测度可以是可信的而不是有效的(李曼，2003)。换言之，效度包含着信度，信度并不包含效度，但一定的信度是效度检验的先决条件。效度也常用相关系数来表示，称为效度系数。效度指标的类型很多，常用的有内容效度和效标关联效度(孙晓敏和张厚粲，2004)。

二、效度的种类与评定

(一) 结构效度

结构效度(structural validity)又称构想效度。构想效度是指测验能够测量到理论上的构想或特质的程度(张力为，2002)。例如，训练学中的耐力、爆发力和战术能力、心理学中的智力、焦虑和动机，都属于假设性的构想或特质，是看不见摸不到的。这些构想均有理论基础，但都无法直接观察，只能通过具有操作定义的测验加以测量。操作测验成绩与理念中的构想或特质的符合程度，即为构想效度。例如，从一般的智力理论，可以提出4项功能性的假设：绝对智力随年龄的增长而增长；智力与学业成就密切相关；智商相对稳定；智力受环境与遗传影响。于是，心理学家依据智力的上述功能性假设，编制智力测验，然后实施测验，最后对测验结果进行分析。如果发现，受试者的测验分数随年龄的增长而增长；智商与学生的各科学习成绩均呈一定程度的正相关；智商在一段时间内保持相对稳定性；智商的遗传度在0.70左右。那么，这些实证研究结果就为智力的构想效度提供了支持性证据。

要决定1个测验的结构效度，一般需要3个基本步骤：首先，需要建立理论框架，以解释受试者在测验上的表现；其次，依据理论框架，推导出各种与测验成绩有关的假设；最后，以逻辑方法和实证方法检验这些假设。标准化的测验均是依据这3个步骤研制的(吴明隆，2010)。

(二) 内容效度

内容效度(content validity)指一个测验的内容代表它所要测量的主题的程度(张力为，2002)。它在成就测验(achievement test)中特别重要。例如，为了测查学生运动生理学知识掌握的情况，若时间许可，可以进行一个全面的考试，包含所有与运动生理学有关的内容，但这显然行不通。于是，就从运动生理学知识体系的总体中选取样本，也就是从可能的题目中取样来测验，根据测验分数推论学生在该总体范围内的知识水平。若测验题目是运动生理学知识体系总体范围的好样本(题目出得好)，则推论将是有效的(高效度)；若选题有偏差，则推论无效(低效度)。由于这种测验的效度与测验内容有关，所以称为内容效度。

内容效度是编制任何测验都要加以考虑的基本方面。因为它考虑题目与规定的内容或所取样的行为范围之间的符合性，可使选题更谨慎、更合理，以便从测验内容上排除无关变量的影响。内容效度具有一定的优点，也有一定的局限。它的主要缺乏理想的数量指标，因而妨碍了信息交流和各测验间的相互比较。

有4种方法可用来确定内容效度。

1. 专家判断　为了确定一个测验是否具有内容效度，最常用的方法是请有关专家对测验题目与原定内容范围的符合性做出判断。看测验题目是否恰当地代表了所规定的内容。如果题目具有较好的代表性，则说明测验具有较高的内容效度。由于该方法是一个逻辑分析的过程，所以又称逻辑效度。采用这一方法，不同专家对同一测验的内容效度判断可能不一致。为了提高判断过程的客观性，应尽可能对测验的编制过程和测验目标进行详细说明，并编制评定量表(或专家调查表)，以便专家对测验做出客观的评定。

2. 统计分析　可采用类似复本信度系数的统计计算方法，求受试者在两个复本上得分的相关系数。如果相关系数较低，则说明两复本中至少有一个缺乏内容效度；若相关度高，一般可推论测验有内容效度。

3. 再测分析　可采用类似重测信度的评定方法，先将测验施测于某一团体，该团体对测验所包括的内容仅具有最少量的知识，因而得分较低。然后，让该团体参与有关材料的教学与训练计划，结束后将测验再施测一次。如果成绩提高较大，说明该测验测量的是课堂上所教的知识，而不是通过其他方法获得的知识，亦说明测验具有较高的内容效度。

4. 经验评定　假定用同一测验检查不同年级的学生，那么，一般说来，如果发现测验总分和每个题目的通过率随年级而增高，就可作为测验具有内容效度的证据。

(三) 效标效度

效标效度(criterion-related validity)也称效标关联效度或实证效度，指一个测验对特定情境中的个体行为进行预测时的准确性，也就是对我们所感兴趣的行为能够预测得怎样(张力为，2002)。例如，用百米成绩预测跳远成绩，用焦虑量表预测某运动员赛前焦虑水平等。一个测验预测得越准，其实证效度就越高。根据效标资料收集的时间，实证效度可分为同时效度(concurrent validity)和预测效度(predictive validity)。前者的效标资料可与测验分数同时收集，后者的效标资料需过一段时间才能收集到。

1. 同时效度　估计同时效度的常用方法是，用新旧两种测验施测同一批对象，将新测验得分与旧测验得分(效标)进行相关分析，得到效度系数。例如，假定有两种血清生长激素测验，分别称为测验 A 和测验 B，原来的测验 A 比较昂贵，而新发明的测验 B 开销很小。如果测验 B 的得分与测验 A 的得分有很高的相关，则测验 A 可作为测验 A 的代用测验。这时，可认为测验 B 的同时效度高。

2. 预测效度　估计预测效度的常用方法是，求测验分数与同一对象未来操作或特质的发展状况(效标)之间的相关系数，以检查该测验的效度。例如，最大吸氧量如果能很好地预测人的长跑成绩的话，则说最大吸氧量有较好的预测效度。又如，在花样滑冰运动员形态选材的测验中，如果被筛选出的大部分运动员未能长成所预期的形态，则由于预测效度太低，我们日后肯定要抛弃这种测验方法。

以下几种方法可用来确定效标效度。

1. 相关分析　最常用来建立实证效度的方法是求测验分数与效标测量之间的相关性，所得到的数量指标称作效度系数。在测验手册中，一般用它来报告测验对每种效标的效度。

2. 区分度分析　该方法是看预测源(测验量表)的分数是否可区分由效标测量所定义的团体。例如，某运动队通过选拔录取了一批运动员，过一段时间后，根据运动成绩将他们分成合格组与不合格组，然后回过头来检查他们的测验分数，运用 t 检验看两组在测验上的平均分数是否有显著差异。总体说来，两组平均分数的差异在统计上显著，并不保证测验效度就高。然而，假如测验分数无法区分效标定义组，则测验效度肯定很低。

3. 命中率分析　当测验用来作为取舍的根据时，其有效性的指标就是正确决定的比例。在简单的情况下，测验成绩与效标都是二分的。在测验成绩方面是确定一个临界分数（即分数线），高于临界分数者接受（预测其成功），低于临界分数者拒绝（预测其不成功）。在效标方面是根据实际情况（工作、学习的能力或成绩）确定合格标准，在标准之上者为成功，标准之下者为不成功。这样便会有 4 种情况：预测成功且实际也成功；预测成功但事实上不成功；预测不成功而事实上成功；预测不成功且事实上也不成功。我们称正确的预测（决定）为命中，不正确的预测（决定）为失误。

（四）内部效度

内部效度指研究中自变量与因变量关系的确切程度（张力为，2002）。如果实验所获结果（因变量）仅仅是由研究者所操纵的实验条件（自变量）所引起的，则认为该实验的内部效度较好。如果实验所获结果可能是由研究者所操纵的实验条件所引起的，也可能是由其他无关变量引起的，则认为该实验的内部效度较差。要想获得较好的内部效度，必须尽力控制所有可能影响实验结果（因变量）的无关变量（潜在自变量）。目前，衡量内部效度没有数量指标，只能通过研究者叙述的实验设计方案加以判断。

实验的内部效度，实质上是因果关系的确定性问题。寻求两个变量一对一的因果关系，始终是科学家奋斗的目标之一。但是，客观世界的复杂性决定了确定因果关系过程的困难性。

（五）外部效度

外部效度指能够将实验结果推广到实验外情景的程度（张力为，2002）。如果能够将实验结果应用到实验外情景，则认为该研究有较好的外部效度。反之，则认为该研究外部效度不好。例如，当我们用年龄较小的大白鼠进行实验时，发现药物 A 比药物 B 更能减缓骨密度下降的趋势，如果给老年人服用药物 A，也能有效地减缓他们的骨密度的下降趋势？对这一问题的回答，就涉及外部效度问题。

三、效度的影响因素

影响效度的因素很多，除了前面介绍的影响信度的因素之外，测验本身、测验的实施和受试者等都会对效度产生影响。其中，有些因素的影响较为普遍且明显，有些因素的影响却不宜察觉。试题是构成测验的要素，测验题目的选取、试题的长度、区分度、难度及其编排方式均会影响效度。

（一）测验本身

如要提高测验效度，需要提高测验试题的质量，包括测验的指导语和试题的解答说明必须明确，试题的编制要符合测量目的，试题难度适宜，编排合理。可以适当增加测试题目，这样不但会提高测验信度，也会影响测验效度。

1. 项目质量　测验的指导语和试题的解答说明不明确，试题的编制不符合测量的目的，试题难度不合适，试题的编排不合理，试题提供了额外线索，选择题的答案排列具有明显的规律性特征等，都会影响效度。

2. 项目数量　增加测验的长度不但能提高测验的信度，在一定程度上也能提高测验的效度。

（二）测试的实施

实施测试不遵照指导语、受试者作弊、测验环境太差、评分标准不客观、计分错误等都会影响效度。

1. 测试实施的干扰因素　测验实施过程的干扰因素主要来自主试和环境。主试需要严格按照测验手册上的标准化程序实施测试，合理布置测试场地，统一确定时间设置，确认标准化评分准则，认真统计分数以提高效度。

2. 测验的实施程序　测验的实施程序是影响效度的重要因素，若主试能够适当控制测验情境，严格遵照测验手册的各项规定而实施测验，则可以避免外在因素影响测验结果的正确性。例如，测验的场地布置、时间限制、材料的准备方面，如不遵照说明书规定的标准化程序进行，则必然使效度降低。

（三）受试者

受试者的身心状态（情绪、态度、动机、兴趣）和样本特点等因素，都会成为影响效度的因素。

1. 身心状态　受试者的兴趣、动机、态度、反应心向和身体状况等都会影响受试者的反应，从而影响测验的效度。受试者是否充分合作与尽力而为，也能影响测验结果的可靠性与正确性。无论是能力测验还是人格测验，只有受试者反应真实，其测验效度才能高。

2. 样本特点　测验的效度和样本团体的特点具有很大的关系。同一个测验对于不同的样本团体其效度有很大的不同，因此在作效度分析时，必须选具有代表性的受试群体。

受试群体的异质性对于测验效度是非常重要的。如果其他条件相同，受试群体越同质，分数分布范围越小，测验效度就越低，受试群体越异质，分数分布范围越大，测验效度越高。

（四）效标

效标测量的可靠性及效标和测验分数的关系类型也会影响效度，总之，所有与测量目的无关而又能带来误差的因素都会降低测验的效度。效标必须具有稳定的信效度，可靠有效，不能随意变化。效标和测验分数的关系及受试者的机体变化等，都会影响到测验的信效度。

（五）其他因素

如受试者的取样是否具有代表性、所用效标的可靠性、效标和测验分数的关系类型及被试的机体变化等，都会影响测验的效度。

四、应用举例

案例：对《学生校外身体活动问卷》的内容效度进行检验。

方法：采用专家评定法对《学生校外身体活动问卷》的内容效度进行检验，在问卷研制完成后，将问卷初稿送给8位相关领域专家审阅，请专家对所设计的问卷进行评判打分，并提出修改意见。然后根据专家的反馈意见，对调查问卷进行修改与完善，经过专家三轮的分析判断，对调查问卷达到认可，最终形成问卷。在问卷发放前，又请专家对问卷的合理程度进行打分，共有5种定性评价："很高""较高""一般""较低""很低"，有7位专家认为问卷内容效度"很高"或"较高"，有1位专家认为"一般"，说明问卷的内容效度较好，能够反映所要说明的问题。

本章小结

随着科学研究的发展，研究设计和质量控制逐渐得到了大家的重视。正确严谨的研究设计与严谨的质量控制是提高研究成果科学化水平的关键。本章旨在让同学们了解研究设计的类型、原则及抽样的方法和信度和效度的应用，指导同学们在掌握研究设计和质量控制的原则的基础上，正确地进行科学研究，促进科学研究的长远发展。

思考与练习

1. 如何制作一份严谨的研究设计？
2. 请查阅体育类社会科学期刊，选择1篇实证研究论文，分析和评价所采用的抽样方法。
3. 请查阅体育类高校的学士论文和硕士论文各1篇，分析其中涉及的信度和效度问题。
4. 如何减少抽样误差？
5. 如何提高测验的信度？
6. 如何提高测验的效度？

本章主要参考文献

艾尔·巴比，2018.社会研究方法[M].第11版. 邱泽奇，译.北京：华夏出版社.

管宇，顾光同，2017.总体比例的区间估计和样本量的确定[J].统计与信息论坛，(2)：16-20.

李灿，辛玲，2008.调查问卷的信度与效度的评价方法研究[J].中国卫生统计，25(5)：541-544.

李丹阳，张力为，2020.从严重受伤到重返冬奥：一位高风险项目运动员的心理康复历程[J].体育科学，40(3)：28-38.

李曼，2003.体育社会科学研究中问卷调查法使用的几个问题[J].体育学刊，20(5)：68-71.

孙晓敏，张厚粲，2004.效度概念演进及其新发展[J].心理科学，27(1)：234-235.

吴明隆，2010.结构方程模型——AMOS的操作与应用[M].重庆：重庆大学出版社.

肖海燕，2018.非概率抽样样本容量的确定问题[J].山西大同大学学报(自然科学版)，(1)：29-31.

袁建文，李科研，2013.关于样本量计算方法的比较研究[J].统计与决策，(1)：22-25.

张力为，2002.体育科学研究方法[M].北京：高等教育出版社.

张力为，2002.信度的正用与误用[J].北京体育大学学报，25(4)：348-350.

张力为，2002.研究报告评价标准的界定与联想[J].北京体育大学学报，25(1)：71-73.

第 5 章

调　查　法

【导读】本章主要从调查法概述、问卷调查法、访谈法 3 个方面对调查法进行讲解，通过本章节知识的学习让学生掌握如何在体育科学研究中正确地选择和使用调查法。

学习重点与难点

- 调查问卷的设计与修订、访谈的实施。
- 问卷的信效度检验。

第一节　概　　述

一、调查法的定义

何为调查?《辞海》中有，“调”是计算、统计的意思；“查”是指查究、查核、考察。在《现代汉语词典》(第 7 版)上，调查的解释为“为了了解情况进行考察(多指到现场)”。什么是调查，许多教材给它进行了不同的概念界定：吴增基等在《现代社会调查方法》中认为，“调查是指人们运用特定的方法和手段，从社会现实中收集有关社会事实的信息资料，并对其做出描述和解释的自觉的社会认识活动”(吴增基等，2003)。风笑天在《现代社会调查方法》一书中指出，“调查研究是指采用自填式问卷或结构式访问的方法，通过直接的询问，从一个总体的样本那里收集系统的、量化的资料，并通过对这些资料的统计分析来认识社会现象及其规律的社会研究方式”(风笑天，2008)。张晓琼在《社会调查研究方法教程》中认为，“调查研究是人们有目的、有意识地通过对社会现象的考察、了解和分析、研究，来认识社会生活本质发展规律的一种自觉认识活动”(张晓琼，2011)。黄奇杰等在《社会调查方法概论》中指出，“所谓调查，是指人们运用特定的方法和手段，从社会现实中收集有关社会事实的信息资料，并对其做出描述和解释的一种自觉的社会认识活动”（黄奇杰和蔡罕，2017）。

虽然上述定义有些许差别，总结下来都包含了以下几层意思：

其一，调查是一种有目的、有意识的认识活动。它区别于日常生活中人们的思考和观察。在日常生活中，人们的思考与观察往往不带有明确的目的性。而调查则是带着目的进行的有意识的活动。

其二，调查法是一门方法科学，调查不同于哲学、经济学、社会学等学科，这些学科具备了完备的理论体系，调查从学科性质上讲，是一门方法科学，而不是理论科学，不具备自己的理论体系。

其三，通过调查能获取第一手资料。在调查中，研究者从现实生活中直接收集信息资料，在第一手资料的基础上进行整理与分析从而得出结论，而非从他人那儿获得的间接或第二手资料。

其四，调查的目的是透过现象揭示事务的本质，考察发展变化的规律性。调查的目的在于透过现象看本质，找出社会事物之间彼此的关系、规律或存在的问题，并力图正确地认识、解释社会。

在此基础上，在本书中对于调查的定义为：人们为了了解社会现象、解决社会问题所进行的有目的、有意识的运用自填式问卷或结构式访谈的方式，通过收集有关社会事实的第一手信息资料，并对其做出描述和解释，最后得出结论的一种研究方法科学。

二、调查的特征

（一）目的性

调查是围绕社会现实中有待解决的问题进行的认识活动，有着鲜明的针对性和目的性（洪瑾，2004）。例如，2020 年新冠疫情导致了我国大批居民连续几个月的居家生活，封闭的居家隔离生活是否会导致其体育活动受限，从而引起体质下降呢？由于这种现实问题的存在，许多学者进行了关于新冠疫情对于我国城市居民健身行为影响的社会调查，具有极强的针对性和目的性。

（二）实践性

调查的实践性是指在调查过程中离不开人的实践活动。它主要包含了以下 3 层含义：

第一，调查一定要深入实际的社会生活，从社会生活中直接收集第一手材料。

第二，调查的研究课题来自现实社会，其研究结果服务于现实社会，因而具有鲜明的现实性。

第三，调查的方法与技术具有极强的操作性（吴增基等，2003）。

（三）客观性

调查的客观性是指调查者在进行调查时，必需持实事求是、一切从实际出发的科学态度。虽然研究者的立场与观点可能会对研究过程产生影响，但调查要尽量做到调查过程与结果忠实于客观事实。理论假设必须经受客观事实的检验，强调一切结论来源于客观事实材料,而非某种主观愿望或集体利益。

(四) 程序性

调查具有其固定的程序,需要按正确高效的步骤进行,其过程包含了研究伦理的申请与审查、监护人的同意、调查实施、问卷回收及资料分析一系列步骤。例如,我们要进行儿童青少年身体活动水平的调查,首先要向所在单位的研究伦理委员会提出研究伦理的申请,在委员会审查及同意的前提下才可进行调查的系列准备工作。首先,需要先设计或选择信效度较高的问卷,以科学合理的方法抽取样本,然后联系学校,在学校同意的前提下进入学校进行在校的儿童青少年身体活动调查。而在调查实施之前,还需要向调查对象发放调查同意书,在监护人及调查对象同意及签名的前提下方可进行调查。调查过程中,调查者首先解释研究目的与调查填写方法及注意事项,调查对象填写问卷,当面回收问卷。最后进行问卷的整理及数据分析。

(五) 综合性

调查的综合性特征具有如下两层含义:

第一,研究视角的综合性。调查研究需要放开视野、综管全局。例如,在对儿童青少年体育活动参与的调查研究时,不仅要研究学校体育课对其影响,而且要研究更广阔的社会背景对于儿童青少年体育活动参与的影响:如父母、家庭、伙伴群体、社区、学校的支持、大众传播媒介等对儿童青少年体育活动参与的影响,任何孤立地、片面地认识事物的方法,都不是调查研究的正确方法。

第二,运用知识的综合性。调查往往涉及多学科多领域的知识,例如,居民的体育消费调查不仅涉及体育学的知识,还涉及经济学、心理学、社会学、统计学、逻辑学、写作知识及计算机技术等多学科多领域的知识。

三、 调查研究的类型

确定调查类型是进行调查的首要任务之一,由于分析问题的角度与方法不同,所采用的划分依据不同,类型的划分也各种各样。

(一) 根据调查研究的作用和目的分类

1. 探索性调查研究　探索性调查研究是指在研究者对研究题目的范围和概念不甚清楚,对研究对象的内在联系不熟悉,不能确定假设和研究方向,并且缺乏前人的研究信息和理论,无法提出具体方法以进行精密研究的情况下所用的一种研究方法。此类研究要求搜集与本题有关的整个范围内的各种预备资料,探索和形成关于研究课题的假设,或为现象的一个或数个层面做集中分析研究做好准备。其主要目的是为今后的周密研究提供基础和指导。例如,对中小学体育学习评价指标体系的探索性研究。

2. 描述性调查研究　描述性调查研究,顾名思义,就是要描述某些事物总体的性质和特点,可以解答社会现象“是什么”的问题。例如,研究“中国城市不同类型社区居民体育活动现状的调查研究”针对我国城市不同居住地构成的4种不同类型社区居民的体育参与状况、社区体育场地设施条件、组织化程度、经费来源、场地设施和体育活动的满意度进行了调查研究，这项研究解答了我国社区居民体育活动相关各要素的情况，解决了“我国城市社区居民的体育活动现状是什么”的问题。

3. 解释性调查研究　解释性调查研究则注重对所研究的各种社会现象或事物的特征、内在联系、成因和规律做出清晰的说明或解释。例如，许多学者对于我国儿童青少年体育活动参与进行了研究，这些研究运用横断面研究从学校、家庭、社区等角度来探讨其与儿童青少年活动参与程度的相关性，或者通过队列研究或干预研究了解各要素与儿童青少年体育活动参与的因果关系，从而解释各影响要素与儿童青少年参与体育活动的内在联系和规律。

（二）根据调查对象的范围分类

1. 普遍调查研究　普遍调查研究通常简称为普查，指的是对构成总体的所有个体无一例外地进行调查研究，它的规模往往非常大，属于宏观的调查研究，最典型的例子是人口普查，如我国于1953年、1964年、1982年、1990年、2000年先后进行的5次全国人口普查。在体育领域，我国1974～2013年对于全国体育场地数量面积等进行了6次普查。普查是从总体中的所有对象那里收集资料，涉及的调查对象多、空间分布范围广，因此这种调查方式最突出的特点就是工作量大，特别费时、费力、费钱。由于人力、资金、时间的消耗大，一般个人和单位是无法实施和完成普查的，其通常作为一项重要工作由政府部门出面主持，组织专门的调查班子，调拨专门经费，进行社会动员，由各部门通力合作完成。也因为普查的代价大，普查一般按一定的周期、间隔较长的时间进行，如人口普查一般就定位10年一次。

2. 抽样调查研究　抽样调查研究是从研究的总体中，按照一定的方式选取一部分个体进行调查，并将在这部分个体中所得到的调查结果推广到总体中去。也就是说，抽样调查研究是调查部分以反映整体。例如，我国教育部对于全国中小学生的体质健康每年要进行抽样测试与调查。与普查相比，抽样调查研究能够节省时间、人力和财力，可以十分迅速地获得资料数据，但由于样本量有限，其代表性弱于普查。

（三）根据调查的时间维度分类

1. 横向调查研究　横向调查研究是关于某类社会现象在一时间点或时间段里存在状况及其相关、因果关系的研究。一般是在固定的时间点或时间段里全面搜集研究资料，并探究其存在的关系。横向调查研究的优点是调查的面积大，调查的内容、方式相同，且在一时间段内完成。例如，陈海燕等(2016)对于中年人群体育锻炼与血脂水平关系进行了横向调查研究，通过在固定的时间对样本体育锻炼进行调查对血脂水平进行测量，从而了解体育锻炼与血脂水平的关系。

2. 纵向调查研究　纵向调查研究是在不同的时间段里分别对某种或某类社会现象进行调查，并将调查现象做前后对比的研究。纵向研究的目的是了解某一社会现象随着时间的变化而产生的变化，由此来发现社会现象的一般规律或对事物发展、变化的全过程进行详细的描述。纵向研究的缺点是耗费时间长，所需研究经费多，在研究过程中会受其他因素的影响。例如，在江苏游泳运动员肩部旋转肌力与肩关节损伤率的这一队列研究中，作者对游泳运动员的肩关节等速旋肌力进行测试，在随后的26个月内收集受试运动员肩关节损伤发生率，分析得出旋转肌力指标和肩关节损伤风险的关系。

（四）根据调查研究范式分类

调查研究可分为定量调查研究、定性调查研究、定量与定性结合的调查研究。定量调查研究是对事物的“量”的属性进行的调查研究，定性调查研究则是对事物的“质”的属性进行探索。在调查中，统计调查研究（普遍调查研究、抽样调查研究）属于定量调查研究范式，而实地调查研究（通过观察、座谈、非结构性访谈等方法收集资料的调查）则属于定性调查研究范式。定量调查研究与定性调查研究各有其优势和弱点。一般来说，定量调查研究比较适合在宏观层面对事物进行大规模的调查和预测；而定性调查研究比较适合在微观层面对个别事物进行细致、动态地描述和分析。定量调查研究将事物在某一时刻凝固起来，然后进行数量上的计算；而定性调查研究以语言和图像作为表述的手段，在时间的流动中追溯时间的变化过程。定量调查研究从研究者自身设定的假设出发，搜集数据进行验证；而定性调查研究强调从当事人的角度来了解他们的想法，注意他们的心理状态和意义构建。定量调查研究极力排除研究者本人对研究的影响，尽量做到价值中立；而定性调查研究十分重视研究者对研究过程和结果的影响，要求研究者对自己的行为进行不断反思（陈向明，2000）。基于问卷调查与访谈的调查研究为定量调查研究与定性调查研究中运用最多的方法，由此，本章节主要介绍问卷调查法与访谈法的基本概念、原理和过程。

四、调查的作用

随着人类社会的发展，调查被用于各行各业，不同行业的人们通过对社会现象的调查，获得自己需要的信息。调查既可以用于理论研究，也可以用于实践活动，无论是理论研究还是实践活动，社会调查的作用主要体现在描述状况、解释原因、预测趋势和评估效果。

（一）描述状况

了解和描述社会现象的状况，就是回答社会现象“是什么”或“怎么样”这类的问题，为我们深入了解社会现象奠定基础（周德民等，2012）。人们了解社会现状、形成对社会的认识有多种途径，可以通过如看电视、上网等途径，但这种途径往往是片面的，因为别人的经验不能代替个人的感知，所以，只有自己亲身体验，才能对事实本身有一个全面、客观的认识。例如，要了解我国居民幸福感，首先必须全面、客观地了解我国居民生活工作等现状。我们可以通过调查，较为准确地描述我国居民幸福感指数及城乡差别等。通过这种客观、全面、准确的描述，能够帮助我们较好地了解居民幸福感，为进一步深入考察问题奠定基础。

（二）解释原因

解释社会现象发生的原因。人们对事物的认识，不能满足于了解现状，总会去探究社会现象“为什么是这样”或“为什么会如此”的问题。例如，上述居民幸福感的例子中，可以进一步分析年龄、性别、文化程度、家庭背景等对居民幸福感有没有影响，从而解释他们之间的相关关系和因果关系，找出影响居民幸福感的主要原因，从而达到在更深层次上认识和理解居民的幸福感。

（三）预测趋势

调查可以通过对过去和现在社会现象的描述及因果关系的分析来预测未来的社会现象，这种预测是建立在正确描述和合理解释基础之上的。在社会科学领域，调查者不能像自然科学那样做出完全准确的预测，因为调查受各种因素的影响，得到的结论有可能是错误的。仍以居民幸福感为例，当研究者对居民的幸福感及影响幸福感的因素有了比较清楚明确的认识之后，就能够依据社会因素及自身发展，对未来居民的幸福指数做出预测。但在社会发展的过程中，可能又会出现其他的社会现象影响居民的幸福指数，所以，调查有时候不能对未来做出准确的预测。

（四）评估效果

调查还可以检验干预条件的实施效果，考察通过条件干预，是否实现了预期目标。例如，在提高居民幸福指数过程中，政府采取一系列措施，改善居民居住环境、丰富居民业余生活等，一段时间后，可以通过调查比较干预前和干预后居民的幸福指数，进而评估政府行为对提高居民幸福指数的效果。

第二节　问卷调查法

一、问卷调查法的概念与本质

问卷调查法是指调查者通过统一设计的问卷向被调查者了解情况、征询意见的一种资料收集方法。问卷调查法在本质上是一种实证的方法。这是它在方法论上区别于其他某些方法的一项重要标志。作为一种实证的方法，问卷调查法既有着与众多自然科学方法相类似的逻辑程序，又有着与它们类似的内容结构。在社会研究中，它是一种从宏观的角度、采取定量的手段、依据客观的检验来认识和说明社会现象的调查研究方式（李莉，2002）。问卷调查法的这种实证性质，决定了它与随机抽样、与统计分析密不可分。或者说，问卷调查法实际上意味着抽样、问卷和统计分析三者之间存在某种必然的、内在的联系。抽样解决调查对象的问题，问卷则是进行变量测量和资料收集的工具，而统计分析则是处理这种虽来自样本却要反映总体的、以问卷形式收集的大量资料的必由之路。作为一种完整的调查法，问卷调查法必须同时包括这三者。也可以说，他们共同体现现代社会调查研究方法的基本特征。本章重点介绍调查的抽样和调查问卷的设计与修订。

二、调查的抽样

(一) 抽样的概念

抽样是指在某个研究总体中,按一定的方式选择或者抽取一部分单位来作为样本的过程,或者说是从研究某个社会事物总体的所有元素中,按照一定的方式选择或者抽取一部分元素的过程。例如,从1 000所小学所构成的总体中,按照一定的方式抽取120所小学构成样本的过程;或者从8 000名在校大学生构成的总体中,按照一定的方式抽取800名大学生构成样本的过程,都称为抽样。在抽样过程中,有一些常用的基本术语:

1. 总体　　总体是指研究对象中全部单位的总和,或者说是研究对象的所有基本元素的集合,常用大写字母 N 表示。在社会调查中,最常见的总体由社会中的某些个人组成,其中个人构成了总体的基本元素。例如,当我们调查研究某省的中学生进行体育锻炼的动机时,该省的所有在校中学生的集合就是我们研究的总体,而每一个在校的学生构成了总体的元素。

2. 样本　　样本也称为抽样总体、样本总体等。就是从总体中按照一定的方式抽取一部分元素的集合或者说一个样本就是总体的一个子集,常用小写字母 n 表示。例如,从某高校总数为30 000人的大学生群体中,按照一定的方式抽取2 000名大学生进行调查,这2 000名在校大学生就构成了该总体的样本。

3. 抽样单位　　抽样单位就是一次直接的抽样所使用的基本单位。由上面的事例可知,在30 000名大学生中抽取2 000人构成样本,个人就是抽样单位。在社会调查中,抽样单位可以是个人,也可以是一定的群体或组织,如家庭、班级等。

4. 抽样框　　抽样框是指用以代表总体,指的是一次直接抽样时总体中所有抽样单位的名单,又称抽样范围。例如,在某高校全体在校大学生中,直接抽取2 000名大学生作为样本。那么,这所高校的全体在校大学生的名单就是这次抽样的抽样框;如果仅是从这所高校中的所有班级中抽取部分班级作为调查的样本,此时的抽样框就不再是全体在校大学生的名单了,而是该高校所有班级的名单。此时的抽样单位是单个的班级,而不再是单个在校大学生了。

5. 统计值与参数值　　统计值也称样本值,是关于样本中某一变量的综合描述,或样本中所有元素的某种特征的综合数量表现。参数值也称总体指标,是总体中某一变量的综合描述,或者总体所有元素的某种特征的综合数量的表现,反映了总体情况。例如,我们要调查某市小学体育教师的情况,此时,该市的小学体育教师就是我们的调查对象。假如该市有2 000名小学体育教师,那么这2 000名体育教师就是我们的研究总体,其中每个人就是抽样单位。现在我们抽取150名作为调查对象,这150名小学体育教师就是此次调查的样本。根据这120人的样本单位进行调查,可以计算出这120人的平均年龄、平均收入等,这些就是样本指标即统计值,我们调查的目的是要估计2 000名小学体育教师的平均年龄、平均收入、学历、专业知识水平、运动技能水平等,这些就是总体指标或参数值。

6. 抽样误差　　在抽样调查中,出于抽取样本的原因,样本的估计值对总体的某个特征进行估计时,二者产生的误差称为抽样误差。无论采取什么样的抽样方式,不论样本的大小，都无法涵盖总体，因此，抽样误差是不可避免的。但是，可以在样本设计中事先估算并设法控制。

（二）抽样的方法

根据研究总体的性质、样本大小，抽样一般分为两类：随机抽样和非随机抽样。这两类抽样方法在选样原则、操作程序以及样本特点与作用等方面均有明显的差异。

1. 随机抽样　随机抽样是依据数理统计学中的概率理论和抽样理论，按照随机原则选取样本的方法。总体中的抽样单位被抽取的机会必须是均等的。例如，平时生活中我们常用的抽签等方式遵循的就是随机原则，而按照随机原则抽取的样本称为随机样本。随机样本虽然不能完全代表总体，但在抽样过程中排除人为因素的干扰，因此其比其他类型的样本更具代表性。常用的随概率抽样方法有以下 5 种。

(1) 简单随机抽样：又称纯随机抽样，它是将研究总体(N)的基本元素不进行任何处理加工，从中任意抽取 n 个单位个数作为样本，总体中的基本元素被抽中的机会是均等的，既不能让某些个体元素重复进入抽样框，也不能让某些个体元素遗漏而失去被抽中的机会，否则就破坏了随机原则。简单随机抽样适用于规模不大并且其内部异质性程度不高的总体。

(2) 分层抽样：是将总体按某一标准分层(类)，然后从每层(类)中抽取一个子样本，合起来即为总体样本。分层抽样又分为分层比例抽样和最优分层抽样两种，实际操作中多采用前者，所谓分层按比例抽样就是使各层子样本在总体样本中所占比例与这一层在总体中所占比例相同。例如，某小学有 1 000 名学生，其中男生 600 人，女生 400 人，欲采用分层抽样从中抽取 100 人的样本，则其中男生应抽取 60 人，女生应抽取 40 人。分层抽样由于每层都有自己的代表进入样本，因此要求层(类)的划分具有较高的差异性，而层内则尽可能同质，这样，只要从每层中抽取少量个体就可代表本层的特点。但分层时要注意选择与调查中要测量的变量高度相关的变量来进行分层。例如，我们想要了解不同家庭结构对于孩子的体育活动参与的影响，那么我们在选样时则要按照“家庭结构”作为分层变量将家庭分层，如双亲家庭、单亲家庭、隔代家庭等。

(3) 整群随机抽样：又称集体随机抽样，就是将总体中各个单位按照一定的标准分成若干个群，然后在若干个群中按照随机原则抽取一定数量的群，组成样本的方法。整群随机抽样样本只来自所有群中的某几个群，因此分群原则应是尽量使群间同质性高，而群内异质性高，以能使总体中各类个体在子群中饱览无遗。例如，要了解各校学生的体质健康水平，则抽样的时候以学校为抽样单位，学校里所有的学生都需要进行体质健康测试，而不以学生个体为单位抽样。如果子群间差异显著，且群内高度同质，这时抽取其中几个子群将会导致样本严重偏差。例如，要调查体育教师的人均收入，若将教师按照工资级别(8 个等级)分子群，用整群抽样抽取几个子群，如果只抽到了 1、3、5 等级 3 个子群，也就无法代表体育教师的整体收入水平。

(4) 等距随机抽样：又称系统抽样或机械抽样，是指在总体中按照一定的间隔顺序抽取样本的方法。具体操作方法是：先将总体中的所有个体排列起来并按顺序编号，然后按计算好的抽样距离依次等距离抽取样本。例如，从一个 10 000 人的总体样本中抽取 200 人的样本，则抽样距离为10 000/200，计50，然后从前50个号码中随机抽取一个号码，如抽中的是3号，则一次应抽的号码为53、103、153号……这些号码所对应的调查对象即为样本。等距抽样易于实施，在保证样本规模相同时，等距抽样比较简单，其适用于同质性高且类别时间所含个体数目不过于悬殊的总体。

（5）分段随机抽样：又称多级抽样或多阶段抽样，就是在总体中抽取样本时，按照抽样单位的层次关系，把抽样过程分为若干阶段进行的抽样方法。也就是将总体各单位按照一定的标准分成若干群体，按照随机原则，抽取一定数量的群体作为第一阶段的样本，然后再将第一阶段的样本分成若干小群体，再从若干小群体中抽取一定的数量，组成第二阶段的样本，以此类推，可以有第三、第四阶段，直到满足需要为止。此方法一般适用于研究总体的规模特别大、分布范围特别广的社会调查研究。

2. 非随机抽样　非随机抽样又称为非概率抽样或不等概率抽样，就是调查者根据自己的主观判断抽取样本的方法。该方法不是严格按照随机抽样的原则来抽取样本，在一定程度上受到调查者的个人经验和判断能力的影响，因而无法说明样本能否代表总体和多大程度上代表总体，用这样的样本推论总体是极不可靠的，容易出现以偏概全的错误。尽管如此，由于非随机抽样对于帮助了解总体是有益的，同时操作方便、省时省力，统计上也比较简单，而且若能对调查总体和调查对象有较好的了解，也可抽到具有相当代表性的样本，因而也是社会研究中一种常用的抽样方法。非随机抽样的方法有很多，一般常用的有以下3种。

（1）配额抽样：又称定额抽样，是指在抽样前，按照一定的标准将总体分成若干类或若干部分，然后在各类中按照非随机的方式抽取样本单位的方法。样本单位在各类间的比例一般与各类占总体的比例一致。这种方法与分层抽样非常相似，也是对调查对象分类（层），但分层抽样中各层子样本的抽取是随机的，而配额抽样中各层样本是非随机抽取的。例如，一个访问员要调查一个社区中居民的体育活动参与现状，调查员极有可能为了方便，在白天调查居家人员，这样的调查样本可能大多为社区的退休老人，调查结果自然不能反映社区居民的体育活动参与状况。

（2）偶遇抽样：又称方便抽样或者任意抽样，是指研究人员根据研究目的在一定时间、一定环境里所能遇见的人作为样本的方法。也就是说，研究人员从自己方便的角度出发，任意抽取自己偶然遇到的人或者最容易找到的人进行调查。例如，在学校门口等待向学生做调查；在电影院或者商场门口等公共场所向来往的观众、顾客做调查。

（3）判断抽样：又称目标抽样，是调查者根据研究的目标和自己的主观判断来选择样本的方法。这种抽样方法主观性很大，主要依靠调查者的主观印象、以往的经验和对调查对象以往的了解，因此选用这种方法，调查者要具备敏锐的判断能力及丰富的调查经验。否则，判断抽样可能难以取得预期的效果。

（三）抽样的基本程序

抽样调查是从研究对象的总体中选择一部分代表加以调查研究后用所得的结论说明总体特征。这种由总体中选取一部分代表的过程就是抽样，所选取的这一部分代表称为样本。虽然不同的抽样方法具有不同的操作要求，但它们通常都要经历以下基本程序：

1. *界定调查总体*　在抽样之前应根据研究目的和课题要求，确定研究对象和指标，并对总体、样本的特征和指标做出严格的规定和清晰的说明。也就是说，在抽样之前要对研究总体进行严格的定义，使调查对象和非调查对象明确地加以区分。

2. *选择抽样框*　明确界定总体范围后，收集总体中全部抽样单位，并进行统一编号建立供抽样使用的抽样框。例如，调查某高校在校大学生的课外体育锻炼情况，如果以班级为抽样单位，那么该高校的所有班级名册便是抽样框；如果以学生个体为抽样单位，该高校在校所有学生的花名册便是抽样框。

3. *确定抽样方法*　抽样方法的选取是抽样设计的重要一步，并且抽样方法有多种，并都有自身的特点和适用范围，在具体实施抽样之前，我们应该根据调查的目的、界定的研究总体、样本的规模来决定具体采用哪种抽样方法。

4. *评估样本质量*　一般情况下，样本的抽出并不是抽样过程的结束，样本对于总体的代表性始终是抽样关注的中心问题，完整的抽样过程应该包括样本抽出后对样本质量进行的评估工作。样本评估就是对样本的质量和代表性进行检验，其目的就是防止因样本的偏差过大而导致的失误。基本方法是：将样本的重要特征及分布情况与总体的同类指标进行比对，如果二者差别很小，则样本质量较高，代表性较好；否则，样本质量低、代表性差。例如，我们要调查某高校的在校大学生业余时间参加体育锻炼的情况，该高校有在校大学生8 000人，抽取 400 人作为样本，并且统计出男生占 52%，女生占 48%；大一学生占 27%，大二学生占 25%，大三学生占 24%，大四学生占 24%；同时，我们从该高校的有关部门得到下列统计资料；该校男生占 51%，女生占 49%；大一学生占 26%，大二学生占 27%，大三学生占 23%，大四学生占 24%；对比后不难发现二者间差距很小，说明抽取的样本的质量和代表性较高，能够较好地反映研究总体的总体情况。

三、调查问卷的设计与修订

问卷是社会调查中用来收集资料的一种工具，是经过精心设计的、系统的、严密的问题表格，用于测量人们的行为、态度和社会特征（杨世勇，2006）。美国社会学家艾尔·巴比认为“问卷是社会调查的支柱”。问卷调查法是指调查者通过统一设计的问卷来向被调查者了解情况并征询意见的一种资料收集方法。

（一）问卷的类型与结构

在实际社会调查中，不同的调查有着不同的调查目的、调查内容、调查方式，因此所采用的调查问卷也存在差异，根据调查问卷是否需要被调查者自己填写，可以将调查问卷分为访问式问卷和自填式问卷。访问式问卷是调查者向被调查者当面提出问题，根据被调查者的口头回答来填写的问卷。自填式问卷是调查者自己填写的问卷。访问式问卷的应答率高，调查人员可设法确保调查对象独立回答问题，并能控制按问卷问题的设计顺序回答，从而保证回应的完整性。但这类问卷也存在不足，如费用高，容易受调查人员的影响，匿名性差。自填式问卷具有标准化访问的特点，根据发放的方式，自填式问卷又可分为邮寄问卷、报刊问卷、发送问卷和网络问卷这 4 种形式。自填问卷的优点在于应答者可不受其他方面因素的影响，真实地表达自己的想法，特别是对于敏感性的问题和涉及隐私方面的问题，自填式问卷一般可以收到真实的资料。在自填式问卷中由于问题的提出是采用标准的词汇，而且每个人看到的都是同样的问题，所以不存在调查人员在解释中出现的主观随意性和诱导性问题，从而避免了应答者的偏见。其缺点是如果在问卷中问题的表述不清，或答案含糊时，这是无法补救的。另外，调查者也不能准确地掌握应答者回答问题时的环境，从而会影响对问卷信度的判断。

无论是访问式问卷还是自填式问卷，其结构往往都包括这样几个部分：封面信息、指导语、问题与答案等。封面信息是向被调查者说明相关情况的一封短信，主要内容是调查者向被调查者介绍和说明调查的目的、调查单位或调查者的身份、调查的大概内容、调查对象的选取方法和对结果保密的措施及致谢等，主要作用是取得被调查者的信任、消除被调查者的顾虑，引起被调查者合作的兴趣和愿望。封面信宜小不宜大，短短两三百字最好，一般放在问卷的封面或封二。封面信息语气要谦虚、诚恳、平易近人，文字要简洁、准确，要具有可读性。

案例 1：

亲爱的同学：

你好！

这份调查问卷旨在了解青少年闲暇时间体育锻炼行为形成过程中的影响因素。其中包括了青少年对于参与体育锻炼的态度与信心、周围人群和环境对其锻炼行为的影响及过去的体育锻炼行为。研究结果纯作为学术研究之用。我们保证所有问卷将严格保密，绝不影响您的体育成绩。作为本调查最具代表性的参与者，您所提供的资料非常宝贵，对本调查具有关键性的影响。请仔细阅读问题，依您目前的实际情况填写，期盼您的支持与协助。

上海体育学院课题调研组

2019 年 5 月 4 日

指导语是指用来指导被调查者填写问卷的一组说明，也称“填表说明”，其作用与仪器的使用说明书类似，是对填表的方法、要求、注意事项的总的说明。问卷中一切有可能使回答者不清楚、不明白、难理解的地方都需要有指导语，指导语写作最重要的标准是简明扼要、通俗易懂。

案例 2：

本问卷调查的是您最近一周（例如，今天是星期四，是指上星期四到本周星期三），除了体育课以外，您在空闲时间（如上学前、下课时间、放学后、假日）的体育活动情况。请在下列符合您实际情况的答案前“□”内或表格中划“√”；在横线上填写您的答案。

问题与答案是问卷的主体，也是问卷的核心。这部分设计的质量好坏将决定调查成败。这部分将在后面问卷主体的编制部分详细介绍。

（二）概念的操作化

研究课题中存在一系列概念，有些概念明确而具体，如性别、年龄等，而有些概念就比较抽象，如同情心等，这些概念在社会调查中会由于每个人的理解不同而产生歧义从而给调查活动带来困难。因此，对研究课题中涉及的概念必须做出明确的解释。操作化就是将抽象的概念转化为具体的、可观察的指标的过程。概念的操作化主要涉及两类概念的操作化，一类是有关调查对象概念的操作化，目的在于进一步明确调查对象和调查范围；另一类是有关调查内容概念的操作化，目的在于不同的研究者对同一研究内容有统一而明确的解释。

概念操作化的方法可以分为以下几个步骤：

第一，弄清概念定义的范围。收集和查询研究概念的不同定义，从而对这一定义大致范围有所了解，找到不同概念之间包含的共同因素。

第二，决定一个定义。根据找到的不同概念之间包含的共同因素，参考课题研究内容，决定一个该概念在本研究中的定义，既可以选择一个现成的定义，也可以在现有定义的基础上创造一个新的定义。

第三，列出概念的维度。一个抽象的概念往往有若干个不同的维度，因此，在界定概念的定义时，要指出概念所具有的不同维度，然后寻找每一个维度的测量指标。测量指标既可以利用前人已有的指标，也可以利用实地考察和无结构访问等手段，寻找合适的测量指标。

（三）问卷的形成过程

一份好的问卷，要经过多次反复才能形成。在正常情况下，问卷设计要经过以下几个步骤。

1. 探索性工作　在对概念进行操作化之后，调查问卷设计之前，先熟悉、了解被调查者的基本情况，以便对各种问题的提法和可能的回答有一个初步的认识，这就是问卷设计前的探索性工作。探索性工作主要包括开放式问卷调查、召开座谈会、个别访谈及实地考察。问卷设计者围绕所研究的主题、研究设想、研究内容等，自然、随意地与各类对象交谈，并留心观察他们的特征、行为和态度。通过初访，问卷设计者就能够根据实际情况设计出有关问题的各种答案，并且了解某个问题可能会有多少种回答，从而设计出这个问题的选择项。通过探索性工作，可以使问题编写更加清晰、选项更加具体，从而避免在设计问卷时出现许多含糊的问题，也可避免设计出不符合客观实际的答案。

以6～18岁儿童青少年参与体育活动的动机调查为例，召开不同年龄段的儿童青少年的座谈会，让他们畅谈他们对于体育活动参与的认识、积极参与体育活动的原因、参与体育活动的主要困难等。另外，我们对小学、初中、高中的学生进行开放式问卷调查，要求每位同学依次写出自己参与体育活动的主要原因，收回问卷500多份，收纳整理出了100多条学生提出的参与体育活动的原因，为编制问卷奠定了基础。

2. 设计问卷初稿　经过探索性工作之后，问卷设计者对问卷所要调查的主要问题可能的答案有了初步印象，接下来就要动手设计问卷初稿了。设计问卷的初稿一般有卡片法和框图法两种办法。卡片法的思路是从具体到整体，框图法的思路是从整体开始构思，然后到部分，再到具体问题。两种方法都有优缺点，问卷实际编制过程中，可以结合使用。而随着电脑的普遍使用，目前我们设计问卷多直接在电脑上进行设计与操作，具体步骤如下：

(1) 根据探索工作的初步印象和认识，将所有探索性工作中获取的问题与回答录入电脑,进行整理。

(2) 根据概念的操作性定义,整理问卷的逻辑结构,并按顺序写出各部分的主题。

(3) 将每个问题及回答分别嵌入相关的主题,直至全部问题移动完毕。

(4) 对每一部分的问题进行排序。

(5) 从便于回答、减少心理压力等方面考虑,反复对问题的措辞进行检查与修改。

(6) 将封面信、指导语、编码等写好。

至此,撰写初稿的工作即告完成。

3. 问卷初稿的试用与修改　　问卷初稿设计好之后,必须经过问卷初稿的试用和修改,才能将之用于正式调查。问卷初稿的试用有两种方法:主观评价法和客观检验法。主观评价法是将设计好的问卷初稿打印若干份(一般 3~10 份),分别送给调查领域的专家、研究员及典型的被调查者,请他们阅读分析评价,并提出修改意见,如整体结构是否合适、问卷的内容效度如何、问卷的问题排序是否恰当等。客观检验法是将问卷初稿打印若干份(一般 30~60 份),在调查总体中抽取一个小样本,用问卷初稿进行调查,然后认真检查和分析预调查结果,从中发现问题和缺陷并进行修改。检查和分析的内容包括回收率、有效回收率、填写答案的内容和方式是否错误、答案是否完整。回收率低于 60%或有效回收率过低,说明问卷设计上有较大的问题。若答案内容的错误较多,就要仔细检查问题的用语是否准确、清晰,含义是否明确具体。若填写答案方式错误较多,就要检查问题形式是否太复杂或指导语不明确等。若问卷有几个问题普遍未作答,就要仔细检查这几个问题,分析未作答的原因并进行改进。在实际的问卷调查时,一般先采用主观评价法,再采用客观检查法,最后对问卷进行定稿。

4. 修改定稿并印制　　运用上述方法对问卷初稿中存在的问题进行认真分析和修改。然后对问卷的版面进行设计,确定问卷中各部分的格式。并尽可能按问题的内容或问题与答案的形式将问卷分为几部分,并列出小标题。例如,父母对于子女参与体育活动的影响问卷可分为两个部分,第一部分的小标题为父母对于子女参与体育活动的后勤支持,第二部分的小标题为父母对于子女参与体育活动的直观表率。其中,后勤支持是指父母为子女的体育环境提供的准备与支持,父母直观表率则指父母用自身参与体育活动的行为作为示范来鼓励子女参与体育活动,最后进行定稿。在对问卷定稿印制的过程中,要特别注意排版上的问题,以及是否出现文字、符号上的印刷错误。只有经过反复试用、修改和检查后,才能把问卷送去印刷,用于正式调查。

5. 问卷主体的编制　　问题和答案是整张问卷的核心部分,科学地设计问题和答案,是获得可靠调查资料的重要环节。

(1) 问题形式的设计:调查问卷中,问题的形式可分为开放式问题和封闭式问题两种。开放式问题是指对问题的回答不提供任何具体的答案,而由被调查者自由填写的问题。例如,作为一名优秀的体育教师,请您结合自己的上课经验对“有效利用体育教学内容促进学生身体活动”提出自己的观点和建议。封闭式问题是将问题的答案全部列出,然后由调查者从中选取一种或几种答案的问题形式。封闭式问题又有填空式、两项选择式、多项单选式、多项限选式、多项任选式、多项排序式、矩阵式、相倚问题等。

填空式问题是在问题后划一短横线,让被调查者直接在空白处填写的一种问题形式。

例如：

通常情况下，你在上学日晚上睡觉时间（采用12小时制）为：________早上起床时间为：________。

两项选择式问题是只有两种答案可供选择，被调查者根据自己的情况选择其一的一种问题形式。例如：

如果您的孩子对某一付费课外体育培训班非常感兴趣，您是否愿意带孩子参加？

□是 □否

多项单选式问题是可供选择的答案在两个以上，被调查者只能选择其一的一种问题形式。例如：

你是否使用计步设备、可穿戴设备或者运动APP？

□经常 □有时 □偶尔 □很少 □从不

多项限选式问题是可供选择的答案在两个以上，被调查者可以根据自己的情况选择规定个数的一种问题形式。例如：

在以下体育锻炼项目中，你最喜欢的两项是什么？

□足球 □篮球 □排球 □跳绳 □体操 □游泳 □跑步

多项任选式问题是可供选择的答案在两个以上，被调查者可以根据自己的情况任意选择不同数目答案的一种问题形式。例如：

在过去30天里，你经常参加的体育锻炼项目是什么（可多选）？

□足球 □篮球 □排球 □跳绳 □羽毛球 □游泳 □走或慢跑

多项排序式问题是列出多种答案，被调查者根据自己的情况列出先后顺序或不同等级的一种问题形式。例如：

下列各项均是体育课的组成部分，请按照您认为各项目在体育课程设置中的重要性进行排列，排在第一位为最重要，排在最后一位为最不重要。

①课程设计②课程目标③课程内容④课程实施⑤课程反馈________

矩阵式问题是一种将同一类型的若干个问题集中在一起，构成一个问题的一种问题形式。例如：

您每周进行以下体育活动的频率是怎样的（请将序号填在相应的横线上）？

	经常进行	有时进行	很少进行
① 跑步			
② 游泳			
③ 网球			
④ 健美操			

相倚问题是指问卷当中的有些问题可能只适合于部分被调查者，而且被调查者是否需要回答这些问题要依据他对该问题之前另外问题的回答决定，我们把前一个问题称为过滤性问题，后一个问题则称为相倚问题。例如：

① 如果您的孩子对某一付费课外体育培训班非常感兴趣，您是否愿意带孩子参加？（选择“否”选项请跳过第②题）

□是 □否

② 假如有一个您孩子非常感兴趣的运动项目,1节课2小时,1个课程10节课,对于1节课的费用,以下哪一个价格是您感到合理并有意愿参加的?

□80元以下 □80～200元 □201～320元 □321～440元 □441元以上

(2) 问题设计的要求:问题的设计必须遵守相关的规范。其包括:①问卷的问题必须围绕假设进行设计,问卷的问题不能随意设题,要周密考虑所列问题对检验理论假设、回答研究项目有多大作用;②问题要具体、明确,不能抽象、笼统;③要避免提复合性问题,在一个问题中,不能同时提问两件或两件以上的问题;④问题必须适合被调查者的特点,做到通俗易懂;⑤要避免提出带有倾向性和诱导性的问题;⑥所提问题要避免对回答者产生暗示和诱导作用;⑦不要直接提敏感性或危险性的问题。另外,调查涉及个人利害、个人隐私、风俗习惯、宗教信仰、社会禁忌等问题时,要采用模糊化问题、转移对象和假定法来降低问题的敏感性。

(3) 问题的数目和顺序:一份调查问卷包含问题的数量及问题的长短要根据研究目的,研究内容,样本性质,分析方法,调查组拥有的人力、财力、时间等多种因素确定。一般一份问卷所包含的问题数目,应限制在20 min以内顺利完成为宜。问题项目要按照一定的顺序排列,要先易后难或由浅入深;先行为方面的问题,后观念、态度方面的问题;先封闭性问题,后开放性问题;同类问题要放在一起;相互检验的问题要分开,不能连在一起。

(4) 答案的设计:答案是封闭式问题非常重要的一部分,问卷中答案的设计要遵循以下几项要求:①答案的设计要符合实际情况;②答案的设计要符合穷尽性和互斥性;③答案只能按照一个标准分类;④程度式答案要按照一定顺序排列,前后须对称。

案例3:

青少年健康危险行为调查问卷

亲爱的同学:

你好!中学生正处于生理、心理迅速发育的时期,也是一些行为习惯形成的关键阶段,其中某些行为习惯可能会影响你们身心的发育,并对现在和将来的健康产生一定影响。为了解一些与同学们的健康密切相关的行为的真实情况,以及探索其影响因素,为同学们健康行为的养成提供依据,我们特编制了这份问卷。本问卷不记名、不公开,只作为研究之用。请你仔细阅读后,认真如实地填写或选择答案。衷心感谢你的支持!

上海体育学院课题调研组

2019年5月4日

填写说明:请在所要选择的项目编号上打"√"(多选题已注明,其余为单选题)或在"________"线上填写相关信息(李杏,2017)。

一、基本情况

1. 年级:① 初一 ② 初二 ③ 初三 ④ 高一 ⑤ 高二 ⑥ 高三

2. 性别:① 男 ② 女

3. 民族:________

4. 周岁年龄:________岁

计算方法为:今年已过生日者的周岁年龄=调查年份一出生年份

今年未过生日者的周岁年龄=调查年份一出生年份一1

5. 身高:________ cm(请注意单位)

6. 体重:________ kg(请注意单位)

7. 你家有几个孩子:________;你排第几:________

8. 你父亲的最高学历是什么?

① 没上学或小学 ② 初中 ③ 高中或中专 ④ 大学或大专 ⑤ 研究生(包括硕士、博士、博士后)

9. 你母亲的最高学历是什么?

① 没上学或小学 ② 初中 ③ 高中或中专 ④ 大学或大专 ⑤ 研究生(包括硕士、博士、博士后)

(略)

二、健康相关行为

24. 在过去 30 天里,你通常每天喝几次汽水饮料,如可口可乐、百事可乐或雪碧?

① 在过去 30 天里没有喝过汽水饮料 ② 少于每天 1 次 ③ 每天 1 次 ④ 每天 2 次 ⑤ 每天 3 次 ⑥ 每天 4 次 ⑦ 每天 5 次或更多

25. 在过去 7 天里你吃过几次甜点(包括糖果、巧克力、糕点等)?

① 0 次 ② 1 次 ③ 2~6 次 ④ 每天 1 次 ⑤ 每天 2 次及以上

(略)

38. 在过去 30 天里,你骑自行车时,是否经常或总是有下列行为(没骑过自行车的同学以下选题请全部勾选“②否”)?

a. 双手离把 ① 是 ② 否

b. 攀扶其他车辆 ① 是 ② 否

c. 互相追逐、打闹 ① 是 ② 否

d. 骑车逆行 ① 是 ② 否

e. 骑车带人 ① 是 ② 否

f. 闯红灯、乱穿马路 ① 是 ② 否

39. 在过去 30 天里,步行过马路时,你有不走人行横道/过街天桥/地下通道的行为吗?

① 从不 ② 很少 ③ 有时 ④ 经常 ⑤ 总是

(略)

76. 在过去 30 天里,你经常参加的体育锻炼项目是什么(可多选)?

① 走或慢跑 ② 篮球 ③ 羽毛球 ④ 武术 ⑤ 乒乓球 ⑥ 健美操 ⑦ 游泳 ⑧ 体操 ⑨ 其他

77. 在过去 30 天里,你经常参加体育锻炼的方式是什么?

① 个人锻炼 ② 与同学或朋友一起 ③ 与家人一起 ④ 街道或社区组织 ⑤ 其他

78. 在过去 30 天里,你参加体育锻炼时是否有人进行指导?

① 是 ② 否

79. 在过去 30 天里,你参加体育锻炼的场所是哪里(可多选)?

① 学校场地设施 ② 校外公共体育场所 ③ 房前屋后的空旷地 ④ 公园 ⑤ 健身俱乐部 ⑥ 经营性体育场馆 ⑦ 其他

问卷最后，再次感谢你的合作！

6. 问卷的质量标准

（1）问卷具有较高的信度和效度：对于任何的测量来说，信度与效度都是问卷设计者所要关注的重要问题。问卷设计者一方面要努力使问卷中的每一个问题的确是测量着所要测量的变量（做到具有效度）；另一方面，还要努力使这种测量不受时间、地点和对象变化的影响（即具有信度）。这对于问卷设计者提出了较高的要求，需要设计者对每个问题进行反复推敲，最后进行调查通过科学的定量分析得出结论。

（2）问卷适合研究的目的和内容：问卷是一种工具，其最重要的价值就是服务于研究。问卷中与研究目的和内容不相关的问题越多，调查所获得的对研究有用的资料就越少，这份问卷的质量也就越差。在问卷设计中确保所设计的问题与研究相关是非常必要的。

（3）问卷适用于调查对象：问卷所要面对的是调查对象，评价问卷是否是一份高质量的问卷的一个重要标准就是是否适合调查对象，包括问卷的语言要通俗易懂、概念含义明确、问题数量适当、答案恰当、能够吸引调查对象的兴趣、填答方便等。

（4）问卷中的问题少而精：在确保问卷设计可以满足研究需要的前提下，问卷中的问题应该越少越好、越精练越好。问卷中的问题太多，结构太复杂，并不能保证收集到更多有效的信息，往往还会导致调查质量低下。

案例 4：

问卷的信度和效度的分析

青少年体力活动问卷（PAQ-A）中文版的修订及信效度研究（李新等，2015）

青少年的体力活动对其生长发育和身心健康有重要的积极影响，而恰当的体力活动评价方法对于体力活动促进而言具有重要意义。由于青少年体力活动较为特殊，同时其在生理、认知和生物力学方面均与成年人不同，测量他们的体力活动相对困难。虽然目前有加速度计和计步器等客观测量方式，但对于大样本人群的调查，体力活动问卷依旧是最佳选择。青少年体力活动问卷（physical activity questionnaire for adolescents，PAQ-A）在加拿大儿童青少年中显示了良好的内部一致性信度和结构效度，并能敏感地区分性别和年龄差异，整个问卷完成需 8～10 min。本研究在征得问卷编写者同意后，将 PAQ-A 引入中国，以探索该问卷对中国青少年的适用性，为今后青少年大型体力活动调查提供新的测量方法。

本研究选取了北京市海淀区某中学初二年级 4 个班共 172 名学生，年龄为 13～14 岁（男生 73 人，女生 99 人），第一次调查共发放问卷 125 份，回收有效问卷 125 份，男生 54 人，女生 71 人；第二次对同一组调查对象发放问卷 125 份，回收有效问卷 107 份，男生 46 人，女生 61 人，回收率 92.8%。

在问卷内部一致性信度的评估中，本研究主要采用克隆巴赫 α 系数进行内部一致性信度检验。德威利斯（Devellis）认为，问卷的信度系数在 0.60～0.65，则该问卷最好不要；

0.65～0.70 为可接受的最小值；0.70～0.80，可以接受；0.80～0.90，问卷非常好。本次研究第一次发放问卷时，问卷的总体信度 $\alpha=0.82$；第二次发放时，问卷的总体信度 $\alpha=0.85$。分析题目与总体的相关性时，除了第 3 个题目（午休期间活动）外，其余题目相关系数均大于 0.4。删除午休期间活动后，第一次发放的问卷信度 $\alpha=0.86$，第二次发放的问卷 $\alpha=0.87$。因此，本研究中，PAQ-A 中文版问卷的内部一致性信度 2 次测试均在 0.8 以上，表示问卷具有较好的内部一致性信度。

本研究对 125 名同学在间隔一周后进行问卷重测信度检验。剔除 27 份无效和前后两次无法匹配的问卷后，共获得 100 人的有效问卷（200 份），进行重测信度检验。通过 Spearman 等级相关系数来考察问卷跨时间的稳定性和一致性。问卷整体的 Spearman 等级相关系数为 0.79，删除第 3 个题目后相关系数增长至 0.81，说明问卷的重测信度较好。研究中问卷的各题目重测 Spearman 等级相关系数均 >0.50，其中，中高强度的体力活动的重测相关系数最高，说明儿童青少年对参与的中高强度体力活动的认知较为统一；周末参与的活动重测相关系数较低，说明儿童青少年参加周末的活动较为多样和零散，有较大的不确定性，提示周末体力活动的影响因素较多。由于儿童青少年处于可塑性非常强的阶段，如果能够在儿童青少年阶段养成良好的参与体力活动习惯，对其成年阶段的发展有重要影响。

本研究在经受试者家长同意后，招募自愿佩戴 7 天加速度计的 47 名学生（男生 17 人，女生 30 人）进行问卷效标效度检验。加速度计测量得到的平均每天体力活动水平的整体体力活动为（313.00±71.39）counts/min，平均每天中高强度身体活动比例（4.83±1.40）%。问卷整体得分和加速度计计数值进行比较，相关系数为 $r=0.48$；问卷整体得分与中高强度身体活动百分比相关系数 $r=0.39$，均呈中度相关，在删除第 3 个题目后，相关系数分别达到 $r=0.51$ 和 $r=0.40$，显示具有良好的效标效度。与原始问卷相比，这一问卷的效度系数良好。

四、 问卷调查法的评价

在现代社会中，由于社会发展和变迁的速度日益加快，社会生活现象也越来越复杂，以传统的观察和访问，定性分析和主观洞察的分析方式已经不能满足人们认识社会现象的需要，而问卷调查法的产生和广泛应用正好满足了这种需求，计算机科学的发展及统计分析方法的日益完善都为问卷调查法的广泛应用奠定了基础。因而，与其他资料收集方法相比，问卷调查法有非常突出的优点，但也有自身的局限性。

（一）问卷调查法的优点

1. 问卷调查法可以节约时间、人力和物力等成本　问卷调查法具有很高的效率，可以不受样本量大小的限制，在较短的时间内可以调查许多人，收集研究者需要的大量资料，问卷调查可以在邮寄的基础上统一时间去收取或者将调查对象在可能的情况下集中起来统一填写问卷，可以节约调查者的大量时间，并且可以减少使用大量的人力和物力，节约成本。

2. 问卷调查法具有一定程度的隐匿性　在涉及一些特殊的研究问题时，会出现一些隐私性、敏感性问题。因此，在问卷应答过程中，被调查者经常会有一些担忧自己的隐私会不会被泄露，而在自填式问卷调查时，调查者和被调查可以不直接接触，并且在应答过程中，可以匿名，因此可以减轻回答者的心理压力，便于调查那些不宜于当面询问的隐私性和敏感性问题，同时也有利于被调查者吐露自己的真实情况和想法。

3. 运用问卷调查法收集到的资料易于定量或半定量处理和分析　问卷调查中所使用的问卷常常主要由封闭式问题组成，是将研究假设中的概念操作化之后编织而成，采用这种高度结构化的资料收集工具所得到的资料也是一种高度结构化的数据资料。因此，这就大大方便了对调查资料的定量分析和研究。

4. 问卷调查法可以在一定程度上减少人为误差　无论是参与观察还是无结构访谈，由于调查员和被调查者的接触，都会因为观察方式、提问方式或者交谈进展情况的不同，从而产生各种偏差。问卷调查一般都是一些结构化问题的书面调查，这就从根本上排除了人际交流中的主观性的干扰。

5. 问卷调查法不受时空的限制　问卷调查可以通过一张问卷，同时调查很多人，不受人口数量的限制，调查范围十分的广泛，且不受时空地域的限制，特别是由于近年来互联网技术的突飞猛进，使得调查的范围更加的广泛，能以较小的投入获取大量的调查资料。

（二）问卷调查法的缺点

1. 回收率有时难以保证　在调查访问时，由于调查员和被调查人员进行面对面交谈，多数访问能顺利完成，访问调查可以保证较高的回答率。但是在自填式问卷（尤其是邮寄）调查中，由于调查员不在现场，一份问卷能否回收，主要取决于被调查者的态度、责任心和合作精神。造成回收率低的另一主要原因是被调查者的文化程度，被调查者文化水平较低，有可能由于看不懂问卷或者不理解问卷的内容，对问卷置之不理。另外，年龄因素也是影响回收低的主要原因。例如，调查年龄较大，精力不足的老年人群体，有可能会由于力不从心而放弃回答问卷。

2. 问卷在应答过程中要求被调查者具有一定的文化知识水平　自填式问卷一般是通过文字、图标等方式设计问题以获取相应的研究信息，这就要求被调查者具有一定的文化程度和阅读能力，能理解和阅读问题的含义，并做相应的回答。然而在现实社会中并非所有的人都可以做到这一点。因此，在使用问卷进行调查研究时，一定要了解研究对象的文化知识水平，如果文化程度较低，则不宜采用自填式调查问卷，以结构式访问为宜。

3. 问卷调查资料的质量常常难以得到保证　在发放调查问卷后，由于调查员和被调查者不能面对面的接触，会在一定程度上难以有效指导问卷的填写，当被调查者不理解问卷中的问题时而无法向调查员及时询问，有可能会随意填写或者不按照实际情况填写，调查员也无法觉察。因此，问卷的调查资料就难以保证，这也是当前问卷调查的主要问题。

第三节 访 谈 法

一、访谈法的概念和种类

（一）访谈法的概念

访谈法也称访问法。在《现代汉语词典》中，“访”是向人询问，调查；“谈”是交谈、对话。“访谈”就是访问并交谈，是调查人员“寻访”“访问”访谈对象并与其进行“交谈”和“询问”的一种活动。与人们的日常谈话不同，访谈法是指训练有素的调查人员在调查课题的要求与目的指导下，依据调查提纲或问卷规定的内容，通过个别或集体的方式有计划地与访谈对象交谈，从而获取相应的信息资料的方法。

与其他调查法相比，访谈法具有两个最基本的特征：其一是直接性。调查人员通过与访谈对象直接接触来收集信息资料，因此访谈法收集的资料更具有直接性的特点；其二是双向沟通。在访谈过程中，调查人员通过与访谈对象的交谈来收集资料，这种交谈可分为两种情况，一种是调查人员按调查提纲或问卷提问，访谈对象根据要求回答；另一种是调查人员和访谈对象围绕某一专题进行的讨论。在这个过程中，访谈对象可以对不理解的问题提出询问，调查人员也可以及时发现访谈过程中的误差并进行纠正，调查人员和访谈对象相互影响、相互作用。

（二）访谈法的分类

在社会科学研究中，根据不同的标准可以把访谈法划分为不同的类别：根据对访谈过程的控制程度，可将访谈分为结构式访谈、非结构式访谈与半结构式访谈；根据一次访谈人数的多少，可将访谈分为个别访谈和集体访谈；根据调查人员与访谈对象之间交流的方式，可将访谈分为直接访谈和间接访谈；根据访谈的次数，可将访谈分为一次性访谈和多次性访谈。访谈的形式多种多样，在实际进行社会调查时采用何种具体的访谈形式应该依据研究问题、目的、访谈对象的特点、访谈条件的限制和研究阶段等综合考虑做出选择，在必要的时候还可以结合不同的方式。总体要求是选择最为经济、有效和可靠的访谈方式，以保证所获取信息资料的科学性和充分性。

1. 结构式访谈、非结构式访谈与半结构式访谈

（1）结构式访谈：是指调查人员根据事先设计好的结构式问卷或详细编制的提纲进行的访谈。此种访谈方法的特点是，整个访谈都是严格控制和标准化的，访谈对象按照统一的标准与方法选取，访谈中所提出的问题、提问的方式、提问的顺序和访谈对象回答的记录方式都是统一的，甚至访谈时间、地点、周围环境等外部条件也力求保持一致，调查人员不能随意对问题进行解释，如果要做出解释，则要对解释的内容进行统一的规定，因此此种访谈方法也被称为标准化访谈、导向式访谈、控制式访谈等。结构式访谈在某种程度上可以提高访谈法的标准化程度，便于调查资料的统计和对比，常应用于大规模的定量调查研究中。在结构式访谈中，调查人员能够对访谈过程加以控制，可提高调查的可靠性。此外，结

构式访谈对调查人员的素质和技巧要求不高。

结构式访谈存在的局限主要包括:①调查内容受限制,不能及时扩展和深化。标准化的访谈有利于定量分析,不太适于定性分析;②访谈过程缺乏灵活性,不能因人因事做出适当调整以保证访谈取得最佳效果;③访谈形式较呆板,不利于充分发挥调查人员与访谈对象的积极性和主动性。

(2) 非结构式访谈:是指事先不设计详细的、统一的问卷和访谈提纲,而是根据课题确定的基本内容和要求,拟定一个题目或一个粗线条的提纲,由调查人员与访谈对象在这个范围内进行自由交谈,具体的问题可在访谈过程中边形成边提出。对提问的顺序和方式、访谈时的外部环境等无统一的要求。对于访谈对象不理解或理解不正确的地方可以加以说明、解释。这种访谈在内容或方式上都不是标准化的,因此也被称为非标准化访谈。非结构式访谈最主要的特点是弹性和自由度大,能够充分发挥调查人员和访谈对象的主动性、积极性和创造性;有利于适应实际情况和调查设计方案中没有考虑到的新情况、新问题,从而获得结构式访谈无法获取的丰富资料;调查人员与访谈对象围绕访谈题目就有关问题进行广泛且深入的交流和讨论,有利于拓宽和加深对某些问题的研究。但这种方法对调查人员的要求较高,调查人员需要能够把控访谈的环境、方向和进展,调查人员的态度、素质、经验等都会影响访谈的结果。由于这种访谈提问的内容和方式比较灵活,调查的面比较广泛,访谈结果难以进行定量分析和对比研究,而且访谈过程比较费时。

(3) 半结构式访谈:介于结构式访谈和非结构式访谈二者之间,是按照一定的访谈问卷或框架进行访谈,对访谈对象的条件、所要询问的问题等只有一个粗略的要求,访谈者可以根据访谈时的实际情况对访谈程序和内容进行相应调整,并非完全按照框架进行。在访谈中仍然保持一种开放的方式(不硬性规定语言表达方式和提问的顺序),访谈对象可以适当地拓展问题,在表达观点和意见方面有较大的空间。半结构式访谈兼有结构式访谈和非结构式访谈的优点,既可以避免结构式访谈的呆板、灵活性不足、难以对问题进行深入的探讨等的局限,又可以避免非结构式访谈的费时、费力、难以进行定量分析等缺陷。

在实际调查研究中,调查初期常采用非结构式访谈进行探索性的研究,用于了解访谈对象关注的问题和相关态度。随着调查的深入,逐渐采用半结构式访谈,用于之前访谈中某些重要问题和疑问进行进一步的提问,以及了解更为复杂的问题。结构式访谈适用于有明确的假设检验及需要对调查结果做定量研究的调查。

2. 个别访谈与集体访谈

(1) 个别访谈:是调查人员围绕某一问题或访谈提纲与访谈对象单独进行交谈而获取信息资料的方法。个别访谈基本上只限于调查人员与访谈对象之间的信息传递,双方的交谈不会受到其他人员的影响,因此调查人员与访谈对象之间较容易建立相互信任的关系,有利于访谈对象解除思想顾虑,减少访谈中的心理障碍,能够反映真实的信息。同时,也有利于调查人员对访谈环境与过程进行有效控制,从而可深入探讨所关心的问题,收集到较为丰富的信息资料。

(2) 集体访谈:也称开座谈会、开调查会等,是指调查人员依据调查提纲,通过集体座谈的方式与若干名有代表性的访谈对象进行交谈而收集资料的方法。集体访谈是个别访谈的一种扩展形式,它们都是与访谈对象进行直接的口头调查。但集体访谈不是对单个访谈对象进行访谈，而是同时对若干名访谈对象进行的访谈，因此，集体访谈存在两种形式的互动，一是调查人员与访谈对象之间的互动，二是访谈对象之间的互动。因此，集体访谈是比个别访谈层次更高、难度更大的调查法。

相对于个别访谈而言，集体访谈是同时对若干访谈对象进行的调查，可以在较短的时间内获得大量的信息，较为省时、省力、省钱。此外，访谈对象之间的相互启发和相互补充，可以使获得的信息资料更完整和准确。但集体访谈容易造成访谈对象之间的相互牵制，使个人顺从多数人的意见而不易发表真实的见解和主张，因此，对于某些敏感性问题，如访谈对象的个人隐私问题则不适于采用这种方法。一般来说，个别访谈适用于对某些具有敏感性和深度性问题的访谈，而集体访谈则适用于一般性和需要集思广益的问题。

3. 直接访谈与间接访谈

(1) 直接访谈：也称为面对面访谈，是通过调查人员与访谈对象进行面对面的交谈来获取信息资料的访谈方式。直接访谈可以是调查人员深入访谈对象中进行实地访谈，也可以把访谈对象请到调查人员安排的场所进行。为了方便访谈对象及获得更多的社会信息，一般以访谈对象确定的访谈现场为主。这种访谈可以问一些较复杂、回答起来较费时的问题。同时，调查人员能观察到访谈对象的表情、神态或动作，有助于了解更深层次的问题。但此种方式较为费时，花费也较大。此外，调查人员的态度和行为可能对访谈对象造成某些影响，从而影响访谈结果的真实性。

(2) 间接访谈：是指调查人员与访谈对象不是面对面交流，而是借助于某种工具(电话、网络等)对访谈对象进行访问来获取信息资料的方式。相对于直接访谈，间接访谈可以减少人员来往的时间和费用，提高访谈的效率。同时，间接访谈的保密性也较强，可以使访谈对象回答问题的顾忌较少，从而提供更为真实的想法。但间接访谈也有其局限性，它不如直接访谈富有灵活性和弹性，只能问一些内容较少、较为简单的问题，不易获得更为详尽的资料，而且间接访谈难以观察到访谈对象的非语言行为及难以评估所获取资料的真实性等。

4. 一次性访谈和多次性访谈

(1) 一次性访谈：也称为横向访谈，是指在同一时间段对某一研究问题进行的一次性资料收集的访谈调查。一般来说，一次性访谈内容比较简单，主要以收集事实性资料为主，访谈时间短，多适用于描述性研究。

(2) 多次性访谈：又称为纵向访谈或重复性访谈，是指随着时间的推移多次收集固定访谈对象的有关资料，即对同一样本进行两次以上的访谈以获取信息的调查方式。常用于追踪调查或深入探讨某些问题，可以有一定的结构设计，由浅入深、由表层到深层进行访谈。其可以分为 3 种情况：①补充性访谈，主要是对第一次访谈的补充和修正，如前次时间不够需要继续完成原定的访谈计划，发现前次访谈中有些问题遗漏或需要补充或某些细节需要完善；②深入性访谈，即对某一个问题需要进一步深入探讨；③追踪性访谈，即在第一次访谈后为了了解受访者的变化，间隔了一段时间后进行的再次访谈。

二、访谈的实施

在访谈过程中，访谈的实施是决定访谈成功与否的重要部分，一般而言，访谈的实施过程主要包括访谈前的准备、进入访谈、访谈过程控制、访谈结果记录、访谈结束和再次访谈6个部分。

(一) 访谈前的准备

访谈前的准备工作十分重要,有经验的调查人员在访谈前都会做好充分的准备。通常情况下,访谈前的准备包括以下几项工作:

1. 选择访谈方法和设计访谈提纲　首先根据课题研究目的选择合适的访谈方法,对于暂时难以确定研究假设和研究方向的探索性研究一般选择非结构式访谈;为了验证某种假设或者迅速获得多数人的某种反应,则多选用结构式访谈;对于需要验证部分想法,同时需要探索新思想的研究则多采用半结构式访谈。根据访谈方法设计相应的访谈提纲,结构式访谈中除了访谈提纲外,还必须设计完整的问卷或访谈指南等。

案例5:

针对"轻度残疾儿童青少年融入普通学校就读"问题对其家长进行访谈

若尚未确定研究假设和研究方向,可将访谈问题设计为非结构式:请问您对将轻度残疾儿童青少年融入普通学校这一举措有何想法?

若探讨家长对其轻度残疾孩子融入普通学校就读的态度和支持行为,则可根据计划行为理论,设计结构性访谈问题来探讨家长的态度、主观规范及个人的知觉行为控制是否会影响家长对这一问题的态度和支持行为,分别的访谈问题可以设计为:

(1) 请问您对于残疾儿童青少年融入普通学校就读的态度是什么? 为什么?

(2) 社会中关于公平对待残疾人教育的观念是否会影响您对此项举措的态度?

(3) 请您谈谈支持或不支持此项举措的原因,并谈谈您具体打算怎么做?

在以上结构式访谈问题后再加1～2项开放性访谈问题,如请问您对此项举措还有何想法或建议? 则该访谈为半结构式访谈。

2. 了解访谈对象并将调查主题事先告知访谈对象　访谈对象是访谈互动中的一方,是获取资料信息的来源。在访谈开始前,应充分了解访谈对象的相关情况,包括性别、年龄、职业、文化水平及兴趣、爱好、习惯、精神状态等情况,有利于调查人员合理准备访谈问题,在访谈过程中根据访谈对象的特征采取不同的访谈方式和策略,灵活运用访谈技巧。同时,应提前告知访谈对象本课题研究的主题和目的,使其对访谈内容有初步的认识。

3. 调查人员的培训　访谈调查中需要调查人员与访谈对象进行面对面的沟通,因此对调查人员的身体素质、品德、学识、经验和反应能力等具有较高的要求。一名合格的调查人员应该是身体健康,能够适应各种环境,具有一定的理论知识基础、丰富的社会经验、一定的社交能力和语言表达能力,并且能够听取他人意见、耐心温和、善于记录的综合型人才。在访谈的准备阶段对调查人员进行训练和培养,使之能够独立完成各项调研工作。训练的内容主要包括:

(1) 调查人员对研究内容和访谈内容应熟悉,研究内容和访谈内容包括研究的目的、研究的意义、调查的范围、访谈对象的数量、调查的步骤、访谈问卷或提纲中的问题、提问方式、提问顺序等。正确进行提问可以增加访谈对象对调查人员的信任,同时也避免访谈对象对问题的曲解。

(2) 对调查人员进行必要的方法训练，使调查人员事先了解访谈对象的特点，灵活运用访谈和交流的技巧。可以在正式访谈前进行模拟访谈，每个调查人员进行实际操作，从而发现可能存在的问题，提高调查人员的访谈水平和应付各种意外情况的能力。

4. 其他访谈工具的准备　访谈工具主要包括3个方面的内容：普通工具如纸、笔等记录工具；特殊工具如社区地图、录音录像设备等；其他工具包括公文、介绍信、证件等。

（二）进入访谈

进入访谈是调查人员与访谈对象建立交际关系，实施访谈的必要环节。调查人员首先要与访谈对象进行接触，可以进行自我介绍，向访谈对象说明来意，必要时出示自己的相关证件等代表身份的标识，以取得访谈对象的信任。自我介绍后阐明访谈的目的及本研究的意义，请求访谈对象的支持与合作。其次，调查人员应与访谈对象建立良好的人际关系。面对素不相识的访谈对象，调查人员必须想办法与其拉近距离，建立起可信赖的关系。根据具体情况和要求，选择正面接近（直接表明目的和要求，请求访谈对象支持），求同接近（寻求与访谈对象的共同语言与之接近），友好接近（从关怀帮助访谈对象入手与之建立信任），自然接近（在某种共同活动中接近对方，消除对方紧张戒备），隐蔽接近（以伪装身份接近并在其未察觉情况下进行调查）等方式接近被访者。总之，进入访谈时要考虑访谈对象的思想、心理承受能力，以平等友好的姿态接近访谈对象，建立良好的访谈氛围，争取访谈对象的理解和支持，这是访谈成功开展的前提条件。

（三）访谈过程控制

访谈中调查人员通过提问、观察其他一些表情和动作对访谈过程进行有效地引导是整个访谈调查的主要环节，也是访谈中最重要、最难把握的一项工作。在这个过程中，调查人员主要从提问、倾听、回应、引导与追询4个部分进行控制。

1. 提问　提问是访谈实施的主要手段，在访谈过程中占有十分重要的地位。访谈过程中提出的问题一般包含实质性问题与功能性问题。实质性问题是为调查所需的实际内容而提出，包括客观事实类、行为及行为趋向类、主观态度和建议类问题；功能性问题是为创造气氛或转移访谈内容而提出的，能对访谈对象起到某种作用的问题，可分为接触性问题、试探性问题、过渡性问题和检验性问题。在访谈过程中提问的方式受研究问题的性质，访谈双方的性别、年龄、民族、职业、受教育程度、社会地位及两者的关系，访谈的具体情境等因素影响，包括开放型与封闭型问题、具体型与抽象型问题、清晰型与含糊型问题。调查人员应根据具体情况选择最佳的提问方式，若研究问题较敏感，调查人员应采取迂回的方式进行；若访谈对象性格比较内向、不善言辞表达，调查人员可以多问细节，以此启发访谈对象做出回应；若尚未建立良好的访谈关系，调查人员应避免直接询问个人隐私等问题，需要等关系稍融洽后再进行试探性的询问。

提问过程中所使用的语言越简单越好，以能清楚表达含义为原则，不要不着边际，也不要使用带有感情色彩的字眼，如先进、落后、激进、保守等。根据访谈对象的特点，灵活把握问题的提法与语气。例如，若访谈对象是孩子，应使用浅显的语言、亲切的口气；如果访谈对象是老人，则要放慢语速；如果访谈对象反应比较快，则应直接发问，语言直截了当。调查人员应综合访谈对象的具体情况、问题本身的性质和特点等诸多因素，选择最恰当的提问类别、方式和语言，使访谈过程和谐友好，从而获取更多的访谈信息和资料。

2. 倾听　访谈中的提问是调查人员的有形工作，而倾听是调查人员所做的无形工作。只有认真细致地倾听，对访谈对象的阐述给予恰当的回应，了解他们看问题的形式和语言表达方式，才能真正了解访谈对象对研究问题的真实看法。访谈中的倾听可分为态度、效果与情感3个方面。从态度层面，调查人员在访谈过程中要"积极地听"，集中注意力，给予访谈对象全身心、真诚的关注，能使访谈对象积极主动地提供信息；从效果层面，调查人员要"建构地听"，在访谈过程中要主动接收和捕捉访谈对象透露的信息，尊重访谈对象，与其进行平等的交流；从情感层面，要"共情地听"，包含认可的共情和准确的共情，访谈双方在理智的基础上能够产生情感上的共鸣，更容易互相理解。

3. 回应　在倾听之外，调查人员对访谈对象的言行通过言语反应和非言语反应作为一种回应，运用"嗯""对"等字眼或点头等姿势向对方表明自己正在领会他的陈述，并很有兴趣，有利于两者建立一种对话关系，进而传递调查人员的意向和想法，在访谈中能够起到接受、理解、询问、共情等作用。通常在访谈过程中所使用的回应方式有认可、重复、重组和总结，同时应避免利用社会科学中的现成理论或自身经验对访谈对象的内容做出回应，以及评价式回应，即避免对访谈对象的谈话内容进行价值上的判断，隐含好与不好的判断。

4. 引导与追询　引导的目的在于帮助访谈对象正确理解和回答已经提出的问题。通常在遇到下列情况的时候需要调查人员进行引导：①当访谈对象没有听清所提的问题或对问题理解不正确、答非所问、文不对题的时候；②当访谈对象存在思想顾虑、避而不谈，一带而过的时候；③当访谈对象漫无边际，离题太远的时候；④访谈对象回答不出或想不出来，以及交谈中断后重新开始交谈遇到障碍，不能顺利进行或偏离原定计划时，应及时采取适当的方法进行引导。

追询是调查人员就访谈对象前面所说的某个观点、概念、语词或事件、细节和行为进一步进行探询，将其挑选出来继续进行提问。其目的在于使调查人员能够真实、具体、准确、完整地了解或理解访谈对象所回答的问题，其实质上是对提问的引申和补充。追询的方法主要有：

(1) 复述问题：当访谈对象不懂或不能正确理解问题时，应对问题再次进行复述和扩展性的阐释。

(2) 复述回答：当调查人员自身不能肯定已完全理解访谈对象的回答时，可复述访谈对象的回答，以便于调查人员确认对回答做出了正确的理解。

(3) 表示理解和关心：调查人员可表示自己已经听到了回答，从而诱发访谈对象继续进行下面的谈话。

(4) 适当停顿：如果调查人员认为访谈对象的回答不完整，可停顿不语并给予访谈对象目光关注，表示等待他继续说完。

(5) 给予访谈对象一个中立的问题或评价：例如，"你讲的这个是什么意思"或"你能不能再给我多讲些"等。在整个访谈过程中要时刻关注访谈对象的思维进度，寻找恰当的时机，选择合理的引导和追询的方式和方法，且注意尊重对方、适时适度，以不伤害访谈对象的感情为原则，避免影响整个访谈的进程(康茜，2016)。

（四）访谈结果记录

访谈研究的目的就是通过访谈对象的语言来了解其所建构的世界，有效地记录访谈结果可以为课题研究提供详细的信息资料。访谈记录的内容不仅包括访谈对象的谈话，还包括访谈对象的其他非语言信息，如访谈对象的衣着、表情、手势和谈话的环境、时间、地点等。

访谈中记录的方法主要包括录音录像记录和笔录。录音录像记录是在征得访谈对象同意的情况下，调查人员使用记录声音或影像的设备进行录制的方法，有利于调查人员专注于谈话，同时能够获得完整具体的谈话资料，避免笔记中的误差。调查人员笔录的方法主要有 3 种：一是速记，即通过缩略语和符号等把访谈对象的回答全部记录，后期进行翻译和整理；二是详记，即用文字当场详细记录，后期无须翻译而任何人都能看懂记录；三是简记，只记录一些调查人员认为有必要的内容与要点。除此之外，还可安排专人进行记录，这种方式便于调查人员跟随访谈对象的思路边听边思考，及时做出必要的引导，将谈话内容深入引领。同时，认真聆听能够表达对访谈对象的尊重和重视，对访谈对象起到激励作用。两种记录方法各有利弊，应根据访谈的具体情境选择最恰当的记录方法。

（五）访谈结束

当调查人员与访谈对象就访谈提纲上的所有问题进行交谈后，可在良好的氛围下结束此次访谈。访谈结束也是访谈中的一个重要的环节，为了使访谈调查善始善终，调查人员应注意以下几个问题：

(1) 适可而止：注意把握访谈时长，一般以 30～90 min 为宜，注意不要妨碍访谈对象正常的工作和生活秩序为基本原则。

(2) 把握结束的时机：有时访谈对象仍有谈话兴趣并要求切换到其他话题时，调查人员可以把握合适的时机圆满地结束访谈；有时访谈对象产生倦怠、情绪变坏或出现其他突发状况，良好的交谈气氛遭到破坏就应该马上结束访谈活动。

(3) 结束语：访谈即将结束时，调查人员应询问访谈对象“我们还有什么地方没有谈到?”“我们有没有忽略什么内容”“您还愿意谈些什么”之类的问题，以便了解是否遗漏访谈内容，并给予访谈对象访谈即将结束的提示。

(4) 真诚地表达感谢：访谈结束时，要真诚地感谢访谈对象对调查工作给予的支持与合作，表示从对方身上学到了许多书本之外的内容，了解到许多新的信息，并充分肯定此次访谈建立和加深的友情。

(5) 约定下次访谈：如果这次访谈未完成调查任务，还需要与访谈对象约定再次访谈的具体时间和地点，最好能简要说明再次访谈的主要内容，以便对方做好思想和材料准备。

（六）再次访谈

在访谈调查中，出现以下几种情况时，还需要进行再次访谈和多次访谈：

(1) 特殊原因导致的访谈中断而未能获得足够调查资料的情况下，往往需要进行再次访谈，以确保信息资料的完整性。

(2) 访谈结束后对访谈资料进行初步整理时，发现一些模糊的地方或有些问题被遗漏了，此时调查人员不能自作主张地任意确定一个答案，而是需要重新访谈一次，以保证资料的正确性和完整性。

(3) 为监督考察调查人员的行为和鉴定访谈资料的真实性和正确性，研究者会从访谈对象中抽取少数人员进行回访、核实，确认是否向他们作过调查，并通过其中的问题辨明记录资料是否准确。

(4) 为了深入探讨某些问题，在第一次访谈了解基本情况、熟悉访谈对象后，需要再次进行访谈或进行多次访谈。此外，为了了解访谈对象的变化，在第一次访谈后间隔一段时间后对原来的访谈对象进行再次或多次访谈。

案例6:

有关小学生体力活动家庭影响因素的访谈(孙雨,2016)

访谈题目:上海市中小学生体力活动家庭层面的影响因素。

访谈对象:20名来自上海市杨浦区和闸北区小学生(男生10名;女生10名)。

(1) 研究采用半结构访谈法，访谈提纲的题目是在参考相关研究成果的基础上，由本领域资深专家提出修改意见并结合预访谈情况而最终确定。与受访学校的体育老师和班主任确认访谈的时间和地点。

(2) 与学生见面:进行自我介绍并介绍来意，注意营造愉快轻松的访谈氛围，让受访学生知晓访谈内容仅为学术研究使用，并将对受访者的个人信息进行严格保密。

(3) 给受访者发放知情同意书，征得本人同意录音的情况下对访谈问题进行访谈。

例如:家庭方面的哪些因素对你休闲时间体力活动有影响，怎样影响的?

1) 父母对体力活动的态度如何? 对你参与体力活动有无影响，怎样影响的?

2) 父母的支持对你休闲时间参与体力活动有无影响，怎样影响的?

3) 父母的陪伴对你参与休闲时间体力活动有无影响，怎样影响的?

4) 日常家庭会支出很多资金用于健身锻炼、购买健身装备、器材或你的运动培训吗? 你认为家庭这些体育消费对你日常参与体力活动有无影响，怎样影响的?

(4) 访谈过程中注意倾听，遇到回答停顿时可鼓励受访学生畅所欲言。访谈采用录音与笔记相结合的访谈记录方法，以确保访谈内容的准确性。

(5) 为避免影响学生的日常学习，本次访谈时间为30 min左右。在完成访谈提纲的提问后，可询问学生针对此次访谈主题是否还有其他需要补充的内容，若有遗漏的信息点，须补充到笔记中;若没有则可结束此次访谈，并向受访学生对本次访谈工作给予的支持与合作表达真诚的感谢。可告知受访者如果有再次访谈的需要，会提前约定时间和地点。

三、访谈法的评价

(一) 优点

在社会调查中，访谈法是一种使用非常广泛且十分有效的调查法。访谈法最大的特点是与调查对象面对面地接触，访谈者与受访者之间相互作用、相互影响贯穿调查过程的始终，并对调查结果产生影响。因此，相比于其他的方法，这种方法有其独特的优点。

1. 应用广泛、灵活　访谈法是一种口头调查方式，适用于一切有正常思维能力和口头表达能力的访谈对象，不受访谈对象文化水平的限制。此外，访谈法包括几种不同的类型，使其既适用于定量研究，也适用于定性研究；可用于大规模调查，也可进行小规模的研究；既可了解现时资料，也可了解历史资料，其应用范围十分广泛。在访谈过程中，调查人员可以根据实际进行中所遇到的环境、情况和访谈对象的不同进行适当的调整，灵活地发问，以保证调查顺利进行。当访谈者对问题有所不理解或误解时，调查人员可以针对情况重新提问或加以引导解释，以保证获取资料的质量，这些是采用邮寄或其他自填式问卷无法达到的。

2. 获取资料的准确性和有效性高　访谈调查是调查人员与访谈对象直接进行的交流，调查人员可以事先确定访谈现场，适当地控制访谈环境，避免其他因素的干扰。调查人员还可控制各种错误的产生，如访谈对象对问题不理解或有顾虑时，调查人员可以加以解释和引导。回答不完整或不准确时，调查人员可以当面追问，有利于提高资料的准确性和有效性。

3. 深入探讨研究问题　在访谈过程中，调查人员可以根据交谈中的具体情况和线索，调整调查内容，适当引导和追问，或与访谈人员相互讨论，可探讨较为复杂的问题，可对某一问题获得新的、深层次的信息。同时，直接访谈还可以捕捉到访谈对象一系列动作、表情等非语言信息，以此鉴别访谈对象回答问题的真伪及其心理状态。

（二）局限性

当然，任何方法都有其局限性，访谈法也不例外，其局限性主要表现在以下几点。

1. 成本较高　访谈调查常采用面对面的个别访问，在这个过程中耗费的时间和精力较多。此外，大规模的访谈还需要训练一批调查人员，再加上组织、管理等一系列的事情，使得费用的支出大大增加。因此，运用访谈法难以进行大规模的调查，一般访谈调查的样本较小。

2. 隐蔽性较差　由于访谈调查要求访谈对象当面作答，这会使得访谈对象感觉缺乏隐蔽性而产生顾虑，尤其是一些敏感性问题，往往会使访谈对象回避、不真实地回答或拒绝回答，较难取得满意的信息资料。

3. 受调查人员影响较大　访谈调查是调查人员单独进行的调查方式，不同调查人员的个人特征，如性别、年龄、口音、价值观、态度、文化程度、能力等都可能会影响访谈对象的回答，从而造成结果的偏差。此外，访谈双方通常是陌生人，容易使访谈对象产生种种猜疑及不信任感，这种情况下往往难以获得完全真实的资料。

4. 资料记录较难　访谈调查是调查人员与访谈对象进行的语言交流，访谈过程中，如果访谈对象不同意现场录音的话，调查人员既要讲，又要分析、理解访谈对象的回答并迅速地记录下来，这对调查人员的笔录速度要求很高，往往无法完整地将谈话内容记录下来，会遗漏很多信息。

5. 结果标准化程度较低　访谈法有其灵活的一面，但同时也增加了调查过程中的随意性。对同一问题的回答，不同的访谈对象没有统一的答案，因此结果的处理和分析都较为复杂，由于标准化程度较低而难以进行定量分析。

本章小结

调查法是体育科学研究中常用的一种收集资料的方法。调查具有目的性、实践性、客观性、程序性及综合性的特征，其通过描述状况、解释原因、预测趋势和评估政策探索与讨论体育科学中存在的问题与现象。问卷调查法与访谈法是调查中应用最为广泛的两种方法。本章介绍了问卷调查法的性质、调查的抽样、问卷的设计与修订、问卷调查的评价等内容；同时，阐述了访谈法中的概念与分类、访谈的实施、访谈的评价等内容。我们应该在全面掌握调查法的相关知识的基础上，能熟练运用调查法，使其成为探讨和解决体育学科相关研究与实践问题的手段。

思考与练习

1. 什么是调查法？调查法如何分类？
2. 请讨论在实施访谈的时候应注意什么。
3. 请选择和体育相关的某个问题编制一份调查问卷。
4. 请结合自己的研究方向设计一份访谈提纲。

本章主要参考文献

陈海燕，李莹，麦劲壮，等，2016.中年人群体育锻炼与血脂水平关系的横断面研究[J].中国循环杂志，31(7)：659-663.

陈向明，2000.质的研究方法与社会科学研究[M].北京：教育科学出版社.

风笑天，2008.社会调查原理与方法[M].北京：首都经济贸易大学出版社.

洪瑾，2004.社会调查方法[M].北京：中国轻工业出版社.

黄奇杰，蔡罕，2017.社会调查方法概论[M].杭州：浙江大学出版社.

康茜，2016.基于计划行为理论的上海市7—15岁少年儿童闲暇时间中高强度体力活动水平研究[D].上海：上海体育学院.

李莉，2002.实用社会调查方法[M].广州：暨南大学出版社.

李新，王艳，李晓彤，等，2015.青少年体力活动问卷(PAQ-A)中文版的修订及信效度研究[J].北京体育大学学报，38(5)：63-67.

李杏，2017.湘西地区侗族、白族农村青少年健康危险行为及其影响因素研究[D].吉首：吉首大学.

孙雨,2016.基于生态学模型的上海市部分中小学女生休闲时间体力活动现状与影响因素研究[D].上海:上海体育学院.

吴增基,吴鹏森,苏振,2003.现代社会调查方法[M].第2版.上海:上海人民出版社.

杨世勇,2006.体育科研方法概论[M].北京:人民体育出版社.

张晓琼,2011,社会调查研究方法教程[M].济南:山东人民出版社.

周德民,廖益光,2012.社会调查原理与方法[M].长沙:中南大学出版社.

第 6 章

观 察 法

【导读】本章主要从观察法的概述(定义、特点、原则)、观察法的分类和观察法的程序(观察可行性论证、观察点选择与指标编码、观察方法选择与准备观察、预观察、组织实施观察、归纳整理观察结果)3个方面对观察法进行讲解,通过本章节的学习让学生掌握在体育科学研究中如何科学地选择和使用观察法。

学习重点与难点

- 观察法的分类、观察法的实施程序。
- 观察的信度和效度。

第一节 概 述

观察,通俗地讲就是看,或者说是感知,是人类认识世界的主要方式之一。在科学研究领域,观察是借助感觉器官或科学仪器设备,有目的、有计划地获取认知材料的过程(骆秉全,2003)。与实验法和调查法相比,观察在科学研究中起着基础性的作用,无论是哪种研究方式,都离不开观察的参与。观察的主要作用在于捕捉事物表象性的信息,研究人员通过表象信息的综合分析及其经验推理,可以透过现象看到本质,从而发现新知识。从某种意义上来说,观察获取的信息量越大、信息越准确,越有利于研究人员发掘新规律。

观察法主要是针对科学研究而言的。尽管在各种类型的科学研究中都离不开观察法,但各项研究中观察法的参与程度还是有所差别的。根据研究学科的分析来看,教育学和体育学中,观察法扮演着更为重要的角色。在体育学中当中,观察法在体育教育和运动训练两个分类中均起着重要的作用。在体育教育领域,研究课堂上教师和学生的行为要靠观察法来实现,运动训练领域中,运动员运动技能的形成过程全程离不开观察法的参与,在比赛中，教练员需要通过观察对手的技战术情况来指导运动员做出相应的策略调整。这些观察法的实践应用有些是经过预先的设计而实施的，有些可能没有经过严密的设计而是临场实施的，它们的形式也可能是旁观式的，或者亲身参与式的，但目的是一样的，就是通过观察来形成对客观事物的科学认识，进而指导体育教育和运动训练实践。

科学研究的目的是通过现象认识事物的本质，研究方法需要经过系统、周密地设计，那么观察法究竟有哪些类型、如何来选择恰当的观察法、如何规范地实施观察法、如何结合体育领域的特点进行实践应用，本章将通过理论结合实例的方式回答上述问题。

一、 什么是观察法

观察法是指研究者按照预先设计的方案对被观察者的行为进行观察和记录，以获得研究资料的一种方法。这里需要指出的是，观察法中的“观察”与生活中的“观看”有本质上的区别，观察是有目的和有计划的，其观察的事物或过程是经过科学设计的，它的过程往往是在实验状态下进行的，已经减小了无关变量对于研究对象的影响。“观察”的目标是科学结论，“观看”的目标只是获得事物的表层认识，两者在层次上也是有区别的。从实施过程来看，观察是严格的、系统的，而观看往往是随意的、片面的(表 6-1)。

表 6-1 观察与观看的区别

区分点	观察	观看
适用场景	科学研究	日常生活
实施目标	形成科学结论	获得表层认识
目的性	有目的、有计划的	自然的、随机的
实施过程	严格的、系统的	随意的、片面的

二、观察法的特点

观察法是一种通过主观观察获得认知材料的科学研究方法，具有以下 3 个特点：目的性、主观性和易操作(黄汉升，2015)(图6-1)。

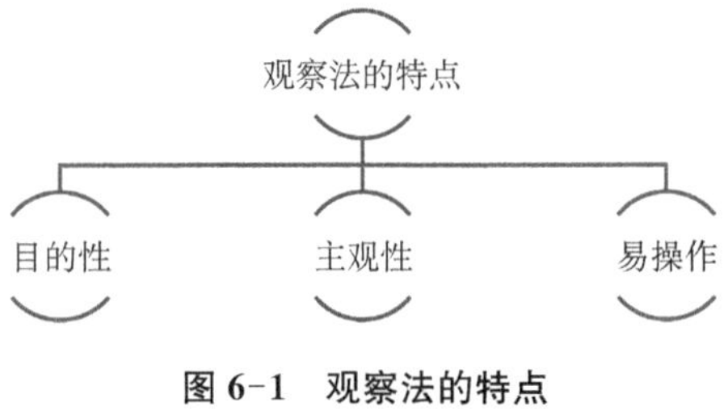

图 6-1 观察法的特点

（一）目的性

正如前文所述，科学研究中的“观察”与现实生活中的“观看”有着本质的区别，有明确的目的是其区别于“观看”的最重要特征（汪康乐，2010）。按照预先设置好的观察目标进行观察才可能获得真实的、可靠的一手资料数据，才有可能形成科学的结论，盲目观察是无法形成对事物的科学认识的。体育科学研究的主要对象是人，其外在表象往往比较复杂，如果不经过系统的设计，观察的重心往往会偏离研究方向，只有在明确研究目标的基础上进行周密的设计，才能引导观察者聚焦核心问题，从而获得有效的研究结果。例如，一项对乒乓球技战术进行的研究可以从击球技术、击球位置、击球效果等多方面进行观察，究竟选取哪个角度进行观察，要聚焦研究者想计算哪些指标及研究者想解决的核心问题。

（二）主观性

观察法实施的主体是观察者，观察的可靠性受到观察者的科学态度、受教育程度、心理状态、对领域知识的熟悉程度等多种因素的影响，因此观察法具有很强的主观性。随着科学技术的进步，人们可以借助更多科学仪器来进行观察，以部分代替人的感官，但仍然离不开人这一观察主体的参与，观察法的实施始终伴随着观察者的主观作用。从自然科学研究的角度来看，观察法的主观性会影响测量的准确性，因而研究者会尽量减少人为观察，而采用科学仪器进行观察和测量。从社会科学研究的角度来看，诸多研究涉及人的态度、动机、行为等方面的内容，尽管可以发明更多标准化的量表进行测量，但尤其测量个体的差异性，观察往往可以发现更多细节问题，便于研究者形成被观察者全面、科学的认识。体育科学研究既涉及自然科学，又涉及社会科学，研究者需要具体的研究内容和不同的研究目标，合理地搭配使用不同的观察方式，以获得真实、有效的研究资料。

（三）易操作

观察法的实施甚至不需要借助任何仪器设备，直接依靠观察者的感官即可获得一手的研究资料，因此，相较于其他科学研究方法，观察法的实施的门槛较低、上手比较快、操作简单，具有广泛的适用性。尤其是对于个案的跟踪研究，观察法更有着其他方法不可比拟的优越性，观察者可以随时观察和记录被试的态度、行为等信息，并且根据实际情况进行灵活调节。而我们实施问卷调查时，问卷的结构和内容一旦确定，改变的可能性很小，采用实验法更是如此，流程一旦确定，基本是一路走到底。在体育科学研究中，观察法实施的最典型场景是对比赛中技术或战术进行观察和分析，优秀的教练员往往可以在比较短的时间内形成一场比赛或者一个运动员技术或战术特征的科学认识，而不需要记住任何仪器测量。临场观察和离线观察已经成为研究比赛中运动员技战术行为的有效方法。

三、观察法实施的原则

观察法具有其他研究方法无法比拟的优势，它便于操作，可以在较短的周期内形成对事物的科学认识，然而，该方法的缺点也是较为明显的，它的客观性往往会受到研究者的质疑。因此，为了更好地使观察法为体育实践服务，须遵循客观性原则、全面性原则、典型性原则及反复性原则(图 6-2)(黄汉升,2015)。

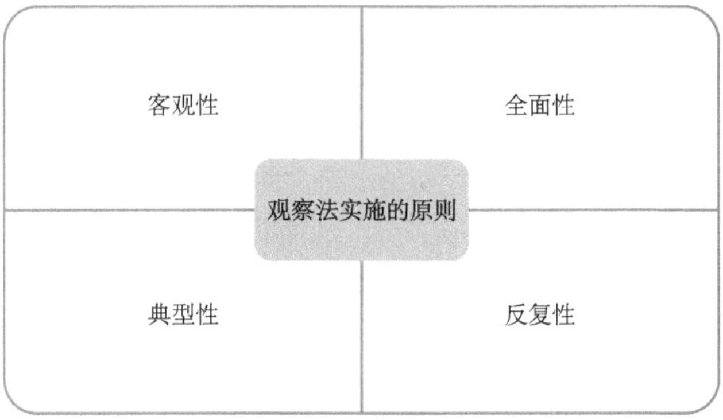

图 6-2　观察法实施的原则

（一）客观性原则

客观性原则是指观察者在实施观察的过程中,应保持观察态度的中立性、观察尺度的一致性,尽量减小观察者本身的态度、认知及经验对于观察变量的影响,尽量避免环境因素对于观察实施的影响。为了达到上述目的,观察者事先要熟悉观察的流程、熟知观察指标的定义、事先了解观察对象,必要时进行培训以保证观察的客观性。在参与式观察中,观察者尤其应尽量减少对观察对象的影响,以免造成被观察者的认知偏差。需要指出的是,观察者可尽量减少可能的观察误差、提高观察的信度,使观察结果尽量接近测量真实值,但无法做到不产生误差。

（二）全面性原则

“横看成岭侧成峰,远近高低各不同”,我们在实施观察过程时,从多个角度观察到的事物的特征是不一样的,因此,为了形成对观察对象的客观、全面认识,需要尽可能扩大观察的维度,避免“盲人摸象”结果的发生。那么,如何能做到全面观察呢? 首先,在进行观察指标体系设计时,应尽可能全面,使得观察指标覆盖观察对象的不同属性。其次,在实施观察时,应尽可能融入观察群体,补充指标设计时没有考虑到的其他方面。再次,应该实施多个观察者分工观察,多人分工协作,各司其职,做到观察点的不遗漏。

（三）典型性原则

由于观察法的特殊性,观察法往往专注于个案,很难做到群体性的覆盖,研究者很难根据观察得到的个别结论进行统计推断,这就要求我们借鉴抽样的方法,尽量选择典型的个案进行研究。否则,观察得到的结果很难进行推广。假设我们想研究采用弧圈快攻型打法的乒乓球选手的战术特征,对所有该打法的运动员进行研究是不现实的,而且付出的成本代价也比较大,当我们可以借鉴抽样的思路,选择其中有代表性的一位或几位选手的部分比赛进行观察研究,以此来推测该打法运动员的共性战术特征。

（四）反复性原则

为了减小测量误差，科学研究中最常用的方法是多次测量取平均值，观察法也是如此。由于受到观察者主观因素及测量流程等因素的影响，观察法的实施往往更容易产生误差，为保证统计资料的可靠性，需要对观察对象进行多次反复观察。在实际的研究过程中，至少要观察两次，第一次观察往往在正式的观察实验前，通过抽样对样本进行多次观察并计算观察的信度，如果观察信度满足实验设计要求则开始正式的观察实验，如果不能满足要求，往往对观察的指标需要进一步定义，避免观察者理解上的偏差发生，或者对观察的流程做进一步的优化，以提高观察的信度。

第二节　观察法的分类

观察法的实施需要根据观察的目标、观察的内容、观察的环境选择相应的观察方法。了解观察法的不同分类方式有助于研究者根据具体的情况选择恰当的观察方式，以便高效地获取翔实的资料。总体上来说，大概有3种分类方式。第一种分类是根据观察者是否参与到观察对象当中，分为参与式观察法和非参与式观察法；第二种是根据观察量和观察的时间跨度分为抽样观察法和追踪观察法；第三种是根据观察的要求分为全面观察法和重点观察法（骆秉全，2003）（图6-3）。了解分类的依据及其不同种类间的区别有助于研究者因地制宜，对观察的方式做出最优选择。

图6-3　观察法的分类

一、参与式观察法与非参与式观察法

根据观察者是否参与观察对象的活动，可以将观察法区分为参与式观察法和非参与式观察法两种。在体育科学研究中，当涉及体育参与者态度、行为等方面的研究时，往往采用参与式观察法，因为该方法可以获得一线的真实资料；当涉及训练及比赛中的技术、战术、表现等研究时，研究者往往难于参与到实验场景中，所以采用非参与式观察法较多。

（一）参与式观察法

参与式观察法是观察者以观察对象的身份亲身参与到观察环境当中以获得一手资料的方法。参与式观察法的优点是不改变观察对象的现有结构，可融入观察环境并与其形成良好的合作氛围，这有助于获得观察对象的充分信任、深入观察对象的内部、获得最接近真实的观察资料。缺点是由于观察者深入观察环境中，观察者与观察对象的交互作用明显，容易导致观察误差。

参与式观察法可以进一步分为公开式观察法和隐蔽式观察法(图 6-4)。

图 6-4　参与式观察法的分类

在执行参与式观察时，观察者会向观察对象表明自己的身份，甚至说明研究的目的和研究的内容。当观察对象是儿童、青少年时，可能会导致他们紧张或者其他异常情况的发生，当研究的内容涉及心理层面时，会产生较大的误差。根据现代学术伦理和道德的要求，一般需要采用公开式观察法。

隐蔽式观察法是观察者隐藏自己的身份并与观察对象扮演类似的角色，此种观察方式适用于观察对象比较敏感的情况，它的优点是让观察对象处于自然发生的状态之中，减小了观察者与观察对象交互效应可能产生的误差，观察的结果更为客观。与公开式观察法相反，隐蔽式观察法容易违背伦理和道德的要求，因此，运用此种方法应格外慎重。

（二）非参与式观察法

非参与观察法是观察者以独立第三方身份进行间接观察的一种方法。观察者不与观察对象进行直接接触或交流，与观察对象保持一定距离是这种观察法的主要特点。与参与式观察法相比，非参与式观察法获得的资料更客观、更可靠，但缺点也是显而易见的，那就是观察往往停留于表面属性、无法对事物有深入的了解。除依靠人的感官进行观察外，仪器是最主要的非参与式观察工具。

二、抽样观察法和追踪观察法

抽样研究是社会学研究中广泛采用的一种研究方式。通过抽样统计可以达到“部分代表总体”的效果。抽样观察法也是借鉴了这一思路，通过抽取总体中的一部分进行观察来获得对于样本总体的认识。在研究的时间要求比较高、研究预算不充足的情况下，可采用抽样观察法进行研究。追踪观察法则是对观察对象进行比较长周期的观察和研究，通过长时间、规律性的观察，从而获取研究对象的时间序列特征，进而对其未来发展趋势做出推断。抽样观察法获得的是剖面性的事物特征，追踪观察法获得的是纵贯性的事物特征，两者的观察重心存在较大的不同(表6-2)。

表6-2　抽样观察法与追踪观察法的区别

区分点	抽样观察法	追踪观察法
观察对象	以群体为主	以个体为主
观察时间	确定时间点	某个时间周期
观察目标	获得剖面性的事物特征	获得纵贯性的事物特征
实施成本	一般比较低	一般比较高

三、全面观察法和重点观察法

从观察的角度不同,我们将观察法分为全面观察法与重点观察法,全面观察法关注的样本的整体,而重点观察法关注的是样本的某个侧面。在开展体育科学研究的过程中,两种观察方法均发挥着重要的作用。全面观察法中在运动训练中发挥典型应用的是系统观察法,该方法通过设定最小观察单位、观察的指标体系和观察流程来实施训练或者比赛的全面观察。隔网对抗项目的技战术研究中,已经在广泛地推广和使用该方法。全面观察法对人力或者仪器的要求比较高,但可以获得观察对象的精准画像,为实施干预提供一手资料。

现代科学技术的发展为实施全面观察提供了强大的技术支撑,DataVolley排球技战术分析系统就是提供排球比赛全面观察的典型代表,通过分布式节点设计,观察者在排球赛场的多个角度对比赛中的技术和战术行为进行采集,最终经过软件系统的集成,形成对于某支球队的科学认识。重点观察法也是运动训练实践中经常采用的一种方法,重点关注某个环节或某个要素,可以单人或者多人在比较短的时间内完成,具有“短、平、快”的特点。乒乓球比赛中,科研人员就经常会对对手的关键技术环节进行研究,如发球环节、关键球环节等,以研究和获得应对对手的手段。在体育科学实践中,全面观察法与重点观察法往往是组合实施的,前者关注整体,而后者则关注局部。

第三节　观察法的程序

观察法的程序规定了实施观察法的主要步骤,明确观察法的程序有助于研究人员提前规划好观察的阶段任务、有序高效地开展观察工作。观察法的程序主要包括观察可行性论证、观察点选择与指标编码、观察方法选择与准备观察、预观察、组织实施观察、归纳整理观察结果等部分(连道明,2004)(图6-5),各个部分环环相扣,任何一个部分的缺失都有可能导致观察的可靠性大打折扣,甚至可能导致观察过程的终止。观察者应按照观察法的程序做好路径规划、按照不同的研究内容实施有效的观察并做好资料的整理与分析,为科学结论的形成提供可靠、有效的数据支撑。

图 6-5　观察法的程序

一、观察可行性论证

（一）明确观察目的

明确观察目的是使用观察法进行观察的首要步骤，观察目的起到提纲挈领的作用，有助于研究者明确观察的方向，围绕研究的中心开展观察工作。

（二）实施观察的可行性

1. 观察可行性论证　观察的可行性论证是指对观察的环境、观察的人员、观察的对象、观察的方式和观察的仪器等进行预评估，以明确各项措施能在实践中得到实施。例如，在开展临场比赛技术分析时，为保证较高的观察信度，往往需要实施近距离观察，而在实践中，这一要求是无法达到的，在评估不便实施的情况下只能实施离线（赛后）观察。

2. 伦理与道德委员会批准　观察的流程需要符合相关的道德和伦理规范，并得到相应组织的批准才可以实施。由于科学研究的逐步深入，观察的范围由生物的表象逐步深入其内部，诸多机制的研究牵涉到了道德和伦理问题。在涉及人的观察时，在实施观察前，一方面要与观察对象签署知情书以得到对方的同意，另一方面这个观察的流程需要得到各级道德和伦理委员会的批准方可实施。即便是比赛观察研究，也需要保证相关的流程合乎相关的道德规范。

二、观察点选择与指标编码

（一）确定观察的维度

观察的维度是指从哪几个方面对体育中的事物或者现象进行观察。观察维度的选择取决于研究的目标和研究的主题。观察维度的确定有助于划分观察的任务，从不同侧面反映体育相关事物的特征。在体育实践中，一般根据研究核心概念的操作性界定来确定观察的维度。例如，在开展球类比赛技术分析类型的研究时，核心概念主要是球类项目的技术，一般可考虑从技术的类型和技术的效果两个维度进行观察。观察维度的确定需要有理论支撑，同时也需要结合研究的实际需要。

（二）确定观察指标

观察指标是对观察对象的具体表征，是观察维度的具体化。观察指标可以分为定性和定量两类。在体育科学研究中，自然科学类研究一般采用定量观察指标，社会科学类研究一般采用定性观察指标。定量观察指标一般会获得连续型的变量值，定性观察指标一般会获得离散型变量值。定量观察指标一般通过间接观察获取，定性观察指标一般通过直接观察获取。定量观察指标一般得到事物的精确评价，定性观察指标则主要是对事物的模糊评价。

选取的观察指标应具有客观性、灵敏性、可行性且不重复、不遗漏（黄汉升，2015）。客观性是指观察指标能够真实反映事物的某个特征，不会存在理解和操作上的歧义，不同的观察者对同一指标进行观察时，可得到相同的观察值。灵敏性是从指标的选取能达到较高的研究效度，观察点之间有明确的分界线。可行性是指研究具备观察条件，指标观察便于执行。不重复、不遗漏是指整套观察指标体系能够对观察对象进行完整观察，不存在缺失部分指标或者指标冗余的问题。观察指标选择是否恰当可通过效度检验进行评价。

（三）编制代码

编制代码是观察指标的符号化，其目的是便于计算机存储、管理及后续统计分析，是实现观察研究由定性向定量转化的重要环节。编制的代码可分为定序式和定类式两种。定序式编码中的某个代码代表了观察对象特征在某个有序状态中所处的位置，因此代码之间包含了顺序特征，观察值可进行大小比较。体育科学研究中对于效果类现象的观察就是典型的定序式观察，采用的是定序的编码方式。效果可分为1～5档，第1档表示最低位、效果最差；第3档表示效果排序处于中位；第5档表示最高位，效果非常好。定序式编码方式既可以在后续的统计分析中计算平均值、中位数，进行组间均值差异性的比较，又可以计算不同等级（档次）出现的频次。体育科学研究中对于行为类的观察则往往是定类式编码。例如，乒乓球比赛中的技术类型可分为弧圈球、劈长、摆短、挑打、推（档）等，在进行比赛编码时可按数字1～5进行编码，也可按照字母A～E进行编码，数字只是一个代号，表明了技术类型的区别，编码之间的地位平等，不存在排序或者数值大小的差别。在对定类式编码方式进行后续统计分析时，只能计算不同类型出现的频次，进而计算不同类型的百分比进行分析。

编制代码一般根据指标体系进行多层级编码。一级指标用单数位进行标识，二级指标采用双数位进行标识，三级指标采用三数位进行标识，以此类推。例如，乒乓球比赛分析的指标编码，首先按照找一级指标分为技术和战术两类，分别标识1和2，一级指标技术分为弧圈、劈长、摆短、挑打、推（挡）4类，分别标识为11、12、13、14、15，二级指标战术分为进攻、控制、防守、相持4类，分别标识为21、22、23、24，编码的下层与上层对应。

三、观察方法选择与准备观察

（一）选择合理的观察方法

观察方法决定着观察的程序，因此，在观察实施之前需要对观察的方法做出相应的安排。在体育科学研究的初始阶段一般首先确定观察者是否参与到观察对象当中，从而把观察的方法分为两类：参与式观察和非参与式观察。实施参与式观察就要考虑观察者以何种身份、什么时机出现，实施非参与式观察则需要考虑观察的时间、位置、辅助器材及取样频率等。观察方法选择的是否合理，直接影响观察活动能否正常进行。例如，在研究高水平比赛技战术特征时，选择参与式观察是不可行的，参与式观察会打乱运动员的常态，以至于不能得到正确的观察结果，所以我们可以选择非参与式观察中的仪器辅助进行观察，这样既不会影响观察对象的表现，也可以获得完整的记录供观察者研究。因此，选择观察方法时必须依据具体的观察对象和任务而定，不可一概而论。

（二）准备观察

准备观察是指在实施观察前对人员、器材、流程和环境等进行相应的准备。如果观察的实施主体是人，需要对人员进行相应的培训，以便掌握相应的观察规程、熟悉观察的流程，便于观察的顺利开展。如果观察的实施主体是仪器设备，则需要对仪器设备进行相应的准备，包括仪器设备的校准，最大限度地避免观察误差的产生。此外，还需要考虑观察环境（空间、电力、灯光、噪音影响等）是否便于观察仪器的安装、是否便于观察过程的实施。现场部署类型的观察实验需要花费较大的人力和物力，因此在观察前应做好应对突发事件的预案，包括数据的备份、仪器的备份、网络修复及人身意外的医疗急救等，避免意外发生导致的不可逆损失。

四、预观察

预观察类似于实验研究中的预实验，是为了验证观察指标体系及观察程序的效度和信度。对于不同的观察研究来说，预观察的方式不尽相同。例如，参与式观察是事先进入观察环境进行相关数据的采集，主要考察观察对象和观察环境对于实施观察的影响，进而计算观察的信度和效度。非参与式观察则需要通过观察样本的抽样来执行观察的流程，进而计算观察的信、效度。只有信度和效度都达到一定的标准，才能进入正式观察的流程；否则需要对观察的仪器设备进行更换或者对观察的方法、流程进行调整和优化，重新进行信度、效度的检验，直到观察的信度、效度符合研究要求。

（一）观察信度的度量

观察信度是指观察的可靠性，包括了重测信度和观察者间信度两个方面。观察的重测信度是就观察工具或者观察程序本身而言的，即观察工具或观察程序的可靠性。观察的重测信度一般通过多次观察结果的一致性进行度量。观察者间信度是指不同的观察主体采用同样的观察工具和流程得出观察结果的一致性，观察者间信度的度量主要是为了考察观察者对于同一观察主体得出观察结果的影响，一般通过不同的观察者（采用同样的观察工具、流程和方法）观察同一主体得出结果的一致性进行度量。

（二）观察效度的度量

观察效度是指观察结果的有效性，包含了内部效度和外部效度两个方面。内部效度是指观察内容的设计对核心概念的解释程度，同时也指观察内容与设计对观察者意图体现的程度。外部效度是指观察结果的可推广程度。在进行预观察时，可以对观察的内部效度进行测算，测算的方式一般为专家法。研究者将观察的方法和程序呈现给专家，由专家给出观察效度的等级评价(一般为五级),多位专家评测效度的平均值即为该研究观察的内部效度。

(三)观察方法的调整与优化

根据观察信度和效度测度的结果,对观察的指标体系进行修正,对观察的流程进行优化、对观察样本的采样方式进行调整等,使得观察的信效度满足观察要求。一般来说,导致观察内部信度不高的原因有观察的仪器不精确、观察的标准不明确、观察的流程繁杂。导致观察外部信度不高的原因一般有观察者主观因素影响、观察环境的影响等。导致观察的内部效度不高的原因可能有研究者没有充分领会核心概念的内涵从而导致设计的观察维度存在缺漏、观察指标不够全面等。在更换观察工具、重新构建观察指标体系、优化观察程序的基础上,需要对观察的内部信度、外部信度、内部效度进行重新检验,并反复执行上述两个步骤,直至观察的信度和效度达到观察的要求。

五、组织实施观察

组织实施观察是在确定观察指标、观察环境和观察步骤后实施的正式观察程序。组织实施观察主要完成观察和记录两项工作。鉴于在组织实施观察这一环节上,参与式观察与非参与观察有较为明显的差别,本部分分成参与式观察与非参与式观察两类进行介绍。

(一)参与式观察

参与式观察是获得第一手资料的重要观察方法,该方法最重要的特点就是研究者以观察对象的身份进入观察者场景当中,因此实施观察需要经历进入观察场景、观察与记录和退出观察场景 3 个步骤。

1. 进入观察场景　进入观察场景需要熟悉现场环境、取得观察对象的认同并与其建立良好的关系。观察对象的某些行为往往与现场环境存在较大的关联,因此,现场环境的熟悉不仅有利于观察程序的顺利实施,而且有利于后续对观察到的数据进行深度挖掘,发现事件发生的环境因素。熟悉环境的另外一个重要工作是要选择有利的观察角度。“横看成岭侧成峰,远景高低各不同”,在实施观察行为时,观察者选择的视角不同,观察到的结果可能会存在较大的差异,观察者需要根据观察的目的选择适宜的观察角度。进入观察场景还需要取得观察对象的认同。观察者初次进入观察现场时,观察对象与观察者的关系还比较陌生,观察对象可能会刻意隐藏某些行为,导致观察结果出现偏差。

因此,观察者应以最短的时间与观察对象建立和谐的关系,获得他们的认同,为深入采集观察资料奠定基础。建立和谐关系的方式有深入交谈、共同活动等。需要指出的是,观察者需要与观察对象建立亲密关系,但始终要明确自身的观察身份,避免观察过程中“社会认知偏差”的出现。总之,在进入观察场景时,观察者需要处理好其与观察对象及观察环境之间的关系,选择合适的观察角度,以较快速度融入观察环境,为获取一手的观察资料做好准备。

2. 观察与记录　观察与记录是观察法实施的核心环节。观察者需要一边实施观察,一边将所观察到的数据记录下来。这里要强调的是，要采用科学的方法进行记录，而不是依靠记忆。记忆的持续时间较为短暂，容易将多种事件及不同对象的行为混淆到一起，因此在实施观察时，进行实时记录是非常重要的。

在进行记录的时候还需要根据不同观察目标和观察对象的特点采用不同类型的记录方式，常见的记录方式有描述性记录和取样记录两种。描述性记录有可分为日记记录法、轶事记录法和持续记录法 3 种。取样记录则可以分为事件记录和时间记录两种。描述性记录获取的资料一般是定性的，适合进行个案研究；取样记录法获取的资料一般是定量的，适合进行多个样本的研究。

描述性记录法是按照时间顺序对涉及观察对象的所以事件和行为进行记录，其记录的内容是全面的和持续的，适合进行纵贯类型的观察和研究。由于记录的内容比较详尽，因此该记录方法适合开展小样本的研究。轶事记录法对观察对象的典型行为或者特征进行记录，该方法只记录观察者感兴趣的内容，相比于日记记录法而言，更加要求记录的客观性。持续记录法是在某个时间段内持续记录观察对象的全部行为表现或者特定行为表现，当观察的变量较多时，观察记录的工作量比较大，该种记录方法容易获得观察对象某种行为或者个别行为的时序特征。

事件取样记录需要在观察前设定事件特征，应在观察者观察到特定事件发生时进行记录。如体育课堂中观察教师的提问行为时，可采用此种方式进行记录。当然，记录的内容也可以综合反映事件的多个侧面。如前例所述，观察教师的提问行为，既可以观察提问的方式，也可以观察与学生的交互，还可以观察提问的时长等。时间取样记录是在观察的时间周期内容，按照某个时间频率进行观察和记录。例如，体育课堂中观察学生的行为时，可以采用时间取样的方法，按照 5 min 的时间间隔进行观察，一堂课只需要进行 9～10 次取样观察即可，观察记录的工作量显著降低，有助于提升观察的效率。

3. 结束观察　在结束观察环节需要对观察记录的资料和结果进行初步的核实、查漏补缺，及时对不完善的内容进行补充，尽量避免再次进入观察现场。参与式观察中的隐蔽式观察对观察对象的影响不大，撤离现场对观察对象的影响也比较小。然而，在公开参与式观察实施过程中，观察者往往会以某种身份融入观察对象的日常活动中，观察过程中往往存在观察者与观察对象的情感交互，观察者的突然离开不免会造成观察对象的不适应，因此，观察者在撤离观察现场时，应做好相关的收尾工作，避免对观察对象的工作和生活造成影响。

（二）非参与式观察

非参与式观察的实施是间接的，观察者不参与到观察对象的活动中。在体育科学研究中，最常见的非参与式观察方式是录像观察。例如，对体育课堂中师生行为的分析可通过该方式实施，比赛特征的分析也可以通过该方式实现。由于非参式观察的实施在观察场景之外，因此其无法获得一手的资料，但正由于观察者未参与观察对象的活动，观察者与观察对象的交互影响较小，因而该方式采集到的数据更为客观一些。下面对非参与式观察的实施步骤进行介绍。

1. 熟悉观察工具　非参与式观察的方法大致有人工、人机交互和人工智能观察 3 种方式。人工观察方式一般依靠纸和笔，人机交互一般依靠人与计算机软硬件，人工智能观察则全部由机器完成。人工观察方式效率低、可采集到的数据简单，但可以获得观察对象的定性认识。人机交互方式以人操作计算机软件的方式进行，采集到的数据比较丰富，观察者既可以获取定量的数据，又可以获得对观察对象的定性认识，该种方式是目前比较流行的一种观察方式。人工智能观察方式的实施全部由机器执行，观察到的数据更为准确，观察的效率也大大提高，但由于模式识别的技术尚未成熟，该种方式尚未得到大范围的推广和普及。

手工记录方式主要以文字和记号为主，文字一般以缩略形式记录，代号一般以字母或者数字进行记录，无论采取文字和记号的形式，观察者都需要熟练记忆文字和代号代表的含义，必要的时候可以携带代号表，以便随时进行查阅。人机交互方式主要是有观察者操作计算机软件或者硬件来进行的，因此需要熟悉软、硬件设备不同按钮的代表含义，明确出现采集错误时的补救措施。部分人机交互观察软件是分布式的，因此在联网的状态下才可以进行，观察者需要对网络环境有所了解，以便出现网络中断时采取相应的措施。人工智能方式是最省力的观察方式，其数据采集由机器自动完成，但每种人工智能观察的软硬件都有其适用的条件和环境，出现异常情况时需要观察者进行人工干预，观察者需要熟悉每款人工智能观察软硬件的相关参数、适用环境及异常处理方法，以便在观察过程中对相关参数进行修正、对异常情况进行及时处理，达到观察信度的最大化。

2. 记录　　记录阶段主要是采用不同的方式将观察到的数据采集下来。非参与式观察记录方式对于参与式观察都适用，但非参与式观察更多地采用取样记录的方法，描述性记录方式应用较少，事件取样和等级评定记录方式在非参与式观察中的使用更为普遍。例如，研究人员对比赛中的技术进行分析时，去现场进行观察往往受到各种因素的制约、不便于执行，观察者一般首先采集比赛的录像，然后采用非参与式观察进行数据的采集，同时采用事件取样的方式进行记录。等级评定记录一般适用于评价类观察指标数据的采集与记录。例如，对于乒乓球比赛中每次击球效果的评估，可分为1～5级进行观察和记录，后续可对整场或者多场比赛的击球效果进行综合评价。在执行同一个观察任务时，事件取样和等级评定两种记录方法往往是同时适用的。例如，在对乒乓球比赛中的技战术进行分析时，观察者首先运用事件取样的方法确定观察的最小单位(拍或者回合)，然后从击球类型、击球落点、击球位置和击球效果等多个维度对比赛进行观察，以每拍(或回合)为单位依次记录上述观察内容，其中对于击球效果的记录就是采用了等级评定记录方法(分为很好、较好、一般、差、很差)。

3. 结束观察　　观察者需要在这个阶段对观察记录到的内容进行初步汇总，对照预设好的观察任务分析观察目标是否达成。如果观察任务有遗漏，需要重复执行观察和记录的步骤，直到观察任务达成。非参与式观察的维度较多时，有可能由多人协作观察完成，记录的过程中会存在数据不一致的情况，在结束观察阶段，可以进行多组数据的核对校验，以保证数据准确无误。如果非参与观察中的数据采集和记录工作是由人机交互或者人工智能方式进行时，在此阶段要做好数据的备份工作，以免数据库发生异常情况时对数据进行恢复。

六、 归纳整理观察结果

观察记录的结果只是对客观事实的一种描述，结果尚停留在事物的表面，研究人员需要对观察到的资料进行进一步的归纳整理、统计分析，才能由表及里、透过现象看到本质，获得对于事物的规律性认识，从而达到指导体育实践的目的(连道明，2004)。归纳整理观察结果需要完成分类汇总、统计分析两方面的工作。

分类汇总是对已观察记录到的资料或者数据进行分类和归并，完成合并同类项的工作。观察获取的资料一般分为定性资料和定量资料两种。定性资料的分类汇总既可以按照对象类型或者事件类型对观察到的资料进行分别归并，也可按照时间次序对观察到的资料进行组织整理。定量资料的分类汇总一般按照观察的指标类型分门别类进行归并。

统计分析是对分类汇总的资料进行统计分析，找出事物的特征或者事物之间的联系。需要指出的是，统计分析的资料主要是定量资料，定性资料一般为文字、录像或者录音等，在统计分析前需要首先进行定量化处理。若统计处理的数据是小样本数据，一般采用数理统计的方法，这类统计方法大多是基于一定数量的样本进行统计，从而得出对于总体特征的推断。若数据的样本是大数据样本，则需要采用机器学习的方法进行分析，大多要基于一定的数据模型，得出的结果不需要进行统计推断。

统计分析分为描述性统计、比较性统计和关联性统计 3 个层次，描述性统计基于单个自变量、多个自变量或者因变量计算频数、比例、均值、中位数等，得出的是单个变量、多个自变量或者因变量的描述性特征。比较性统计是对不同的分类组之间的因变量进行比较，目的是找出组间的差异。关联性统计是统计分析自变量与因变量之间的关系，讨论自变量对于因变量是否有影响。按照科学研究的层次来说，比较和关联可获得对于事物本质的认识，达到科学研究的解释层次。

统计分析的结果一般通过表或者图的形式进行呈现。表一般用于呈现数据内容，可综合描述变量的测量值、均值、标准差、差异值和关联值等。图一般用于描述比例值、差异值及时间序列值等。表或图是观察结果的重要呈现形式，是后续进行讨论和分析的基础。基于统计分析的结果、相关的理论基础及研究者的经验，可对观察到的资料进行深入讨论，获得对体育现象的新认识，达成体育科学研究的目标。

七、 观察法运用实例

在体育科学研究中，比赛分析是一种重要的研究形式。科研人员通过比赛分析运用，统计分析运动员的时间、技术、战术特征等，进而为教练员调控训练和比赛提供决策支持。观察法是比赛分析中使用频率最高的一种方法。下面以排球比赛分析为例介绍观察法的使用(吴楠，2018)。

案例:

2012年与2016年奥运会女排比赛进攻特征比较研究

(一) 观察目的和观察的可行性

1. 观察目的

对2012年与2016年奥运会女排比赛进攻特征进行比较研究,了解女排比赛进攻特征的变化,预测女排比赛进攻技术的发展趋势。

2. 观察的可行性

样本选择2012年与2016年奥运会女排比赛四强赛,观察对象是四强赛的比赛录像,比赛录像可从公开媒体搜索到,录像的拍摄角度、清晰度可满足本研究观察需要。本研究的实施需要得到学校道德和伦理委员会的批准。

(二) 观察点选择及指标编码

1. 观察维度

进攻类型与进攻效果。

2. 观察指标

进攻类型分为探头球、强攻、调整攻、快攻、一次球、两次球;进攻效果分为很好、较好、一般、差、很差5种类型。

3. 观察指标的操作性定义

参考相关文献和专家访谈,给出观察指标的操作性定义。

(1) 进攻类型

- 探头球:进攻方在组织进攻过程中,将球传或垫到网上方时,防守方转守为攻,将球扣到对方场区。
- 强攻:进攻方在四号位或二号位时,在没有本方队员的掩护情况下,将高于球网的球扣到对方场区。
- 调整攻:进攻方在组织进攻过程中,在进攻球员不能进行强攻或战术攻的情况下,将球处理到对方场区。
- 快攻:进攻方由二传和攻手配合组织的快速进攻方式。其特点是球低平且速度快,不宜被防守。
- 一次球:经过一次触球完成进攻,将球击到对方场区。
- 两次球:经过两次触球完成进攻,将球击到对方场区。

(2) 进攻效果

- 很好:进攻的实施造成了对方较大的被动,态势逆转。
- 较好:进攻的实施造成对方较小的被动。
- 一般:进攻的实施对现有的态势没有造成影响。
- 差:进攻的实施让对手获得了较小的主动。
- 很差:进攻的实施让对手获得了较大的主动,态势逆转。

4. 编制代码

两个维度分别设置代码T(进攻类型)和E(进攻效果)。观察指标的编码如表6-3所示。

表 6-3　观察指标的编码

进攻类型	代码	进攻效果	代码
探头球	T1	很好	E1
强攻	T2	较好	E2
调整攻	T3	一般	E3
快攻	T4	差	E4
一次球	T5	很差	E5
两次球	T6	—	—

（三）观察方法及准备观察

1. 观察方法

本研究采用录像观察法，为非参与式观察，观察者作为独立第三方身份开展观察。观察采用基于数据采集软件的人机交互观察方式。

2.准备观察

(1) 材料准备：观察前需要搜集整理 2012、2016 年奥运会女排比赛四强赛比赛录像并对录像的清晰度、完整性进行检查。

(2) 仪器准备：观察前还需准备 PC 机两台，保证两台机器在同一网络环境下并相互连通，在机器上安装排球比赛技战术数据采集软件并进行初步测试。

(3) 人员培训：研究人员选择合适的观察者并对其进行培训，培训内容包括本研究的目的与流程、排球技战术数据采集软件的操作步骤及注意事项。

（四）预观察

研究人员从观察样本中随机选取一场比赛进行预观察，对观察到的数据进行统计分析、计算观察的信度和效度，根据信度、效度的结果对观察的指标、流程等进行优化或重新设计以达到较高的信度、效度。

1. 观察的信度

观察的信度包括重测信度和观察者间信度两个方面。

(1) 重测信度：由一名观察者采用数据采集软件对随机选取的一场比赛进行观察，间隔 1 周后采用相同的方式进行重复观察。从进攻类型和进攻效果两个维度分别计算重测信度。重测信度可采用 Kappa 系数、Spearman 等级相关系数或者组内相关系数进行计算。

(2) 观察者间信度：由两名观察者对同一场比赛进行观察，计算观察结果的一致性。观察者间信度的计算与复测信度的计算方式类似。

2. 观察的效度

设计观察效度专家问卷，由 5 名以上专家根据观察的方法、指标与流程等对观察的内部和外部效度进行 5 级评价。计算内部效度和外部效度的平均值。

3. 观察指标的调整及观察程序的优化

根据信度和效度的结果对观察的指标进行一定的调整或对观察的程序进行优化。如果观察的重测信度较低,可能是观察指标的解释性不强或者观察记录的流程设计不合理导致的,需要对两者进行进一步的调整和优化。如果观察间信度较低,可能是观察者的因素导致的,也可能是由于数据采集软件的原因。一方面可以考虑对观察者作进一步培训,另外可考虑对采集软件的相关操作做进一步调整。

(五)组织实施观察

1. 观察单位

观察采用事件取样,每次击球为观察最小单位。

2. 观察记录

根据事前确定好的编码,对每次击球的击球类型进行标定,出现进攻类型的击球时,进行二级标定以记录进攻的类型及进攻的效果。由于本次观察采用了人机交互的观察方式,观察的结果通过触发标签或者按钮的方式实时存入后台数据库。

3. 结束观察

每位观察者核对观察的回合数与实际的回合数是否一致。两名观察者交叉检查观察记录的结果是否有遗漏。观察者对可能的观察遗漏进行补充。观察者对数据库进行备份。进攻类型和进攻效果数据的导出。

(六)归纳整理观察结果

1. 观察结果的描述性统计

研究人员从进攻类型和进攻效果两个维度对观察的结果进行描述性统计。由于本研究的观察结果是定类式数据,因此描述性统计的结果是频次和百分比的均值。进攻类型的描述性统计表格如表 6-4 所示。

表 6-4 2012 年与 2016 年女排四强赛进攻类型描述性统计结果

	2012 年		2016 年	
	次数(M±SD)	百分比	次数(M±SD)	百分比
探头球				
强攻				
调整攻				
快攻				
一次球				
二次球				

进攻效果的描述性统计结果如表 6-5 所示。

表 6-5　2012 年与 2016 年女排四强赛进攻效果描述性统计结果

	2012 年		2016 年	
	次数(M±SD)	百分比	次数(M±SD)	百分比
很好				
较好				
一般				
差				
很差				

2. 观察结果的进一步分析

在描述性统计结果的基础上，研究人员可对数据的分布情况进行进一步分析，观察数据是否服从正态分布。如果数据服从正态分析，可按照参数检验的方法对 2012 年和 2016 年两届奥运会的进攻数据进行对比分析；如果数据不服从正态分布，可对数据进行非参数检验。根据对比检验的结果可对两届奥运会进攻类型和进攻效果的差异性进行推测。

本章小结

本章介绍了观察法的概念、分类及观察法实施的程序，重点介绍了观察法的程序并以排球比赛分析为例进行了讨论。观察法中的参与式观察可直接使观察者获得对于事物的认识，是开展体育态度、体育行为研究中非常重要的一种方法。作为非参与式观察中很有代表性的一种方法，比赛观察在运动员技术诊断、对手分析等方面发挥着重要的作用。我们应该在充分了解不同观察方法的特点基础上，灵活地使用观察法，使其成为服务体育教育和运动训练研究的有力手段。

思考与练习

1. 试着列举几个采用参与式观察法进行研究的体育科学研究案例。
2. 假设你对某个运动项目进行观察研究，可从哪些维度进行观察？
3. 试着查阅相关文献分析观察的信度有没有一致的标准要求。
4. 据本章内容设计一份观察计划。

本章主要参考文献

艾尔·巴比，2018. 社会研究方法[M]. 第 11 版. 邱泽奇，译. 北京：华夏出版社.

蔡宁伟，于慧萍，张丽华，2015.参与式观察与非参与式观察在案例研究中的应用[J].管理学刊，28(4)：67-68.

陈小蓉，2003.体育科学研究原理与方法[M].北京：北京体育大学出版社.

丹尼·L.乔布森，2015.参与观察法：关于人类研究的一种方法[M].张小山，龙筱红，译.重庆：重庆大学出版社.

黄汉升，2015.体育科学研究方法[M].第3版.北京：高等教育出版社.

李健，刘永功，2011.论参与观察的过程与研究问题建构——以农民工装修队个案研究为例[J].中国农学通报，27(4)：436-439.

连道明，2004.体育科学研究理论与方法[M].厦门：厦门大学出版社.

骆秉全，2003.实用体育科研方法[M].北京：民族出版社.

司克春，2013.小学教学中教育观察法的应用分析[J].教育界，(11)：39.

汪康乐，2011.体育科学研究的逻辑[M].北京：北京体育大学出版社.

吴楠，2018.2008—2016奥运会女排比赛特征演变纵向分析[D].上海：上海体育学院.

熊正英，王飞雄，2002.如何完成体育教育专业本科毕业论文[J].陕西师范大学继续教育学报，19(1)：98-100.

第 7 章

实　验　法

【导读】本章主要从概述（定义、基本特征、实验研究类型、实验研究的逻辑框架与基本构成、实验研究的基本程序、实验研究设计的基本原则），实验研究设计的基本内容（研究问题、假设的提出，实验变量的选择，确定实验设计，实验对象的选择，统计方法的选择，实验经费预算），实验误差控制及实验的效度（误差、效度），实验设计方法（前实验设计、真实验设计、准实验设计）等 4 个方面对实验研究进行讲解，通过本章节的学习让学生掌握科学的设计实验、实施实验等。

学习重点与难点

- 实验法的基本特征及分类，实验设计的基本原则、内容及方法。
- 如何减小实验误差和提高实验效度。

第一节　概　　述

一、定义

实验是指对已有明确的结论或假说的验证过程，即为了检验某种科学理论或假说而进行某种操作或从事某种活动。实验法就是积极干预被研究的过程，通过控制某些影响实验结果的无关因素，系统地操纵某些实验条件，然后观测与这些实验条件相伴随现象的变化，从而确定条件与现象间因果关系的一种研究方法（黄汉升，2015；李功迎，2013）。

试验是指对已知事物结果的探索过程，即为了察看某事的结果或某物的性能而从事某种活动。

观察是指对自然或社会所发生的现象和过程进行有计划、有目的的考察的研究方法，是从自然发生的现象中获取实验资料。观察法的主要特征是不对受试对象施加处理、不改变受试对象内外环境的自然条件，直接观察受试者在自然发展过程中的心理、生理和病理变化。

二、基本特征

（一）研究者可主动控制某些实验条件

研究者可主动操纵自变量的发生和发展，使实验研究沿着预定的方向发展，从而获取实验结果。如对人体进行运动干预实验时，研究者可以控制实验对象的运动时间、运动强度、实验环境温度和湿度等。在进行动物实验时，研究者可对饲养动物的饮食时间、饮食量及膳食构成进行控制。实验法可以通过控制实验条件从而获取在自然环境下难以获得的现象和自变量与因变量之间的关系。

（二）实验研究的重点在于论证因果关系

实验研究的目的是探究自变量与因变量之间的因果关系。通过操纵实验的自变量，进而观测因变量的变化，从而确定两者之间的相互关系。

（三）实验研究具有可重复性

实验是人为地操纵某些可控条件来观察实验效应，因此实验过程可以再现和重复进行，以便验证实验的可靠性和有效性。能够重复再现实验结果是实验成功的最基本条件。在已知的实验因素不变的情况下重复实验，若结果不同则说明有未知因素影响着实验结果，此时应查明影响实验结果的未知因素。

三、实验研究类型

（一）依据实验的场所

根据实验的实施场所不同，可以将实验分为实验室实验与现场实验。实验室实验是指在有专门精密仪器设备的实验室中进行，并对实验的条件、实验控制及实验设计都进行严格规定的情况下观察研究进程、效应和结局的实验。利用实验室实验可以开展从亚分子水平到整体水平的研究。现场实验又称为实地研究、自然研究，是指在自然条件下或实际自然情景中进行的实验，如训练场地、日常生活环境下进行的实验。

（二）依据实验目的

按照实验的目的不同，可以把科学实验分为定性实验、定量实验和结构分析实验。定性实验是判断研究对象具有哪些性质，并判断某种成分、结构或鉴别某种因素是否存在，以及某些因素之间是否具有某种联系的一种实验方法。定量实验是研究实验对象的性质、组成和影响因素之间的数量关系。结构分析实验室是一种了解被研究对象内部各种成分之间空间结构的实验。

（三）依据实验对象

实验对象可以是人或动物，也可以是其他生物材料（如细胞、线粒体等）。因此，根据实验对象，实验可分为人体实验、在体动物实验、离体器官和组织实验及细胞培养等。

（四）依据自变量数量

根据实验设计中包含自变量（实验处理因素）的个数，实验可分为单因素实验和多因素实验。例如，探讨有氧耐力训练对运动员心肺耐力的影响，该实验中只包含有氧耐力训练一个自变量，则为单因素实验；探讨有氧耐力训练结合高脂饮食摄取对运动员心肺耐力的影响，该实验中包含有氧耐力训练和高脂饮食摄取两个自变量，则为多因素实验。

（五）依据研究问题性质

根据研究问题的性质将实验分为基础研究实验和应用研究实验。基础研究实验是指专门研究某事物的基本理论问题的实验，注重事物之间的内部联系及其规律，注重探索方法与理论，不直接解决现实问题。但在某种程度上，基础研究对促进事物的发展起到决定性作用。而应用研究实验是指有针对性地解决当前现实中存在的问题。该实验研究类型注重实用性，注重具体的技术方法及手段，不一定从理论上进行探索。

（六）依据干预研究条件控制

根据研究运动干预条件控制与否将实验分为效力实验和效果实验。效力实验是指检验在理想条件下某种干预措施所能达到的效果，内部有效性比较高。效果实验是在现实环境条件下某种干预措施所能达到的实际效果大小，其内部有效性不如效力实验高，但外推效果会很好。因此，通过效力实验证明某种干预方法在理想条件下的有效性后，往往还需要通过效果实验验证该干预措施在实际环境条件下是否有效。例如，某研究目的是探讨有氧运动干预是否能够有效降低老年高血压患者的血压：效力实验则需要严格筛选实验对象，设置严格的纳入标准和排除标准（如年龄、范围、高血压分期、疾病史、运动习惯、吸烟与否、家族病史等），实验期间对实验对象进行集中、统一生活条件管理，并严格控制干预过程（如严格控制运动强度、运动量、运动形式，统一饮食管理等），从而检验有氧运动干预过程中老年高血压患者的血压变化情况；而效果实验则顺应实际环境条件，并不需要进行严格控制，检验有氧运动干预过程中老年高血压患者的血压变化情况的同时，更主要是探讨如何使实验参与者有效增加运动量和长期维持良好的运动习惯（图 7-1）（殷国荣等，2015；李功迎，2013）。

四、 实验研究的逻辑框架与基本构成

（一）实验研究的逻辑框架

实验研究的逻辑框架具体见图 7-2。

（二）实验研究的基本构成

实验研究的基本构成包括处理因素、实验对象和实验效应 3 个部分。如用两种教学方

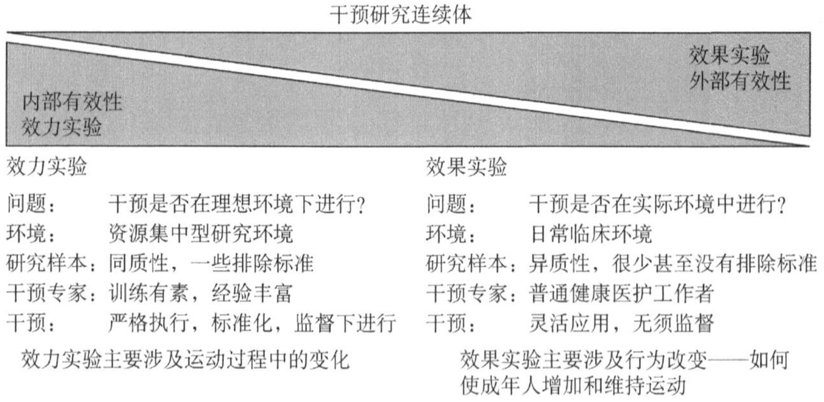

图 7-1　运动干预的效力实验与效果实验

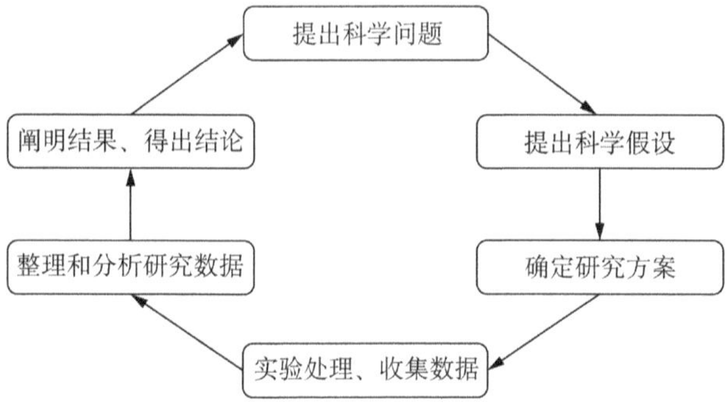

图 7-2　实验研究的逻辑框架

法进行体育教学,观察比较两个班级学生体育成绩得分情况,教学方法为处理因素,学生为实验对象,体育成绩得分为实验效应。

1. 处理因素　处理因素又称为研究因素或处理因子,是指在实验研究过程中,研究者有目的、有计划地加在实验对象上的因素。与之相对应是非处理因素,是指非有意地加在实验对象身上,但在实验过程中可能对实验效应起干扰作用。根据实验因素的数量将实验研究分为单因素实验设计和多因素实验设计。每次只观察一个因素的实验设计称为单因素实验设计;一次实验观察多个因素的实验设计称为多因素实验设计。

2. 实验对象　实验对象通常称为受试者,是接受实验处理的参与者,在体育学研究中,实验对象一般为动物和人。在选择实验对象时,应根据实验设计方案合理选择实验对象,并制订严格的纳入和排除标准,对实验对象的条件做出严格规定。实验对象为人的实验研究,应明确纳入实验对象的年龄、性别、身高、体重等因素;实验对象为动物的实验研究,应明确动物的种属、品系、月龄、性别等因素。

3. 实验效应　实验效应有时也称为实验指标,是指具体反映实验处理因素作用、效果的指征,是鉴定实验结果的客观尺度,是实验研究工作的核心内容。在实验处理一段时间后,研究者对接受不同实验处理组的受试者进行观察和测试,从而分析各处理组之间是否具有差异性，如果具有差异性，则需要进一步分析是否由实验处理因素导致的差异。因此，指标选择是否恰当，直接关系到实验结果的成败，所以选定实验指标是实验设计中至关重要的问题。

五、 实验研究的基本程序

一般来说，实验研究包括以下步骤：确定研究问题→提出研究假设→选择研究变量并给出其操作的定义→确定实验处理的不同水平→创设实验环境→控制非研究变量→实验设计→确定实验对象并进行分组→实验实施（收集前测数据、引入实验处理、收集后测数据）→数据的处理与分析→撰写研究报告。

（一）实验准备

研究者首先需要在自己感兴趣的研究领域中，在分析总结前人已取得的成果基础上，结合实际工作中发现的问题，触发产生研究初始意念，进而通过查阅相关文献，梳理出尚未解决的科学问题，从而明确研究问题，并提出科学的研究假设。另外，为了使实验研究能够得出明确可靠的科学结论，在实验准备阶段，应针对研究目的、评价指标、测试方法等进行深入思考，制订切实可行的周密的研究计划。

（二）实验实施

1. 预实验　在进行正式实验之前，为了验证实验步骤和方法的科学性或获得实验的基础数据，为正式实验提供科学依据，常进行小样本的模拟实验，称为预实验。预实验包括以下 3 类。

（1）导向性实验：对研究假说进行初步检验，进而决定是否有必要继续开展大规模正式验证实验。

（2）观测性实验：收集实验所需要的基础数据，如某些观测指标的平均值、变异程度、组间差异程度等，为完善实验设计提供必要的支撑资料。

（3）筛选实验：用简单实验方法从众多的研究对象中选出值得深入研究的对象，目的是寻求需要进一步实验的指标，如运动营养素筛选等。

2. 正式实验　正式实验往往是在预实验的基础上，具有明确的实验目的，经过周密、合理的实验设计而进行的实验。当实验室已经积累了开展该实验所具备的条件，或现有文献提供了详尽所需的基础数据和实验方法，也可以不做预实验而直接进行正式实验。

（三）实验资料处理

（1）通过对所获得实验数据的整理、分析，进而对研究假说做出肯定或否定的判定。

（2）撰写实验研究报告、论文。

（3）对研究成果进行评价。

六、实验研究设计的基本原则

（一）对照原则

在实验研究中，研究者观察到的实验效应是处理因素和众多非处理因素共同作用的结果，设立对照组的目的在于通过排除非处理因素对实验结果的影响，将处理因素的实验效应更充分地显现出来。不设立对照组的实验研究往往无法区分非处理因素与处理因素效应，从而得出错误的研究结论。对照组的设立应遵循"均衡"的原则。也就是说，在设立对照组时除了与实验组相比不实施处理因素之外，其他对实验效应有影响的因素（非处理因素）也应尽量保持均衡一致，且在整个实验过程中，对实验组和对照组的效应评价应始终同时进行，即设立平行对照。例如，探究抗阻训练对大学生维生素D含量的影响，实验组和对照组大学生的年龄、性别、身体质量指数（body mass index，BMI）等非处理因素应尽量均衡。在实验过程中，实验组和对照组除了抗阻训练这一实验处理因素不同外，其他因素应尽量保持一致。这样才能排除其他因素对实验效应的影响。

根据不同的研究目的和内容可以选择不同的对照形式。常见的对照形式有以下几种：

(1) 空白对照：即对照组不施加任何处理因素。

(2) 安慰剂对照：即对照组采用一种无药理作用的伪药物（或营养补剂），而受试者和研究者不能区分其与干预药物（或营养补剂）的不同。

(3) 实验对照：在一些情况下，只有空白对照或是安慰剂对照并不能控制影响结果的全部因素，而需要采用与实验组除处理因素之外的实施条件一致的对照措施，即对照组不施加处理因素，但对照组与实验组都施加某种与处理因素有关的实验因素，此为实验对照。

(4) 自身对照：指对照与处理措施在同一受试者的不同部位或不同阶段进行，如一侧肢体固定不动而对侧肢体保持自由活动的肌肉质量和力量的对比，同一群受试者随机先后进行A处理和B处理措施的前后对比，都属于自身对照。后者往往通过交叉设计的方法实现各组时间因素上的可比性，同时两种处理措施之间应设置适当的时间间隔（洗脱期）以消除处理措施的剩余效应的残留。

（二）随机化原则

随机化是指实验受试样本的选取、组别划分、实验处理顺序都应具有随机性。随机抽样是指从研究对象总体中随机抽取一定数量的受试样本（个体）作为实验对象，使得每一个体被抽中的机会均等；随机分配（分组）是指将所选取的受试者随机分配到不同处理组或对照组，使得每个受试者被分配到各组的机会均等；实验顺序随机是指每个受试者接受不同处理措施的先后顺序的机会均等，均衡实验顺序对各组效应的影响。

（三）重复原则

重复是指同一实验在相同条件下进行多次，以消除随机误差，提高实验结果的可靠性。包括对足够多的受试对象进行实验，以避免因样本量太少，所导致的把个别情况误认为普遍情况，把偶然现象当成必然规律现象，从而避免将从少量实验样本所获得的实验结果错误地推广到总体;也包括对同一受试者进行重复测试,以保证实验结果的可靠性,如测量腰围时可对同一受试者重复测量 3 次,取 3 次测量值的均数作为测量结果,若 3 次测量数值相差太大,则需要增加测量次数或寻找差异较大的原因。

(四) 盲法原则

为了有效控制研究过程中产生的心理效应(霍桑效应、期望效应),研究实施过程中应控制不让实验个体和(或)研究人员清楚受试者所接受的处理措施(实验处理或对照处理)称为盲法。其中,只有受试者不清楚他们所接受的处理措施为单盲法;受试者和测试人员都不清楚受试者所接受的处理措施为双盲法;受试者、测试人员和负责资料搜集、分析的第三者也不清楚分组情况为三盲法。

(五) 齐同原则

齐同原则是指不同实验处理组和对照组的实验对象除处理因素外,其他因素或条件相同,即组间要有良好的可比性。齐同原则是进行比较分析的前提条件,包括合理选择实验对象、采取合理的分组设计方案、控制其他干扰因素等。

1. 不同处理组和对照组实验对象的条件相同　人体实验时,不同组间的实验对象的年龄、性别、职业、教育水平等非处理因素应相同或相近。动物实验时,不同组间的动物应种属、品系、月龄、体重、饲养条件等非处理因素应相同或相近。

2. 实验效应的观察方式相同　不同组间要采用相同的观察方式和标准,包括采用相同的仪器设备、测试手段、测试时间点、测试人员等。为了降低霍桑效应等主观心理因素对观察效应的影响,应采用盲法。

3. 其他对研究效应有影响的因素应相同　当其他影响因素对观察效应有影响时,应尽量保持一致。例如,探究抗阻训练对大学生维生素 D 含量影响的实验中,应尽量保证不同处理组和对照组的膳食维生素 D 的摄入和光照等因素(黄汉升,2015;殷国荣等,2015;贲长恩,2003)。

第二节　实验研究设计的基本内容

一、 研究问题、假设的提出

(一) 研究问题

提出研究问题是进行科学研究的第一步,所有的科学研究都是从发现和提出问题开始的。一个好研究问题的提出是科学研究的良好开端。研究问题应从自己熟悉的领域或感兴趣的研究领域提取。在提出问题之前应对该领域进行充分的调研工作,结合现实存在的问题提出研究问题。

(二) 提出假设

假设也称为假说,是根据已知的科学理论和科学事实对未知的事实或现象做出的一种未经证实的假定性判断和解释，是一种建立在对现有理论有所怀疑的基础上的科学推测。研究假设应具有理论观点新、有待验证、可以验证、可能有两种结果的特点。实验验证后，先前提出的假说可以被肯定也可以被否定。提出假设的常见方法有演绎法、归纳法。

二、实验变量的选择

（一）自变量

自变量（independent variable）也称实验处理，在实验研究中，由实验者操纵、控制的施加给受试者的刺激，并对受试者的反应可能产生影响的变量。例如，在探究抗阻训练对大学生维生素D含量影响的实验研究中，抗阻训练为自变量。实验者在研究过程中，通过严格控制抗阻训练的时间、强度、量等来操纵施加给大学生的抗阻训练这一自变量。

自变量应具备的条件为：①自变量本身可以变化，要么是质的变化，要么是量的变化；②自变量能够被实验者操纵，实验者可以根据实验方案有目的、有计划地操纵自变量；③自变量的变化可以引起因变量的改变。

（二）因变量

因变量（dependent variable）是指在实验研究过程中，由实验者操纵的自变量而引起的受试者的某种特定反应，是因自变量变化而变化的变量，在因果关系中是作为结果变量，是研究者需要观察的变量。例如，在探究抗阻训练对大学生维生素D含量影响的实验研究中，维生素D含量为因变量。实验者通过操纵抗阻训练来观测维生素D含量在训练前后的变化情况。

选择因变量时应考虑：

（1）指标的有效性，有效的反应指标应该能够反映受试者的反应性质及自变量和因变量之间的关系，因此为了实验的准确性，实验者在实验设计和指标选择时应充分认识指标本身的意义、变化的含义、反映研究现象的程度及指标的局限性。

（2）指标的客观性，选取指标时应尽量选取客观指标，即使选取主观指标也应该在指标测量时尽量做到客观测量。

（3）指标的量化，是指将受试者的反应量化，即使是值的指标，也应该将其量化，如分等级等。

（4）指标的可靠性，反应指标应具有一定信度。

（三）混杂变量

混杂变量（confounding variable）又称混杂因素、混杂因子或外来变量，是指与研究因素和研究结局均有关，对研究结果具有影响的非处理因素。若在不同组别之间分布不均，则会歪曲自变量与因变量之间的关系，从而导致实验结果偏倚。混杂变量必须是所研究事物的独立影响因素；必须与研究因素有关；必须不是研究因素和研究结果因果链上的中间变量。例如，在探究抗阻训练对大学生维生素D含量影响的实验研究中，受试者的体脂含量、性别、光照等均为该实验研究的混杂变量。

为了控制混杂变量对实验结果的影响，应将受试者随机分组，是指将各组潜在的混杂变量分布均衡，使对照组和实验组的潜在混杂变量相同或接近，从而消除混杂变量对实验结果的影响。在制订实验对象纳入标准及排除标准时，应针对某一个或多个混杂变量进行排除或限定。在实验数据分析阶段，可以通过分层分析和多因素分析的方法消除混杂变量对实验结果的影响。

（四）确定变量测评方法

指标是在实验研究过程中可被研究者或仪器感知的、用于反映实验对象的某些特征的一种现象标志。实验结果是通过具体的指标观察和检测得到的，因此根据实验目的和自变量与因变量之间的因果关系合理选择变量指标和检测方式是实验成败的重要因素。选择实验观察指标时，应考虑指标是否具有：①准确性和精确性；②特异性和灵敏性；③客观性和标准化；④可行性、代表性和认可性等特点。

实验研究有时会因变量选择和测评方法不正确而导致实验结果无法评判。在选择指标后，应根据指标性质选择恰当的测评方式。在实验设计时应尽量采取客观的测量方法来评价实验指标，即使主观指标也应该尽量做到客观化以排除主观因素对实验结果的影响（体育科学研究方法编写组，2013）。

三、确定实验设计

实验设计是指在科学实验前，根据实验目的，运用相关原理制订研究方案，是一种将实验构思转化为切实可行的实验方案的过程。一个好的实验设计能以较少的人力、物力和时间，最大限度地获得丰富可靠的实验资料。实验设计需要拟定实验的具体方案和步骤，应包括：①样本大小及纳入和排除标准；②采取何种方式进行实验组和对照组的划分；③怎样通过操纵自变量来获取因变量；④怎样控制混杂变量来降低实验误差；⑤采取何种统计学方法进行统计分析来判断自变量与因变量之间的关系等。在实验开始之前，应根据实验目的合理选择实验设计（殷国荣等，2015；李功迎，2013；王建华，2003；贲长恩，2003；白学军，2017）。

四、实验对象的选择

实验对象根据研究目的和方法而定，一般分为人和动物。

如果以人为实验对象，需要制订实验对象的纳入标准及对不适宜的研究对象的排除标准等。如探究身体活动对中小学生认知功能影响的研究中，应排除运动受限、具有运动禁忌证的学生群体。在选择研究对象时应充分考虑：①实验纳入的研究对象能否代表总体目标人群；②从实验对象中能否获得所需要的研究资料，即能否服从研究目的，在研究过程中实验对象能否积极配合，即实验对象的依从性；③实验是否侵犯实验对象人权，是否妨碍其正常生活；④实验设计是否符合当地的法律法规和人文道德标准；⑤所比较的两组或多组间是否具有可比性，即实验对象是否具有同质性。

如果以动物为实验对象，需要明确纳入动物的种类、品系、性别、月龄、体重等。根据实验目的选择对研究因素敏感、具有代表性的动物。

五、统计方法的选择

在研究设计过程中，要充分考虑选择何种统计学方法进行数据分析处理。根据统计学方法的要求有目的、有计划地收集数据，还可以根据统计学方法对数据收集方法和内容提出更高的要求。如果事先未充分考虑统计学方法，就可能造成数据收集不全导致无法进行分析或收集不必要的数据导致人力物力的浪费。

数据收集完成进行数据分析时应根据研究目的或数据性质选择恰当的统计学方法。统计学方法选择不当，将直接导致实验结论的错误。

六、实验经费预算

在实验计划中应明确经费的支出科目、金额、计算的根据及理由，包括人员费、差旅费、仪器设备费、实验材料费、协作费、项目实施费等。

第三节　实验误差控制及实验的效度

一、误差

误差是指对事物某一特征的实测值与真实值之间的差值。在实验过程中，由于样本的有限性、内外因素的影响、实验方法的缺陷、实验仪器的性能、实验者的技术及对客观事物认识的局限性等方面影响，导致实验实测值偏离客观实际值。加之，样本存在个体之间差异性，使用样本估计和推断总体，必然会导致实测值与真实值之间的差异。任何一项科学研究都可能产生误差，因此研究者在研究过程中需要能够识别误差及误差对结果的影响，并积极采取相应措施降低误差。

（一）误差的种类

根据产生误差的原因将误差分为系统误差、随机误差。

1. *系统误差*　系统误差(systematic error)是指在实验研究设计、实施、分析和推断过程中，由于某种原因导致实测值出现偏差。在科学研究的每个阶段，都有可能出现系统误差。系统误差是一种恒定误差，实测值不是分散在实际值两侧，而是具有方向性和系统性，即重复实验的实测值大部分比实际值偏高或偏低，具有一定的倾向性。在同一个实验条件下，系统误差的大小和方向基本恒定。实验条件发生改变时，系统误差可按照一定的规律发生改变。

2. *随机误差*　随机误差(random error)又称为偶然误差，是由于实验因素的随机微小波动导致的误差，在排除了系统误差后仍然会存在。随机误差的方向不定又可以相互抵偿，决定了测量结果的精密度。一次测定无法预见随机误差的大小和方向，但在大量重复测定中，随机误差具有统计规律性。由于实验者很难严格控制随机因素和实验因素的微小波动，因此随机误差无法避免，但是可以通过合理设计实验、采取正确的抽样方法、增加重复次数和增加样本量来降低随机误差。

（二）误差的控制

避免和控制误差是实验设计时的主要考虑问题，应根据误差出现的原因，针对性避免或降低误差。

1. 均衡化　均衡化是指实验组和对照组的非处理因素保持均衡一致。例如，对受试者进行运动干预时，应使受试者年龄、性别、体重、营养摄入等其他条件尽量保持一致；又如，动物实验时，除处理因素外，实验组和对照组动物在种属、品系、月龄等保持均衡一致。

2. 随机化　随机化是指在实验研究过程中，对某一研究总体进行抽样，使总体中每一个研究对象概率均等地被纳入实验中并随机地被分配到实验组和对照组的措施。随机抽样和分组可以降低误差。例如，选取中小学生进行身体活动量的测量时，应保证每位学生被抽到的概率相等。又如，研究某药物对小鼠血糖控制情况，在进行分组时应保证小鼠具有同等机会被划入不同处理组中。

3. 交叉原则　交叉原则是较为有效避免和控制实验误差的方法，其性质与均衡化相同。例如，在探究两种体育教学方法对体育成绩影响的研究中，对甲乙两个班级的学生进行体育测试，当一位老师承担不了两个班级测试时，则需要两人进行测试。为了降低误差，两名老师不能一个人负责一个班级而需要各自负责甲乙两个班级一半学生的测试。

4. 平行实验或重复实验　平行实验或重复实验是加大样本量并增加样本可靠性的一种方法。测定某个指标时，最少选取两个平行样本（殷国荣等，2015；申杰等，2007；苏秀兰，2011；王建华，2003）。

二、效度

效度是指测量结果反映考察内容的程度。测量结果与考察内容之间的吻合度越高，效度越高，反之，效度越低。实验效度是指实验方法达到实验目的的程度。由于设计和无关变量控制不同，实验效度也是不同的。实验效度分为内部效度、外部效度、统计结论效度、构思效度（黄汉升，2015；体育科学研究方法编写组，2013）。

（一）内部效度

内部效度（internal validity）是指自变量和因变量之间因果关系的明确程度，即实验研究的有效性。影响内部效度的主要因素有研究对象特征、研究对象缺失、研究环境、研究对象态度、数据采集者、前测效应、突发事件、生长发育。

1. 研究对象特征　人体实验时，年龄、性别、体重等方面存在差异；动物实验时，动物在种属、品种、月龄、饲养条件等方面存在差异，如果这些因素不加以控制，则内部效度大大降低。因此，为了消除或降低研究对象特征的影响需要制订严格的入选标准、采取随机抽样和分组的方法、合理选择实验设计等方法。例如，探究身体活动对中小学生认知能力的影响时，通过明确受试者纳入标准和排除标准并采取随机抽样等方法来降低研究对象特征对实验结果的影响。

2. 研究对象缺失　实验组和对照组研究对象的缺失即使是随机形成的，也会影响内部效应。例如，跟踪研究中，受试者由于疾病或其他原因的退出；如动物实验中，小鼠的死亡，均会导致实验样本的丢失。研究的实际样本不是所有参与实验的研究对象，而是最终提供数据的样本。当研究对象缺失严重时，样本将失去代表性。在各组比较的实验设计中，不同处理组研究对象缺失数量不同也会造成组间差异。因此，为了降低或消除研究对象缺失造成的影响，可以通过探究导致研究对象缺失的原因，并证明研究对象缺失的原因与研究无关，或者证明保留下来的研究对象与缺失的研究对象主要特征相似。例如，探究身体活动与糖尿病患病率之间的关系时，若随访过程中有研究对象丢失，则需要证明保留下来的受试者与流失的受试者的身高、体重、年龄等特征不存在统计学差异。

3. 研究环境　不同组别研究对象接受实验处理时或采样、测试时的环境不同也将可能影响实验的内部效度。例如，调查中小学生身体活动量时，由于四季的不同有可能导致学生身体活动情况不同，因此应在同一季节进行调查。又如，动物实验时，饲养环境如温度、湿度、光照等因素也将可能影响实验结果。

4. 研究对象态度　研究对象对实验的态度也将影响实验的内部效度，如霍桑效应。为减少研究对象态度对实验内部效度的影响，在进行实验设计时，一般会采取盲法，对对照组进行安慰剂处理。

5. 数据采集者　数据采集者的特征、偏见、态度等均有可能影响实验的内部效度。例如，不同水平的教练对受试者进行训练，训练效果也会不同。又如，在进行问卷调查时，实验者的态度和问问题的方式也会影响受试者的答案。

6. 前测效应　如在需要前测的实验设计中，如果前测实验和实验处理之间出现了交互作用效应，那么前测将可能影响实验结果。例如，在探究大强度运动对糖脂代谢作用的实验中，如果最大摄氧量的测量安排在大强度运动的当天则会严重影响实验结果。因此，在该实验过程中，在最大摄氧量测试后应安排较长时间休息以洗脱最大摄氧量测试对正式实验的影响。

7. 突发事件　在研究过程中，突发事件可能会影响到受试者的反应。如在跟踪研究中，受试者身体不适或损伤等将影响其参加实验的积极性。

8. 生长发育　在某些实验中，受试者的某些指标改变是因为时间流逝，受试者个体生理上、心理上成长、成熟引起的，而不完全是实验处理本身的结果。例如，探究抗阻训练对中小学生骨密度影响的研究中，应设置对照组，进行前测和后测才能排除生长发育的影响。对于未成年和老年人，生长发育对实验内部效应影响较大，实验设计时应充分考虑生长发育和自然衰老的影响。因此，设置对照组是控制生长发育对实验结果的影响最好的方法。

因此，控制好无关量、对实验条件进行严格控制可以提高实验的内部效度。

（二）外部效度

外部效度(external validity)是指研究结果能够推广到抽取样本的总体和其他总体的程度，即研究结果和变量条件、时间和背景的代表性和普遍适用性。外部效度分为总体效度和生态效度。

1. 总体效度　总体效度是指研究结果适应抽取样本总体的程度和能力，即对总体的普遍意义。要保证总体效度，样本的选取就应该选择随机抽样的方法，并保证样本量足够多。如果样本选择有偏倚或样本量过小，则样本不足以代表整体情况，因此对总体的代表性较差，不能概括总体特征。

2. 生态效度　生态效度是指研究结果可以推广到其他总体的研究条件和情景的程度和能力，即实验结果的普遍代表性和适用性。因此，要使实验研究具有生态效度，就需要保证研究条件和情景具有代表性。

影响外部效度的主要因素有前测效应、研究对象的选择、实验情景等。因此，为了保证实验的外部效度，实验设计时应充分考虑这些因素。

（三）统计结论效度

统计结论效度（statistical conclusion validity）是指做出实验组和对照组之间具有统计学显著差异的结论的效度，即代表实验研究中的自变量和因变量之间关系的真实程度。其中，影响统计结论效度的因素主要有样本量太小、测量的信度和效度、偶然发现和错误率问题、违反统计学假设等因素。

（四）构思效度

构思效度（construct validity）又称结构效度或构想效度，是指关于关系变量和变量关系构想的准确性，以及实验变量在实验时的操作定义与推理时的定义的一致性程度，即理论构思和转换的有效性。因此为了提高构思效度，需要定义实验中的自变量和因变量及在实验设计中明确如何操控这些变量。影响构思效度的主要因素主要有自变量或因变量定义不准确、结构和结构水平的混淆、单一方法偏差等。

研究的内部效度、外部效度、统计结论效度和构思效度之间是相互联系、相互影响，是一个有机统一体。实验设计的目的是提高实验的所有效度，但在有些情况下，为了提高某一效度而不得不降低另一效度。实验的控制越严格，其内部效度越高而外部效度越低，实验结果的可推广性变得有限。反之，实验控制不严格，其外部效度较高而内部效度较低，实验结果的可推广性较好。因此，在研究设计时，研究者必须明确不同效度的优先顺序，在各个效度之间进行权衡，避免不必要的效度损失，通过实验控制达到实验目的。

第四节　实验设计方法

根据实验研究设计水平，将实验设计分为前实验设计、真实验设计和准实验设计（尼尔·J.萨尔金德，2019）。

一、前实验设计

前实验设计（pre experimental design）通常被称为非实验设计，由于对实验中涉及的无关变量没有控制,实验内部效度较低。但前试验设计具有实验处理和测量两个基本要素,因而与非实验设计具有一定的区别,是其他实验设计发展的基础。

二、真实验设计

真实验设计(true experimental design)综合了随机化抽样与分组、前后测结合、控制组与实验组的组间比较等方法,对影响实验内部效应的因素进行严格而充分的控制。因而,真实验设计能够为得出因果关系提供有力支撑。真实验设计比较常见的方法有完全随机化设计、随机化区组设计、多因素实验设计等。

(一)完全随机化设计

完全随机化设计(completely randomized design)是指将同质的实验对象直接采用完全随机化方法划分为不同处理组或对照组,然后进行实验处理和结果分析。不同处理组和对照组的实验对象相互独立。该方法是一种检验单因素两个水平或多个水平效应的实验设计方法,是一种最简单的实验设计方法。因仅涉及一个处理因素,又称为单因素实验设计。其优点为方法简单、灵活,易于理解和实施;对处理次数和重复次数没有限制,可以充分利用全部实验对象;由于实验对象具有同质性,因此缺失时对实验结果影响较小。但是,由于要求实验对象具有同质性且利用随机化理论进行分组,因此当样本量较小时,各处理组之间的均衡性较差。在实际应用中,完全随机化设计主要应用于实验对象个体差异较小、个体因素对实验结果无明显影响、对实验对象的条件事先进行严格控制等情况。完全随机化设计方法主要有抽签法、随机排列表法、随机量表法、计算机随机法等。

(二)随机化区组设计

随机化区组设计(randomized block design)又称区组随机化或配伍组随机化,是指按照一定条件将实验对象划分为不同区组或配伍组,再将每一个区组或配伍组中的实验对象随机分配到不同处理组中。每一个区组或配伍组的例数等于处理组个数。划分区组或配伍组的条件是影响实验的非处理因素。该实验设计能够缩小实验对象的个体差异,提高各处理组间的均衡性,减小实验误差,从而提高实验效度。因此,在实践应用中,随机化区组设计主要应用于实验对象个体特征差异性较大、个体因素对实验效度具有明显影响、未控制实验对象的入选条件等情况。例如,人体实验中,一般根据年龄、性别、居住地等因素将实验对象进行分组。在动物实验中,一般根据月龄、体重、性别等因素将小鼠等动物进行分组。

随机化区组设计具有实验效率高、数据分析时的统计学方法简易等特点。但是如果某一区组内的实验对象发生意外将不得不放弃整个区组而采取缺项估计。又由于区组与处理组间假设无交互作用,因此不能分析交互作用。

(三)多因素实验设计

多因素实验设计是指在实验过程中操纵两个或两个以上自变量的设计。多因素实验设计方法不但可以检验单一因素的差异,而且可以检验各因素之间的交互作用。如果两个或多个因素之间存在交互作用，则说明各因素不是独立的，即一个因素发生改变而另一因素或几个因素也发生相应的改变。如果各因素之间不存在交互作用，则说明各因素是独立的，即一个因素的改变不会引起其他因素发生改变。

多因素实验设计常见的设计方法有析因实验设计、裂区实验设计、正交实验设计等方法。

1. 析因实验设计　析因实验设计(factorial experiment design)又称完全交叉分组实验设计，是一种分析多因素交互作用的设计，属于多因素多水平单效应设计方法。在科学研究中，许多因素往往是相互联系、相互影响的。当一种因素的质和量改变时，另一种因素的质和量可能也会随之发生改变。

析因设计全面、高效，可比较和分析各因素的主效应及交互作用。由于每个因素都是在其他因素不同水平上进行实验，因此实验结果相对可靠。但当处理因素过多或处理水平划分太细时，实验总处理数和实验总次数较大，在实际操作中施行较为困难。另外，交互作用繁多，统计处理麻烦，其结果解释复杂。

2. 裂区实验设计　裂区实验设计(split-plot experiment design)又称分割实验设计，是指将随机区组实验设计、完全随机实验设计和拉丁方实验设计结合起来的混合实验设计，是对区组实验设计的扩展。其设计原理是先将实验对象作为一级实验单位，再分为二级实验单位，分别施加不同处理。在控制额外变量的情况下，考察两个或多个自变量效应。

3. 正交实验设计　正交实验设计(orthogonal experimental design)是指利用一套现成规格化的正交表，从全面实验中挑选部分具有代表性的实验，合理安排多种处理因素及不同水平，以便能高效、经济、快速地取得实验结果的一种实验设计方案。当处理因素和因素水平较多时，全面实验的规模较大，实施困难。正交实验可以利用部分实验代替全面实验，通过对部分实验结果分析推断全面实验的情况。但是，对于实验设计知识较少的研究工作者来说，选择合适的代表性实验具有较大的困难。

三、准实验设计

准实验设计(quasi-experimental design)不需要将实验对象随机分组，在较为自然的情况下进行实验处理。对实验控制程度的不同是准实验设计与真实验设计的主要差别。准实验设计由于对实验控制没有真试验设计严格、现实性强，其外部效度较好，可推广性强。准实验设计常见方法有非等控制组前测-后测设计、时间序列设计、相等时间取样设计等。

（一）非等控制组前测-后测设计

1. 非等控制组前测-后测设计概念　非等控制组前测-后测设计(pretest-posttest nonequivalent control group design)又称为不相等实验组控制组前测-后测准实验设计或不相等控制组设计，是指不相等实验组和对照组在实验处理前都接受前测，然后对实验组进行实验处理，在施加实验处理后再同时进行后测。该实验设计方法用于不能按照随机化原则重新选择实验样本和分配实验对象，实验开始阶段两组实验对象就不相等的情况。在进行非等控制组前测-后测设计时，设计前测的目的是检验关于实验被考证的问题实验组和控制组原有的近似程度，而无须考虑其他因素。只有实验组和控制组在考证问题上原有水平相接近时，才能进行该种实验研究；对结果分析时，两组的后测结果进行统计检验，通过统计学检验实验后两组间是否存在差异及差异程度，从而推断实验处理因素的效应。其设计形式如下：

实验组	O_1	X	O_2
非等控制组	O_3	—	O_4

该设计形式中 O_1、O_2 分别表示实验组接受处理因素 X 前后的实验结果，O_3、O_4 分别表示不接受处理因素 X 的控制组的实验结果。通过比较两组前后实验结果来估计实验处理效果。

2. 非等控制组前测-后测设计实例　某一课题要研究某种新型体育课教学方法对某年级学生体质水平的影响效果，应用非等控制组前测-后测设计的方案如下：

第一步：选取实验组和对照组。为了不影响正常教学的进行，在某年级中选择两个整班学生参加实验。为了保证参加研究的两个班学生体质水平相似，对该年级所有的班级学生进行前测以检测他们的体质水平，从中选出两个体质水平接近的整班学生参加研究。然后从中随机确定一个班作为实验组，接受新型体育课教学指导进行体育课学习；同时另一个班作为控制组(对照组)按照原有的教学方式进行学习。

第二步：实验过程及结果分析。经过同一进度的教学活动后，同时对两个班级学生的体质水平进行测定，测定结果作为后测结果。最后根据统计分析结果判断实验组和控制组在进行实验前后是否有明显的差异，从而得出结论。

(二) 时间序列设计

有些研究问题的性质和研究条件无法满足真实验设计所要求的控制组设置，可以采用时间序列设计的方法进行研究。该实验设计是一种在实施实验处理前后进行重复测量的前测-后测设计，对一组实验对象进行周期性的一系列观察，并在测量的这一时间段进行实验处理(X)，然后观测实验处理后的一系列观测结果，并将这些结果与实验处理前的一系列观测结果进行对比分析，该实验设计中的实验处理因素可以为一个也可以为多个，其目的是通过比较实验处理前后的测量值来评估实验处理的效应。时间序列设计的优点包括：①能够很好地控制“成熟”因素对内部效度影响；②能够很好地控制测验因素干扰。标准的时间序列设计是一系列观测→实验处理→一系列观测，其设计形式如下：

$$O_1 \quad O_2 \quad O_3 \quad O_4 \quad O_5 \quad X \quad O_6 \quad O_7 \quad O_8 \quad O_9 \quad O_{10}$$

该设计模式中 $O_1 \sim O_5$ 表示实验处理因素 X 实施前的测试结果，$O_6 \sim O_{10}$ 表示实验处理因素 X 实施后的测试结果。通过分析对比前后测之间的差异来判断实验处理效应。

如一项探讨步行干预维持居住在疗养院的痴呆症患者的行动功能、日常生活活动和生活质量的研究中，采用了时间序列设计以实现研究目的（图 7-3）（Charlene CH et al.，2020）。

Design

This feasibility study utilized a quasiexperimental one-group time series design with repeated measures to evaluate changes on functional mobility, ADL function, and QOL after a MWI. Residents received usual care and programming during a 2-month control phase, which was followed immediately by a 4-month intervention phase. We compared the observations at four time points: at baseline and end of the *control pbase*, mid-intervention (i.e., 2 months into the MWI), and immediately after the MWI. The repeated measures design allows participants to serve as their own controls (Sidani & Braden, 2011, p. 195) and reduce between-participant variation. The Research Ethics Boards at the University of Toronto and the University Health Network (#14-7737-DE) approved this study.

图 7-3　时间序列设计的实际应用例

引自 Charlene CH, Martine P, Dina B, et al., 2020. A feasibility study of a multifaceted walking intervention to maintain the functional mobility, activities of daily living, and quality of life of nursing home residents with dementia. Rehabil Nurs, 45(4):204-217.

（三）相等时间取样设计

相等时间取样设计（equivalent time-sample design）是指在同一组实验对象选取两个相等的时间样本，其中一个时间样本实施处理因素，另一个时间样本不实施处理因素的实验方法。其设计形式如下：

$$X_1 O_1 \qquad X_0 O_2 \qquad X_1 O_3 \qquad X_0 O_4$$

该设计模式中，O_1、O_3 表示实验处理 X_1 后的实验结果，O_2、O_4 表示接受常规安排即不接受实验处理 X_0 后的实验结果。通过分析比较两种实验条件下实验结果，考察 X_1 和 X_0 产生的效应差异。

相等时间取样设计存在多重处理相互干扰、样本代表性差、周期性循环处理影响等缺点。

（四）修补设计

修补设计（patched-up design）又称弥补设计，是指将控制程度未达到准实验设计的两个不同非实验设计结合而形成准实验设计。其设计模式如下：

A组		X	O_1
B组	O_2	X	O_3

O_1、O_3分别表示A、B组实验因素处理X后的测试结果，O_2表示B组实验因素处理X前的测试结果。若只进行A组实验，则不能控制实验对象的年龄、成熟、选择及选择与处理之间的交互作用；若只进行B组实验，虽能在某种程度上对选择效应进行控制，但不能对实验对象年龄、成熟、测验及选择与测验之间的交互作用进行完全控制。

（五）静态组比较设计

静态组比较设计（the static-group comparison design）是一种既不能实施随机化分组又不能进行前测的实验设计方法。静态组比较设计适用于实施实验前测太过昂贵、没有时间进行前测或在前测对实验处理效应影响较大，实验对象不能接受前测等情况。其形式如下：

实验组	X	O_1
控制组	—	O_2

该设计通过分析比较O_1、O_2来判断实验处理因素X的效应。由于该实验设计不能控制取样和流失，也不能控制实验处理的干扰因素，因此其内部效应和外部效应均相对较差。

（六）回溯性研究设计

回溯性研究设计（expost facto study design）是指研究者之前没有进行实际操作，系统考察实验对象特征或实验对象变量的效果的研究。该方法是一种对已有条件操纵性低、生态学效度高的设计。例如，探究癌症患病率与久坐行为关系的研究中，选取一组癌症患者与非癌症人群进行回顾性问卷调查，从而判断癌症患病率与久坐行为关系。虽然采用回溯性研究探索两者之间的关系并不能进行因果推理，却能在治疗和预防癌症中提供了重要信息。

（七）平衡设计

平衡设计（counterbalanced design）又称轮换设计或拉丁方设计（latin square design），是指为了提高实验控制程度，给全体实验对象实施所有实验处理的一种设计。将实验处理条件在每组实验对象轮流或交替呈现，从而使每组实验对象在接受各种实验处理条件的先后顺序有均等机会，其主要目的是控制实验处理的顺序效应。以4种处理因素为例，其设计形式如下：

组别	实验处理			
A组	X_1O_1	X_2O_2	X_3O_3	X_4O_4
B组	X_2O_2	X_3O_3	X_4O_4	X_1O_1
C组	X_3O_3	X_4O_4	X_1O_1	X_2O_2
D组	X_4O_4	X_1O_1	X_2O_2	X_3O_3

该设计中，X_1、X_2、X_3、X_4分别为4种实验处理因素，O_1、O_2、O_3、O_4分别代表4次测量。

平衡设计虽能够消除处理因素顺序效应，但在实验设计时应注意实验处理因素的迁移效应。因此，在每次实验之间应加入较长时间间隔，以洗脱上次实验带来的效应。例如，匹兹堡大学团队探究重复运动对高密度脂蛋白影响的研究中，采用了拉丁方设计以控制不同干预方案顺序对实验结果的影响(图7-4)(Angelopoulos TJ et al., 1993)。

Experimental design

A Latin square counterbalanced experimental design was used. Exercise sessions were 30 minutes in duration at an intensity equal to 65% of VO_2max and were undertaken in the following patterns: (1) a single bout, (2) two bouts, each administered 48 h apart, (3) three bouts, each administered 48 h apart. Patterns (1), (2) and (3) were separated by a seven day period. All subjects completed each pattern.

图7-4　拉丁方设计的实际应用例

引自 Angelopoulos TJ, Robertson RJ, Goss FL, et al., 1993. Effect of Repeated Exercise Bouts on High Density Lipoprotein-Cholesterol and its Subfractions HDL2-C and HDL3-C [J]. Int J Sports Med, 14(4): 196-201.

本章小结

实验法是通过操控特定变量，对自变量和因变量的因果关系假设进行检验的研究方法，具有可重复性特征。实验法设计的基本原则包括对照原则、随机化原则、重复原则、盲法原则和齐同原则。实验设计和实施的基本程序包括确定研究问题、提出研究假设、选择研究变量并给出其操作定义、确定实验处理的不同水平、创设实验环境、控制非研究变量、实验设计、确定实验对象并进行分组、实验实施(收集前测数据、引入实验处理、收集后测数据)、数据的处理与分析、撰写研究报告。

实验效度反映的是实验方法达到实验目的的程度，受实验设计和无关变量控制程度影响，分为内部效度、外部效度、统计结论效度、构思效度。实验内部效度反映自变量与因变量之间的因果关系的确切程度。实验外部效度则反映实验结论能够普遍推广到样本总体和其他总体的程度，即实验结果的普适性。在研究设计时，应明确不同效度的优先顺序，在各个效度之间进行权衡，避免不必要的效度损失，通过实验控制达到实验目的。

根据实验控制的严格程度，实验设计可分为前实验设计、真实验设计和准实验设计。

真实验设计对影响实验内部效应的因素进行严格而充分的控制，能够为得出因果关系提供有力支撑。准实验设计由于对实验控制没有真试验设计严格、现实性强，其外部效度较好，可推广性强。

思考与练习

1. 查阅文献库，列举2篇采用真实验设计和准实验设计的文章，针对所采用的设计类型，阐述优缺点。

2. 采用相同自变量和因变量关键词查阅中、英文文献各1篇，并比较2个研究设计方案的优缺点，给出完善建议。

3. 举例说明如何有效控制实验误差和提高实验效度。

本章主要参考文献

白学军，2017. 实验心理学[M]. 第2版. 北京：中国人民大学出版社.

贲长恩，2003. 医学科研基本思路方法与科研程序[M]. 北京：科学出版社.

黄汉升，2015. 体育科学研究方法[M]. 第3版. 北京：高等教育出版社.

李功迎，2013. 心理科学研究方法[M]. 第2版. 北京：人民卫生出版社.

尼尔·J. 萨尔金德，2019. 心理学研究方法[M]. 第9版. 童定，译. 北京：中国人民大学出版社.

申杰，韩萍，何伟，2007. 医用科研方法学[M]. 北京：人民军医出版社.

苏秀兰，2011. 医学科研方法[M]. 北京：科学出版社.

体育科学研究方法编写组，2013. 体育科学研究方法[M]. 北京：北京体育大学出版社.

王建华，2003. 实用医学科研方法[M]. 北京：人民卫生出版社.

殷国荣，郑金平，2015. 医学科研方法与论文写作[M]. 第3版. 北京：科学出版社.

Angelopoulos TJ, Robertson RJ, Goss FL, et al., 1993. Effect of Repeated Exercise Bouts on High Density Lipoprotein-Cholesterol and its Subfractions HDL2-C and HDL3-C [J]. Int J Sports Med, 14(4): 196-201.

Charlene CH, Martine P, Dina B, et al., 2020. A feasibility study of a multifaceted walking intervention to maintain the functional mobility, activities of daily living, and quality of life of nursing home residents with dementia. Rehabil Nurs, 45(4): 204-217.

第 8 章

资料整理与数据分析

【导读】本章主要是先对研究资料进行概述，然后从定性资料和定量资料两个方面来分别讲解两种类型研究资料的特点、分析前的准备、分析方法和工具以及研究结果的呈现方式。通过本章节的学习让学生了解研究资料和数据的特征，以及相应的分析方法和结果呈现方法。

学习重点与难点

- 定性研究资料和定量研究资料分析方法的分类和特点。
- 定性研究资料和定量研究资料分析方法的应用。

第一节 概 述

一、何谓研究资料

研究资料是研究者搜集的与特定事实或者知识有关的信息文本（黄聚云，2016）。研究资料是研究操作的直接对象，也是发现新知识、推进研究进展的基本载体。搜集和分析研究资料是研究过程中最基本的工作。

二、研究资料的类型

（一）依据资料的信息载体进行分类

按照资料信息存储的载体可以将研究资料分成文字、图形、声音、多媒体、实物和痕迹资料等。

1. 文字资料 文字资料主要由文字构成。文字资料是最基础和最常见的研究资料；许多其他类型的研究资料最终也要转化成文字资料，这样更便于进行抽象的记述和分析。

2. 图形资料 图形资料主要由图形构成。图形资料能够形象地记录和传播文字难以言传的信息，而且更加形象、直观。研究者在实地研究时拍摄的现场图片就属于图形资料。

3. 声音资料 声音资料主要由声音构成。声音资料常见于自然科学研究中的声波取样、社会科学研究中的访谈录音等。这些声音资料往往以特定的音频格式编码并存储在磁带、光盘、硬盘等介质上。

4. 多媒体资料 多媒体资料由多种媒体介质信息共同构成。多媒体资料随着现代多媒体技术的发展而迅速扩展，并在现代科学研究当中占据了越来越重要的地位。

5. 实物资料 实物资料由实物构成。在许多情况下，研究者需要搜集、分析和展示特定的实物。例如，关于体育器材安全性的研究要求研究者要掌握相应的体育器材。

6. 痕迹资料 痕迹资料由研究对象遗留的痕迹构成。有时候研究者无法直接（或者不适合）对研究对象进行实时研究，这时可以通过搜集、分析研究对象遗留的痕迹来进行间接研究。例如，在体育考古的研究中，通过发掘文物来推断古人的体育活动。

（二）依据资料的搜集方法进行分类

不同的研究方法可能获得不同的研究资料。

1. 观察资料 观察资料由观察法获得，可能是图形资料、实物资料、多媒体资料、痕迹资料或者观察记录文字等资料。

2. 访谈资料 访谈资料由访谈法获得，通常是访谈录音或者访谈文字记录。

3. 调查资料 调查资料由问卷调查或者结构式访谈所获得的资料，是结构化、数字化的，往往以特定的数据格式文件的形式（如 Excel、SPSS、SAS 数据文件等）存储，以便于后续统计处理。

4. 实验资料 实验资料由实验法获得，存储介质可能是多样化的，但一般都会采集结构化的数字资料。

5. 文献资料 通过内容分析法、二次分析、元分析等方法所获得的文献资料往往是偏于定量的，需要数字化、结构化处理；而通过历史比较研究等获得的文献资料往往是定性的。

（三）依据资料的时间特征进行分类

1. 横断资料 横断资料即关于特定对象在特定时间点上的资料，这种资料注重反映在同一个时间切面上各种研究对象的静态信息，从而便于进行横向的比较分析。

2. 纵贯资料 纵贯资料即关于特定对象在不同时间点上的资料。这种资料注重呈现研究对象随着时间变化而发生的变迁。

（四）依据研究资料的原创性进行分类

1. 第一手资料 第一手资料指由研究者自行搜集、未经他人加工处理的资料。例如，研究者自行指定调查问卷并实时发放所获得的数字资料，或者自己亲自到实地进行观察所做的现场录音、摄像等，就是第一手资料。

2. 第二手资料　由其他研究者搜集并往往经过了汇总、编排等加工处理的资料即第二手资料(袁方等，2004)。例如，从其他研究文献中引证的关于体育人口比例的数字，从电视新闻中获得的关于居民年度体育小费的报道等。

实际的研究过程既需要第一手资料，也需要第二手资料。第二手资料更节约成本，但往往并不能充分符合研究者的目的，而且第二手资料可能经过了加工甚至出现了扭曲、失真。

一般情况下，学界鼓励研究者在条件允许的情况下去搜集第一手资料，因为这不仅更符合贴近事实的求真原则，而且有助于资料的原始积累，并且训练价值更高。

(五) 依据研究资料的结构化程度进行分类

所谓结构化，是指在研究中所采用的一种统一、客观、标准化的信息搜集和记录的准则、技术及操作过程(杜智敏，2010)。结构化的研究手段的优势在于：容易数字化和进行量化分析，便于由样本推论总体，可以推断和控制误差，在一定程度上能够消除主观偏见的影响；其不足之处在于很难对人类意识和行为中复杂、微妙的特征进行准确把握，难以整体反映事件或对象的行为。

依据资料的结构化程度可以分成定性资料和定量资料(劳伦斯·纽曼，2007)。

1. 定性资料　定性资料是关于研究对象或相关事物的品质特征的一种记录和表达。例如，事件是否发生，对象自然聚集形成的群体及自然分化形成的类型。

2. 定量资料　定量资料是关于研究对象或相关事物的数量特征的一种记录和表达。例如，一批学生的身高、体重、视力的数据。

好的研究需要综合定性和定量资料。

三、研究资料的质量

高质量的研究资料是进行高质量研究、做出高水平研究发现的前提(卢淑华，2005)。研究者要掌握研究资料的基本质量标准和主要影响因素。

(一) 研究资料的质量标准

1. 研究资料的真实性　研究以求真为第一原则，研究资料的真实性是质量的最重要的标准。所谓真实性，就是指资料忠实地反映了研究对象的实际状态，没有被扭曲。

2. 研究资料的可信性　可信性主要包含了两方面要求：①资料的真实性，即真实的资料更可信；②资料的可靠程度。

资料的可靠程度又包括如下几个方面的主要标准：①即资料来之有据、出处可考；②资料与外部事实、证据、其他可信资料相互匹配，合乎科学规律及原理、社会基本常识等；③资料内部各种信息之间互相一致，没有明显的逻辑和事实判断上的矛盾、悖论。

3. 研究资料的有效性　有效性是指资料对于解答研究问题、实现研究目的的价值或有益程度。有效性是与研究目的及研究问题相关，并以它们为依据的。资料的真实性、可信性是有效性的重要基础；但是，真实、可信的资料如果偏离研究目的和问题，就未必具有较高的有效性。

4. 研究资料的系统性　系统性主要包括两方面的要求：

(1) 研究资料所内含的各种信息及内容经过系统地设计和整理，信息完备、条理清晰，如问卷调查的数据按照题目顺序进行排列，没有遗漏题目和答案及调查个案。

(2) 资料外在的存储和归档方式拥有一套完整、规范的准则和程序，如在电脑上建立专门的文件夹、子文件夹，将各种资料在相应文件夹里分类存储。

5. 研究资料的丰富性　研究资料的丰富性是指资料种类多样、数量丰富，能够充分论证要研究的问题。一般来讲，对同一研究问题的论证适宜从多种角度提供资料，并提供不同类型资料。例如，要研究农民的体育意识，可以同时搜集问卷资料、访谈资料、观察资料等；要在更大范围内掌握农民的体育意识，就要增加调查的样本量。这些都是对研究资料丰富性的一种追求和体现。

(二) 影响研究资料质量的因素

1. 研究设计　科学合理的研究设计是确保研究质量的起点。如果研究设计中存在重要的缺陷和不足，所搜集到的研究资料的质量就会出现严重问题。例如，在用问卷调查当代城市居民体育消费时，消费支出的各选项设置得过低或者过高，都很容易导致结果不合理。

2. 研究人员　高质量的研究资料的获得需要高素质的研究者。如果研究人员专业素质有限、训练水平不高、经验不足、缺乏与研究主题相关的专门知识和技能及研究态度不认真等，都有可能导致搜集到的研究资料出现质量问题。例如，大型抽样调查经常需要训练一批调查员或者访问员来实施，如果由于各种原因未能对这些人员进行系统、专门的训练，在调查时很有可能发生各种纰漏。

3. 研究对象　研究对象的理解能力、配合程度、科学文化修养、做人处世态度及接受研究时的主客观处境等都会影响所提供的资料的质量。

4. 研究过程　科学研究是一个实践过程，难免会受到各种主客观因素的影响，如调研过程突然遭遇极端天气或被外人粗鲁地打断等。

研究者不可能、也不允许对外在世界进行学术化的控制。为了获得高质量的研究资料，应尽可能从自身出发，做好研究设计、提高研究人员素质、争取研究对象和社会各界的支持、配合，并尽可能通过精心的设计、策划和训练来减少来自外部的干扰。

第二节　定性研究资料分析

一、定性研究资料的特点

定性研究资料反映的是事物质的属性，与定量研究资料相比，它具有如下鲜明的特征：

（一）定性研究资料的存在形态更接近于原始资料

定性研究资料往往是对事物原生、自然状态的现象学式的反映，比较接近原始资料（风笑天，2018）。在实际研究当中，定性研究资料往往记录了被研究事物的各种模糊、晦涩、复杂的特征及表现。例如，研究者的田野日志、受访者的情绪状态、地方的习俗、民间信仰、家族的谱系关系、人们对特定问题的内心感受的直接表达、实地拍摄的照片、事件发生现场的录音等。这些资料并不是以变量的形式组织起来的，通常是以零散的文本的形式（文字、图片等）存在，并不能简单地转化为具有对等意义的定量资料。

（二）定性研究资料对抽样有自己的要求

定性研究资料在抽样上通常并不像定量研究资料那样要严格遵循随机性、大样本及可推论总体等原则。定性研究资料存在形态的复杂性也增加了从大样本获得的难度和成本。定性研究资料更适合用来分析和说明典型事物或者事物的典型特征，为研究提供理论、思维上的框架、结构，为论述提供典型例证。在实际当中，定性研究资料往往来自个案或者小样本对象，在抽样方法上大量采用方便抽样、主观抽样、典型抽样等非随机方法。

（三）定性研究资料的观测过程的结构化程度较低

定性研究资料很难做到像定量研究资料那样批量、统一、规范化地搜集和处理，许多定量研究资料是在非常主观化、个性化的条件下形成和得到的。例如，关于特定锻炼者群体锻炼中情绪状态的观察记录，有的研究者可能将某对象的某种情绪状态判断为“欢快”，而有的研究者则可能认为是“平静”，即便同一研究者、同一批对象，也有可能得出的判断存在差异性。研究者有可能随着研究的深入，修改先前记录的文本和形成的判断。从这种意义上来讲，定性研究资料并不像定量研究资料那样有一个明确的时间节点，前者可能会发生动态的变化。

二、定性研究资料分析前的准备

（一）对资料进行归档整理

研究者应在后续分析之前，对定性研究资料进行归档和系统整理。例如，依据主题相关性建立不同的文件夹存储（以电子资料为例），同一个研究主题相关的资料存储在一个共同的专门文件夹当中；不同类型的资料（如文字资料、图片资料、声音资料、视频资料等）分别存储，这样更便于资料的管理和维护。

当研究资料数量较大时，过于草率、简单的存储和标记方式将导致许多麻烦，增加后续分析的成本和难度。例如，图片文件命名为“wwrreruuub.jpg”远远没有“A 村体育锻炼 2018 年 12 月 10 日 003.jpg”容易辨识，尽管后者需要更多时间来设置，但其为后续工作节约的成本更加可观。

为自己的研究资料建立系统的目录、检索规则是一个良好的习惯。它可以使我们更加快速、方便、高效地定位、处理和维护相关资料，同时，当资料发生了意外删减、变动时，我们也比较容易察觉;反之,杂乱无章的归档方式容易使人出现疏忽和错漏。

如果有可能,我们要事先对原始资料进行备份。因为,随着研究工作的开展,存储资料的文档经常会被调整和修改,万一这种调整和修改不是很成功,又或者发生了某些意外,我们有可能需要回溯原始资料以便核对甚至是从头再来。如果遗失原始资料,这些工作将显然受阻。

(二)对资料进行审核

研究的质量以研究资料的质量为基础。无论是定性研究还是定量研究,都要力求获得高质量的研究资料。资料的真实性、详尽性等是定性研究和定量研究共同的追求(艾尔·巴比,2018)。

定性研究资料的审核主要涉及如下几方面的具体工作:

1. 判断研究资料的来源　对第一手研究资料而言,要尽量确保它直接来自于与我们主题相关的事物。例如,我们要研究农民的体育行为,首先要尽量确保关于农民体育行为的记述是直接来自农民本身,是我们作为研究者亲眼所见,而不是在城市上大学的农家子弟的间接描述。对第二手资料或者聚集资料而言,要尽量确保它来自权威或者恰当的人员及机构的手里。例如,关于一个城市可利用的土地面积的数据,从这个城市的相关部门调研要比在街头询问市民更加合理。研究者应该有这样一种意识:研究资料连接了研究者与研究对象,来源真实的研究资料会拉近我们与研究对象之间的距离,使我们获得更加清晰、客观的认识;反之,则会疏远我们与研究对象之间的距离,使我们的认识模糊和扭曲。

2. 判断研究资料内容的真假　即便来自真实对象的资料也有可能出现失真的现象。例如,当面询问研究对象的体重、血型、收入、婚姻状况及某些偏差行为(如酗酒)等敏感信息,研究对象有可能会撒谎或者掩饰。这个时候,资料来源是真实的,但资料的内容失真了。研究者应尽量确保资料内容的真实性,特别是在那些明显属于对客观事实的直接反映的信息上。例如,调查对象所在的自发性体育组织的规模、经常体育活动的地点等。在鉴别资料内容真假时,也会经常涉及资料的内部一致性,即同一份资料所提供的关于同一个事实和观点的多个信息应保持一致,不能出现明显的龃龉、自相矛盾。

3. 合理处理定性研究资料中的"现象学式扭曲"　定性研究与定量研究在方法论、术手段上都有较大差异,这导致前者对何谓事实、真相的认识与后者截然不同。定量研究追求自然科学式的客观性,认为事实是外在于研究者的客观存在,主张研究资料应反映和贴近这种客观存在;而许多定性研究遵循的是诠释性的、批判性的或者建构性的范式,认为事实是认识实践的产物,是被建构出来的,不仅事物的客观状态构成一种事实,而且研究对象对这种客观状态的表达构成了另一种事实——即便后一种事实有可能与前一种不符甚至是扭曲的、错误的,但是它在现象层面也是一种既成的事实。在实际研究当中,特别是体育人文社会学的研究当中,会经常遭遇到这种与客观事实不符的主观事实,本文称作"现象学式扭曲"。研究者要合理对待这种"现象学式扭曲":一方面要看到它们与客观事实之间的偏差;另一方面也要把它们作为研究的当然主题加以关注。

(三)对资料进行阅读和注解

在分析定性资料前,要对其进行系统、细致地阅读和必要的注解。阅读资料是熟悉资料的基本手段,也是酝酿理论概念及解释、探索分析思路及手段的过程。在阅读资料的过程中会发现一些问题,其中有些问题是资料本身信息上的问题。例如,数字不准确、现象记录不清晰,或者出现了明显违背常识的偏差和相互矛盾等,对这些问题要予以适当的修正或者补充;还有一些问题是研究者对主题相关的事实及理论的思考,可能蕴含着重要的启发、思路和洞见;另外,一些问题涉及背景知识的补充和储备,研究者可能发现自己对某些概念、现象等缺乏相应的专门知识。这时候,应在适当位置进行注解,将修整、补充和发现记录下来,对后续工作将大有裨益。

三、定性研究资料常用的分析方法

首先要说明的是,尽管学界在定性研究资料的分析上积累了丰富的经验,形成了一些堪称典范的研究案例,但是至今仍然不像定量资料分析那样拥有统一的规范和技术。许多从事定性研究的学者都承认这样一个基本事实,即定性资料分析是一个非常复杂的、充满了不确定性甚至是主观性和个性化的研究过程(陈向明,2000)。定性研究资料常用的分析方法有以下几种。

(一)连续接近法

连续接近法即通过不断的“尝试性分析——总结反思——改进和调整理论认识及分析操作”的循环来达到深入掌握资料并使之与理论认识相匹配的过程及方法。这种不断的反复和循环,能够使研究者从开始时一个比较模糊的概念或者杂乱、具体的资料细节,慢慢获得一个具有概括性综合分析的结果。

由于在定性资料分析的起步阶段,我们对研究资料的把握及对理论概念的思考往往都是比较模糊的。研究者可以从所研究的问题和一种概念与假设的框架出发,通过阅读和探查资料,寻找各种证据,并分析概念与资料中所发现的证据之间的适合性,以及概念对资料中的特性的揭示程度。还可以通过对经验证据进行抽象来创造新的概念,或者修正原来的概念以使它们更好地与证据相适合。然后,又从资料中收集另外的证据来对第一阶段中所出现的尚未解决的问题进行探讨。这一过程是不断地循环往复的。

通过这样的尝试性分析,可以使我们了解到更多资料的细节,并对相应的理论概念是否适用做出判断。总结和反思尝试性分析积累的经验,修订要建构的理论概念,调整技术、手段,然后再次进行分析。经过这样反复多轮次之后,就有可能在定性研究资料与要建构的理论概念之间取得较好的匹配性。

从经验资料到理论概念、再从理论概念到经验资料的循环贯穿于定性研究的全程,这种证据和理论之间不断进行相互塑造的过程就称为“连续接近”。经过多次反复和循环,修改后的概念和模型就越来越接近所有的证据,并且修改的概念和模型也越来越准确。

(二)图表辅助法

图表辅助法即通过绘制图表来辅助资料分析的方法。图表与文字相比,具有一个突出的优势,那就是能够以高度形象化的方式表达复杂的事物及概念。

尽管与定量数据分析中的数据图表相比，定性资料分析所用的图表缺少规范和精确，但仍然有很多重要功能。绘制图表不仅可以使定性研究资料的存储及呈现形态更加形象、集约和简明，而且也蕴含了对相关信息进行分门别类处理的思考过程，并使我们疏理和酝酿相关事物的构成、类属、相互关系以及内在逻辑等。

思维导图或者流程图的方法被许多研究者采用。思维导图是将问题按照特定逻辑分解、组合后绘制的图形，它可以为人们快速、简明地掌握某一问题的要点提供思维上的向导。流程图是表现事物发展变化与人们的行为、工作的过程及动态连接和逻辑的图形。思维导图和流程图既可以用来帮助分析、处理具体的资料，也可以为整个研究、分析过程提供逻辑上的指导和纲要。

（三）案例列举法

案例列举法即按照特定的准则将符合条件的案例从资料中搜索出来并加以集中、整理。例如，假定我们获得了大量关于乡村居民体育行为的观察记录，我们对农村家庭主妇的体育行为感兴趣，就可以从这些记录中将相关文本一一查找出来，并整理到一起。这样做使我们提炼出了专门资料，从而为后续的汇总、归类等奠定基础，并为我们的分析论证提供了个案资料依据。

这种方法也可以使我们对所掌握的资料的覆盖面、完备性、翔实性等形成客观评价，如果我们能从已有资料当中提取数量充足的案例并且各个案例的信息都较为详尽，则表明资料搜集基础良好；反之，我们就可能需要再补充资料。

案例列举法也有助于我们判断其他资料分析方案的可行性。如果一种分析方案没有足够案例资料的支持，我们可能要调整这种方案。另外，案例列举法也有助于判断理论概念及解释的合理性。如果理论能得到较多案例的支持，它成立的依据就较充分；反之，我们就有必要修订自己的理论或者补充更多案例资料。

（四）互动分析法

互动分析法即通过与研究对象、资料提供者、研究合作者或者其他人的互动来明晰资料细节及信息含义的分析方法。

许多定性研究资料来自对研究对象的观察、访谈，分析时常常需要判断研究对象当时所持的动机及态度，这些信息在已经获得的资料文本当中未必都有清晰、明确的记录。在这种情况下，研究者与其坐在书桌前揣测，不如直接向研究对象询问（如果有可能的话）。还有的时候，我们可能无法直接接触资料提供者，又或者研究资料涉及非常高深的专业知识，可以与其他研究者、相关专家等合作或者向他们请教，帮助我们更加准确地判断资料的信息。许多定性研究资料会涉及对某些特定场景下的共识，个体研究者由于身份、性别、年龄等多方面的局限，就很难做出准确的判断——毕竟共识与个体的认识还是有区别的。此时，我们可以通过与多个相关人员的交流来掌握和辨别这种共识。例如，研究者可能是一个来自大都市的青年男性，而资料涉及了农村妇女们的婆媳关系，因为性别、年龄等隔阂的存在，这个研究者很难直接对相关信息进行准确把握。在这种情况下就要使用互动分析法。

互动分析法充分体现了定性资料分析的“一边分析资料、一边搜集资料”、资料分析和认知过程互相建构的特点。

（五）情景分析法

情况分析法即将资料放置到其来源的社会情景之中进行分析。研究资料都是情景关联的，都带有时代的、文化的背景相对性。如果无视资料来源的社会情景，就很难获得准确的理解。分析定性研究资料即意味着要分析这些资料的背景。资料的背景决定了资料表面信息的社会、文化含义。

情景分析法常常被用于生活史或叙事研究。研究者围绕着特定的人物或者事件，回溯和描述人物的经历及事件的经过，发现和建构核心的线索及故事，紧紧结合人物及事件的时空背景、社会文化场景、语境等把握信息的意义及各部分之间的关系。

（六）编码分析法

编码分析法即通过编码方式分析资料。编码是一种人为地对资料信息进行赋值或者添加标示信息的过程。无论定性研究还是定量研究，都需要编码。二者的不同之处在于，定量编码基本上都是以变量为直接操作单元的，而且编码的结果都是结构化的数字；而定性编码则缺乏明确规范和操作单元，编码的结果五花八门，既可以是数字，也可以是文字，还可能是没有明确含义的符号。定量的编码与其资料的搜集过程融为一体，而且编码规则是预先确定的；但是定性编码缺乏明确而通用的规则，在获得具体的资料之前，很难事先就确立一套可行的编码方案。

（七）比较分析法

比较分析法是指从先前已有的理论或从归纳中发展出相关的规律或关系模型的思想，然后研究者将注意力集中在少数规律上，用其他替换的解释与之进行比较。在此基础上，进一步考察那些不限于某一特定背景（某一特定时间、特定地点、特定群体等）的规律性。根据比较方式的不同，比较分析法可以分为：一致性比较法和差异性比较法。

1. *一致性比较法*　一致性比较法是将注意力集中在各个不同的个案中所具有的共同特性上，通过运用一种排除的过程来进行。具体来说，研究者首先需要找出不同个案之间所具有的某种共同的结果特性，然后再去比较各种可能的作为原因的特性。如果某种被看作为原因的特性不是所有具有共同结果的个案所共有的，则研究者需要将这种特性从可能的原因中排除，那么其余的为所有个案所共有的特性就可以看作是可能的原因。

2. *差异性比较法*　差异性比较法是需要研究者先找出那些在多个方面都相同，但在少数方面不同的个案，然后再找出那些使这些个案具有相同的原因和结果的特性，同时还要找出另一组在这种结果上与此不同的个案，也就是找出那些不出现第一组个案中的结果的另一组个案。基于此，就可以比较两组个案，找出那些在不出现结果特性的个案中也没有出现的原因特性。而这种没有出现的特性就是结果的原因。

四、定性研究资料分析软件

计算机除了能够对定量研究资料进行深入分析以外，还能在定性研究资料的研究过程中提供重要帮助。目前，有很多具备不同功能和特点的计算机软件被应用到了定性研究资料的分析当中。这一类软件被称为定性数据分析软件(qualitative data analysis software)，常被称为QDA软件，它们能够帮助提高定性研究资料分析的效率、准确性和编码的一致性，为定性研究资料的管理和分析提供支持。基于内容分析，研究者可以得出有关研究对象的结论(如访谈数据)。

定性研究资料分析软件能够为定性研究过程提供支持和便利，但是，定性分析的核心还是研究者，研究者本身才是最有力的分析工具(李沛良，2002)。定性研究中，研究者的思想是至关重要的，软件能够做的仅仅是辅助工作，帮助我们简化定性数据的组织、管理和检索程序，节省时间和体力，但是不能代替我们思考。这些软件可以轻松地对大量文本或其他数据进行分类、结构化和分析，并会对结果解释和评价进行管理。但同时也具有一些局限性，如在分析中容易失去语境，以及让研究者产生对技术的盲从态度。目前，使用较为广泛的定性研究资料分析软件主要有NVivo、ATLAS.ti和MAXQDA等。

(一) NVivo

NVivo是一种能够有效地分析多种不同类型定性研究资料(文档、PDF、数据集、音频、视频、图片、备忘录和框架矩阵等)的计算机辅助分析软件，是进行定性研究的常用工具。NVivo是澳大利亚QSR(Qualitative Solutions & Research)公司开发的，该软件专为大规模定性研究项目设计而成，数据的输入和输出便捷，提供了导入(internal)、编码(node)、群组(set)、查询(queries)、建模(models)、链接(links)、分类(classifications)、文件夹(folders)、社交网络分析(social network analysis)和可视化(visualization)等功能，加快了定性研究的过程。

适合采用NVivo进行分析的定性研究资料主要包括以下几种：

(1) 来自社交媒体和各类网站的文字、图片、音频、视频、电子邮件、网络数据和信息等。

(2) 从问卷星等在线问卷调查平台或通过Excel或CSV文件导入的调查数据。

(3) 从EndNote等文献参考管理软件导入的文章。

(4) 从OneNote等笔记记录软件导入的资料。

(5) 导入，创建或订购的与音频或视频文件同步的NVivo ready转录。

研究者通常是根据他们的研究问题和目的来选择相应的研究方法，但是NVivo并不倾向于任何一种特定的方法论。它旨在帮助研究者实施通用的定性分析技术来组织、分析和共享数据，和研究者采用的研究方法无关。使用NVivo，可以对研究资料和数据进行更加高效地管理，将研究者从以往繁杂的分类、排序、整理等资料分析过程中解放出来，从而使研究者有更充分的时间去探索研究资料和数据之间的内在规律，建立理论模型，并最终获得研究结论。

（二）ATLAS.ti

Scientific Software Development 公司在 1993 年发布了 ATLAS.ti 的第一个商业版本，ATLAS.ti 是一个能够对大量文本、图片、音频和视频数据进行定性分析的工作平台，提供了一系列不同的工具来处理非结构化的数据，甚至能够对谷歌地图数据和开放式问卷（Excel 文件）进行很好地整理和分析。这些数据用常规的统计方法无法进行有意义的分析，而 ATLAS.ti 却可以探索隐藏在数据中的复杂现象。通过对这些定性研究资料进行编码，从而建立理论模型。

ATLAS.ti 能够对种类繁多的多媒体资料进行分析，可以对大量的音频和视频片段进行译码，其强大的转录功能可以将音频和视频与转录的文本同步，还支持导入用专业转录软件所转录的文件格式。包括 20 多种图像格式和许多音频格式（WAV、MP3、WMA 等），以及绝大多数的常用视频格式（AVI、MPG、WMV 等）。ATLAS.ti 还能够对地图软件提供强大的支持，可以直接导入如 kmz 等格式，能够很好地处理地理信息或空间信息资料。

ATLAS.ti 界面友好，简单易学，对于使用者的相关的软件技能要求不高，大部分人通过教程自学就可以掌握该软件的基本操作技能。以往的版本只能支持英语、德语和西班牙语，从 ATLAS.ti 8 开始，软件可以支持中文文档的导入和识别，并且可以使用中文进行编码，大大方便了中文用户的使用。

（三）MAXQDA

MAXQDA 是用于定性分析和混合分析方法研究的软件包，可以帮助研究者收集、组织、分析、可视化和发布数据。MAXQDA 的第一个版本于 1989 年问世。其建立在传统的分析方法之上，支持各种方法框架，如质性内容分析、扎根理论、话语分析等。例如，质性内容分析可以通过释义工具进行归纳分类，扎根理论可以通过 MAXQDA 的 in-vivo 编码工具（在文本中提取代码并编码）和备忘录功能来实现。它的中心要素是文本片段对主题（代码）的系统分配（编码）及想法和联想的记录功能（备忘录）。自从首次发布以来，MAXQDA 使用了质性研究的既定术语，软件操作较为直观。MAXQDA 具有的转录工具及多媒体功能，可以直接分析各种多媒体文件。另外，其出色的混合方法功能能将标准化的定量数据与定性资料相结合。

适用于 MAXQDA 的定性研究资料包括访谈、报告、表格、在线调查、焦点小组、视频、音频、文献、图片、PDF 等多种非结构化数据。在 MAXQDA 中，数据解释和评估可以通过分组材料、分级编码系统、定义变量、创建表格概述和为文本段分配颜色和重量来完成。该流程的每一步都可以被跟踪。

在开始收集数据之后，下一步便是整理现场笔记、音频文件、转录文本和文献等。只需要将所有文件导入 MAXQDA，无论它是 Word 文档、PDF，还是问卷调查数据、Excel 表格或照片，MAXQDA 都可以快速地导入一切文件。只需要将文件拖放到 MAXQDA 的“文件列表”中，就可以在文件组和文件集中整理它们了。如果研究者开展的访谈和焦点小组讨论有音频或视频记录，下一步便是转录。可以使用 MAXQDA 的转录模式来加速和简化这个过程。MAXQDA 有着比较全面的定量分析工具包，软件中的 MAXDictio 模块可以提供工具进行定量内容分析，如果同一个研究中既有访谈材料又有问卷材料，该软件是较为理想的选择。MAXQDA 还提供高级的混合方法分析功能。这些功能可以帮助研究者在分析中纳入量化数据和方法，量化质性分析结果，计算统计频率，或者根据量化和质性结果进行组间比较。

无论是进行数据分析还是结果发布，MAXQDA 能够为定性资料的研究提供多种多样的可视化工具，如文字云、文件比较图、概念图等，可以使用代码行数可视化访谈进度，或使用代码云来展示和探索分类体系等。帮助研究者比较不同内容、细化编码方案和发现数据模式。这些可视化结果，以及项目的其他元素，包括文件、搜索结果以及整个项目都可以被导出，并在其他软件中使用，如 Word、Excel 和 PowerPoint，从而可以在最终报告中使用它们。

第三节　定量研究资料分析

一、定量研究资料的特点

（一）定量研究资料是高度结构化的和数字化的

对于原本非数字化的信息，可以通过恰当的编码技巧转化成数字化存储的数据（冯国双，2018）。

例如，问卷调查中的性别信息，在定量分析时将其视为一个只有少数取值（男性、女性）的变量，然后用一些简单的数字来与变量取值对应（例如，用 1 代表男性，2 代表女性，在性别这个变量中，用哪一个数字代表哪一种性别并不会有实质影响），从而为后续的定量统计奠定良好的基础。

对于计算机及各种统计软件而言，处理数字 1、2 要比直接处理男性、女性有更高的效率，当变量包含的信息越复杂时，这种效率上的提高效果就越明显。

（二）定量研究资料用变量作为最基本的存储单位

定量研究以变量为基本分析单位，在资料的搜集、整理和分析过程中，研究者都要不断地面对资料和变量间的匹配性问题，要掌握变量的基础知识。

所谓变量，就是在研究过程中取值可以变化的量化属性。变量是相对于常量而言的，后者在研究过程中保持恒定不变。

变量按照测量的精确程度由低到高分成定类变量（又称名义变量）、定序变量、定距变量和定比变量 4 种。

1. 定类变量　　定类变量取值只能分类，无法计量高低、大小的变量，如性别、民族。定类变量可以统计分析频次、比例（百分比）、众值（出现频次最高的变量取值）、异众比例（众值之外的其他变量取值在总体中所占的比例）等。

2. 定序变量　　定序变量取值可以区分高低、大小、先后等顺序，但是无法精确计量各取值之间差异程度的变量。例如，问卷调查中用如下题目（您对该项目的喜爱程度如何？

答案包括非常喜爱、比较喜爱、一般、不太喜爱和很不喜爱5个）获得调查对象对某一运动项目的喜爱程度，这5种取值都是一种模糊的判断，它们任意两种之间（如非常喜爱与比较喜爱）的差异程度都无法进行精确衡量。定序变量的精确程度要高于定类变量，它除了可以统计频次、比例、众值、异众比例等外，还可以统计各个排序后的位次上的值，如中位数。

3. 定距变量　定距变量的取值不仅可以区分高低、大小、先后的顺序，而且各取值之间的差异程度可以精确衡量，但是没有绝对零点，所以只能进行简单比较，无法进行复杂运算的变量。例如，比赛的排名，由于不存在排名为零这种情况，所以限制了排名这个变量的数学意义，排名为2与排名为1相差1位，排名为3与排名为2又差1位，所差的位数是精确的（即各取值之间的距离是能够精确衡量的，所以叫定距变量），但是排名为2并不是排名为1的2倍，1、2、3在这里的含义与四则运算中有较大差别。

4. 定比变量　定比变量取值之间的差异程度可以精确衡量并却拥有绝对零点的变量。例如，对于收入来说，收入2 000元与收入1 000元相比，前者不仅比后者多出1 000元，还是后者的两倍。

定距变量和定比变量可以进行更加复杂的统计处理。

一般来讲，如果有可能，研究者应尽量搜集高精度的变量。因为高精度变量可以方便地转化为低精度变量；但是反过来转化则很难（张文彤和邝春伟，2011）。

二、定量研究资料分析前的准备

（一）准备好定量分析常用的工具

定量分析常常需要处理大量数据、进行大量运算，人工分析成本过高且容易出错，所以，人们发明和使用了专门的工具来处理定量数据。

计算机是处理定量数据的利器。研究者应该熟练地掌握计算机操作的一般知识和某些专门知识。在当代计算机科学高度发展的背景下，许多定量分析工具都是以专门的计算机软件的形式存在，如Excel、SPSS、Stata、SAS、Matlab等。有些研究还需要识别和处理特定的媒体资料，如声音、图形、网络页面等，可能还得使用其他专门的软件或者模块。

（二）建立数据文档

根据所使用的定量分析软件建立相应的数据文档，所建的数据文档要符合统计分析所需的规范格式，否则会带来不必要的麻烦。许多统计分析软件都能够处理多种常用的数据文档类型并在它们之间进行相互转化。例如，SPSS可以处理Excel格式电子表格文件，也可以将“sav”格式文件转化成“xsl”格式或者“xlsx”格式。

研究者在研究设计和搜集数据资料的过程中就应考虑到后续的统计分析需要，这样更容易确保数据文件的质量和恰当性。

（三）定量数据的预处理

1. 消除原始数据中的问题　所获得的原始数据往往存在各种问题，不宜直接参与统计分析，否则将有可能造成较大的偏差。所以，应先消除这些问题。这些问题主要包括如下几方面。

(1) 录入错误：各种原因可能会使数据录入过程出现错误，即采集到的值与实际录入数据库的值不一致，当数据录入者是缺乏专门训练的人员的时候更容易发生这种情况。如果有可能，应尽量减少人工录入，宜用计算机等工具自动录入。

(2) 极端值、异常值：录入的数据中可能包含一些明显超出了常态和常识的数值。例如，身高(在单位为 m 的情况下)的值为 180，课程分数(满分 100 的情况下)超过了 100 等。研究者应对这些数值进行审核，消除录入错误，进行必要的转化处理。

(3) 格式错误：各种数据分析软件对数据库及变量的格式都有特定格式要求，如果违背这些格式规范，有可能造成无法识别或者误解。

2. 处理缺失值　缺失值是指在数据文件当中缺失了数值的空位。数据的缺失一般都有一定的规律，这种规律被称为缺失机制。常见的缺失机制有 3 种：完全随机缺失、随机缺失和非随机缺失。缺失值主要来自以下 4 种情况。

(1) 变量设置造成的系统缺失值。例如，问卷调查中有些题目只供男性填写，而另一些题目只供女生填写，当这两类题目放置到同一个数据库文件中的时候，就会出现批量的缺失值。

(2) 研究对象没有响应造成的缺失值。例如，调查对象对作答需要写的题目没有填写。

(3) 数据录入人员出现了失误，遗漏了相应的数据。

(4) 有些极端数值按照事先设置的规则被自动当作缺失值处理。

缺失值的处理方法一般有 3 种：

(1) 直接使用含有缺失值的个案：不对含有缺失值的原始数据进行处理，直接进行统计分析。

(2) 删除含有缺失值的数据：在数据集中，如果只有少数几条数据中存在缺失值，那么可以直接把这几条数据删除。

(3) 进行缺失值插补：缺失值插补的常用方法有平均值插补、同类平均值插补、极大似然估计和多重插补等。第一和第二种方法一般适用于缺失值非常少的情况。

3. 数据加工与转换　存储原始数据的变量不一定是我们统计分析时要操作的直接变量，这时就要进行加工和转化。下面列举几种常见情况。

(1) 问卷调查的多选题的处理：多选题与单选题不同，前者有多个响应结果。在 SPSS 等统计分析软件当中，多选题通常都是按照答案的数目用多个变量来存储，如果想将整个题目以一个独立变量参与统计分析，就需要先设置多重响应变量集，将存储原始数据的各个变量合并。

(2) 同一变量测量等级的转化：例如，我们有可能获得的原始数据是百分制的课程得分，但是统计报表要求的是五等十级制，在这种情况下，我们就有必要先对原始的课程得分变量进行转化，生成一个新的五等十级制的课程成绩变量。在 SPSS 等软件当中，这一过程可以用几个简单的操作批量完成。

(3) 不同变量的合并：例如，我们在调查中获得了身高、体重的数据，但统计分析需要的是 BMI[体重/(身高的平方)，其中体重的单位是 kg，身高的单位是 m]，这时就需要我们先利用体重和身高的数据按照相应的计算办法生成 BMI 变量。

(4) 数据标准化：一个数据集中通常都包含了不同性质的指标，各指标在量纲和数量级上会有所不同。当各指标间水平差异很大时便无法同时对其进行分析，此时便需要对这些指标的数据进行标准化转换。常用的数据标准化方法有：Z-Score 标准化、log 函数转换和 Min-Max 标准化等。

三、 定量研究资料的统计分析

(一) 统计描述

1. 连续变量的统计描述

(1) 集中趋势：反映的是数据的中心位置或者普遍状态，常用的统计量有平均值、中位数等。

1) 平均值(要求变量至少是定距以上测量等级)：是某变量的一组观测值的平均值。例如，有 5 个观测对象，他们的身高分别是 1.65、1.70、1.75、1.80、1.85，那么身高的均值就是 1.75。

2) 中位数：是将变量按照取值大小排序之后，恰好处在中间位置上的那个取值(如果观测数据当中没有这个值，就按照特定的规则推算一个中位数)。例如，有 5 个观测对象，他们的某项运动能力的得分分别是 9、8、7、6、5，那么中位数就是 7。中位数统计要求变量至少是定序以上测量等级。

3) 众数：是出现频次最高的变量取值。例如，在一次问卷调查当中，有 600 个男性对象，400 个女性对象，那么在性别这个变量上，众值就是男。

(2) 离散趋势：反映的是一组对象彼此之间的差异程度，常用的统计量有全距、方差和标准差、四分位数和变异系数等。

1) 全距：又称极差，表示一组数据中最大值与最小值之差。

2) 方差和标准差：每个数据与均数的差值可以表示其离散程度的大小，这个差值称为离均差，而总体方差则等于离均差平方和除以观察例数 n。将方差开平方就得到了标准差。方差和标准差是最理想、最可靠的变异描述指标，但仅适用于服从正态分布的数据。

3) 四分位数：要求变量至少是定序以上测量等级，将一组观测值按照由大到小分成 4 个数量均等的组，处在 25%、50%、75%位次上的观测值被称作四分位，其中 50%位次上的观测值就是中位数，而 75%与 25%位次上的观测值之差就是四分位差。当方差和标准差不适用时，四分位数是较好的离散程度描述指标。

4) 变异系数：等于标准差除以平均数，消除了测量尺度和量纲的影响，利于在不同指标之间进行客观比较。

反映集中趋势的统计量和反映离散趋势的统计量要综合使用，可以更加全面地反映数据的分布情况。具体用哪些统计量主要看变量的测量等级、数据资料自身的样本量等情况。

2. 分类变量的统计描述

(1) 单个分类变量的统计描述：分类变量主要分为有序分类变量和无序分类变量。分类变量的统计描述主要是对各个类别的取值分别进行频数和比例的计算，进而计算出相应的相对数指标。

1）频数分布：在进行统计描述时，通常以频数表来表示各类别的样本数及各类别占总样本量的比例。除此之外，有些情况还会用到累积频数和累积百分比，即低于或高于某类别取值的案例所占的次数和百分比。

2）集中趋势：通常使用众数来描述分类变量的集中趋势。但由于众数只能反映频数最大的类别的情况，所以只有当集中趋势明显时，众数才显得有价值。

3）相对数指标：是指基于原始频数的相对指标，包括比、构成比、率等。

（2）多选题的统计描述：问卷调查中经常会出现多选题，该题型所收集的数据也是属于分类数据。用来进行多选题的统计描述的指标主要有 4 种。

1）应答人数：又称为原始频数，即选择各选项的人数。

2）应答人数百分比：即选择该选项的人数占总人数的百分比。

3）应答人次：即选择各选项的人次。

4）应答人次百分比：即在做出的所有选择中，选择该项的人次占总人次的百分比。

（二）变量间的差异分析

1. 参数检验

（1）独立样本 t 检验：主要用于两组独立样本的均值比较。使用独立样本 t 检验需要满足以下 3 个条件。

1）独立性：两类样本之间相互独立，不相互影响。

2）正态性：各个样本均来自正态分布的总体。

3）方差齐性：各个样本所在的总体的方差相等。

例如，对某校高三年级一班 28 名男生和二班 32 名男生的平均身高进行测量，得到的结果(单位为 m)：一班(1.68、1.78、1.74……1.75、1.81)，二班(1.77、1.73、1.82……1.78、1.72)。预比较两个班男生的身高有无差异，经检验，两组数据近似服从正态分布，故可选择独立样本 t 检验来进行分析。

（2）配对样本 t 检验：是对配对设计所测量的数据进行分析最常用的方法。在科学研究中，常见的配对设计的测量数据主要来源于 4 种情况。

1）同一测试对象接受处理的前后数据。

2）同一测试对象的两个不同部位的测量数据。

3）同一测试对象用两种不同测试方法或仪器所测试的结果。

4）配对的两个测试对象分别接受两种不同的处理方式后所得的测试数据。与独立样本 t 检验不同，配对样本 t 检验对于数据的独立性、正态性和方差齐性的要求不高。

例如，某田径队教练为其 20 名男子 100 m 运动员制订了一项为期 3 个月的训练计划，为了测试这项计划的实施能否有效提高男子运动员的 100 m 成绩，在实施计划的前后分别对这 20 名运动员的 100 m 成绩进行测试。计划实施前测得的成绩为 10.97、11.25、11.38……10.91、11.32，计划实施后测得的成绩为 10.86、10.92、11.12……11.09、11.05。这种基于配对设计所测得的数据可以采用配对样本 t 检验来对其进行分析。

2. 非参数检验

(1) 卡方检验：参数统计方法要求资料满足正态分布、方差齐性等前提假设，而非参数统计方法则对数据分布不做任何假设，可以处理等级资料和分类资料。卡方检验是最常用的非参数检验方法之一，是一种以χ^2分布为基础的无序分类变量的统计推断方法，该检验的主要思想是：在假设 H_0成立的前提之下，计算出χ^2值，从而来说明观察值和理论值之间的偏离程度。卡方检验主要用于比较两个及两个以上样本率(构成比)及两个分类变量的关联性分析。

例如，研究者实施了一项关于糖尿病与熬夜关系的病例对照研究，研究者调查了 120 名糖尿病患者和 160 名非糖尿病患者，了解他们的熬夜情况(对熬夜有明确定义)。调查结果如表 8-1 所示，想要了解糖尿病患者与非糖尿病患者的熬夜比例是否有差异。

表 8-1　糖尿病与熬夜的关系

糖尿病患者	熬夜(名)	不熬夜者(名)	合计(名)	熬夜比例
是(名)	78	56	134	58.21%
否(名)	42	104	146	28.77%
合计(名)	120	160	280	42.86%

首先，做出假设(原假设)，认为糖尿病与熬夜无关，即糖尿病患者与非糖尿病患者的熬夜比例是相等的。从表 8-1 可以得知，所有人的熬夜比例为 120/280×100%=42.86%。如果原假设成立，那么糖尿病患者与非糖尿病患者的熬夜比例应该均为 42.86%。因此可以算出糖尿病患者中熬夜的人数应该为 134×42.86%=57 人，非糖尿病患者中熬夜的人数应该为 63 人。这里的 57 人和 63 人是指在原假设成立的前提下在理论上应该出现的人数，称为理论频数。而实际上调查得出的糖尿病患者和非糖尿病患者中的熬夜人数为 78 人和 42 人，称为实际频数。造成理论频数和实际频数不一致的原因可能有两个：①原假设成立，两者之间的差异只是由于抽样误差而造成；②原假设不成立，理论频数和实际频数确实存在差异。为了确定到底是由哪一种原因造成，可以采用卡方检验来进行分析。

(2) Mann-Whitney U 检验：是和参数检验中的独立样本 t 检验相对应的一种非参数检验方法，用来检验连续型变量资料和有序变量资料的两个独立样本代表的两个总体分布是否有差别。参数检验是基于两个总体均为正态分布和两个总体方差相等而进行的假设，而使用 Mann-Whitney U 检验则没有这些前提条件，只要求两个独立随机样本中产生的数据的测量尺度是顺序的。Wilcoxon 检验同样是一种非参数检验方法，该方法和 Mann-Whitney U 检验没有实质上的区别，只是在计算统计量时有区别。SPSS 中只提供 Mann-Whitney U 检验，而没有 Wilcoxon 模块，但 SAS 中有 Wilcoxon 模块。

例如，一个学期的体育课结束以后，体育教研组想了解初二 1 班的男生和女生对本学期开设的体育课的满意程度，于是向全班同学(男生 28 名，女生 22 名)发放调查问卷，从该调查问卷中计算出每位同学对本学期体育课满意程度的评分(5 分制)，以此判断男生和女生对于本学期体育课的满意程度是否有差异。经检验发现，调查所得的数据不符合正态分布，因此不能采用独立样本 t 检验，因此可以采用 Mann-Whitney U 检验。

3. 方差分析

(1) 单因素方差分析：是用于在单一处理因素之下，大于 2 个水平(可理解为大于 2 个独立样本)连续型变量资料之间的比较，目的是通过对多个样本的研究来判断这些样本是否来自同一个总体。如果假设检验拒绝了多个样本来自同一个总体的原假设，那么研究者将更加关心这几个样本具体来自几个不同的总体，而 t 检验无法做到这一点。

有人会问，是否可以通过多次的 t 检验来分析大于两组数据之间的差异？例如，通过进行 6 次 t 检验来分析 4 个组之间的差异。实际上从统计学角度来讲，这种做法将会增加犯一类错误的概率。如果将检验水准设置为 0.05，那么通过 6 次 t 检验所得的结果，其犯一类错误的概率将会增加 0.2649。

方差分析是基于变异分解的思想进行的，将总变异分解为由研究因素所造成的部分和由抽样误差所造成的部分，通过比较来自不同部分的变异，借助 F 分布做出统计推断。在单因素方差分析中，总变异由两部分组成：总变异＝随机变异＋处理因素导致的变异。其中，随机变异是永远存在的，确定处理因素导致的变异是否存在就是研究的目的，只要处理因素导致的变异不等于 0，就证明了处理因素的确存在影响。

采用单因素方差分析应满足相应的应用条件：①独立性，观察对象是来自研究因素的各个水平之下的独立随机抽样；②正态性，各个水平下的独立样本需要服从正态分布；③方差齐性，各个水平下的总体应具有相同的方差。在实际研究中，单因素方差分析对于样本的独立性要求相对较高，而对于轻微偏态分布及最大方差和最小方差之比小于 3 的数据样本，单因素方差分析的运算结果具备一定的稳定性。

例如，预比较球队 A、球队 B、球队 C 和球队 D 4 支足球队在过去的一个赛季的比赛中(38 场比赛)的场均传球次数有没有差异。传球次数这一指标为连续型变量，且 4 组数据之间相互独立，经检验各组数据均近似服从正态分布，因此，可考虑采用单因素方差分析，并根据方差齐性检验结果选择相应的统计量来解释结果。

在单因素方差分析中，其原假设(H_0)为：

$$H_0 = \mu_1 = \mu_2 = \cdots = \mu_k$$

即 $k(k>2)$ 组中任意两组都是相等的，也就是说方差等于 0。

但是，如果分析结果拒绝原假设，只能表明这 4 支球队在过去一个赛季中场均射门次数不相等，但依然没办法知道具体是哪两组不相等。为了解决这个问题，在得到方差分析结果之后还应该进行两两比较，所得的结果才能用于解决实际问题。所谓的两两比较(Pairwise Comparison)就是对多组中的任意两组分别进行比较。例如，A 组、B 组、C 组三组，则将 A 组与 B 组、A 组与 C 组、B 组与 C 组分别进行比较。

两两比较主要分为两种类型：事先计划好的比较(planned comparisons)与非计划比较(unplanned comparisons)。事先计划好的比较是指根据研究目的，在分析之前就确定了要通过两两比较来考察多个组与某个特定组间的差异，或者某几个特定组间彼此的差异。而非计划的两两比较则只有在得到有统计学意义的结果后才进行，是一种探索性的分析。常用的两两比较方法有：

1) Tukey HSD 法、SNK 法、LSD 法等，主要对多组中任意的两组进行比较。

2）Bonferroni 法、Scheffe 法等，主要用于多组中所有可能的比较。

3）Dunnett t 检验，主要用于对照组与其他所有实验组的比较。

单因素方差分析是方差分析中最为基础和常见的一种。而实际研究中，研究者在分析数据时通常需要考虑多个因素对因变量的影响情况。例如，要研究性别对身高的影响，就应该控制年龄、遗传、营养状况等因素的作用，并且还要考虑到各个自变量之间的交互作用，这种情况下就没办法用单因素方差分析来解决问题。而以方差分析模型为代表的多因素分析方法为解决此类问题提供了更加合理的解决办法。

（2）重复测量方差分析：在实际研究中，有时需要对研究对象重复进行观测，所获得的资料称为重复测量资料。重复测量不同于重复调查，重复测量是对同一组对象在不同时间点进行测量，而重复调查则是在不同的时间点对不同的对象进行调查。基于重复测量所得到的观察结果相互之间会存在一定程度的内在相关性，因此不满足传统的方差分析对于数据独立性的这一要求。而重复测量方差分析就是专门用来处理此类数据的方法之一，但要求重复测量次数大于或等于 3 次。

重复测量方差分析仍然遵循着方差分析的基本思想，将因变量的变异分解为 4 个部分：①研究对象内的变异，即测量时间点的效应；②研究对象间的变异，即处理因素的效应；③研究对象内变异与研究对象间变异的交互作用；④随机误差变异。重复测量方差分析的应用条件主要有正态性、方差齐性和球形假定。因为在数据中，每个观测对象对应多个观测值，即有多个因变量，需要多个因变量均满足正态性和方差齐性，成为多元正态性和方差齐性。

球形假定是重复测量方差分析的一个专有名词，是指任意两个时间点之差的方差相等，其目的是判断多次测量之间是否独立。如果检验结果满足球形假定，则可以采用单变量方差分析的结果。如果检验结果不满足球形假定，则有两种处理方式：①对单变量方差分析结果进行校正；②采用多变量方差分析结果。

根据受试者内因素的多少，重复测量方差分析可以分为单因素重复测量方差分析（One-way Repeated Measures ANOVA）、两因素重复测量方差分析（Two-way Repeated Measures ANOVA）和三因素重复测量方差分析（Three-way Repeated Measures ANOVA）等。下面以实际研究中常见的两因素重复测量方差分析为例，说明重复测量方差分析的研究思路。

例如，为了研究短期（两周）高强度训练是否能够有效减少 C 反应蛋白（C reactive protein，CRP）浓度，研究者选取了 30 名运动员进行测试，将其分为实验组和对照组，每组各15 名运动员。对照组的运动员按照常规训练方案进行训练，实验组的运动员则每天进行45 min的高强度训练，实验共持续 2 周，期间进行 3 次 CRP 浓度测试，得到 3 次测试的结果：实验前 CRP 浓度、测试中 CRP 浓度（1 周）和测试后 CRP 浓度（2 周），测试结果的单位为 mg/L。

在测试结果中，CRP 浓度为唯一的因变量，且为连续变量。共有两个自变量（受试者内因素）：干预因素（2 个水平：实验组和对照组）和时间因素（3 个水平：测试前、测试中和测试后）。因为实验中分别对 2 个测试群体在 3 个不同的时间点进行了测量，这种情况可选用两因素重复测量方差分析进行进一步分析。

在对测试数据进行缺失值和异常值的筛选和处理之后，采用统计分析软件进行分析。首先，检验数据的正态性和方差齐性，如测试数据满足多元正态分布和方差-协方差矩阵相等的假设，然后进行球形检验。根据球形检验结果决定是采用单变量方差分析结果还是多元方差分析结果。

（三）变量间的关系

1. 相关分析　相关分析是通过定量的指标来量化事物之间的关系。广义的相关分析是研究一个变量与多个变量以及两个变量群或多个变量群之间的关系。而我们实际研究中主要是用相关分析来量化两个变量之间的相关关系，而且我们需要根据变量的类型来选择相应的相关分析指标。对于连续变量，常采用 Pearson 相关系数（又称线性相关系数）来表示其相关性的大小。而对于分类变量，常采用 Gamma 相关系数、Pearson 列联系数和 Lambda 系数等。此外，还有 Spearman 相关系数和 Kendall's tau-b 等级相关系数等基于秩次的相关系数。其中，Spearman 相关系数对原始变量的分布不作要求，当连续资料不满足正态分布而无法使用 Pearson 相关系数时，常采用该方法。此外，当原始资料为等级资料时，也可以计算 Spearman 相关系数。因此，该方法的适用范围要大于 Pearson 相关系数。但是，人们常说的线性相关系数通常指的都是 Pearson 相关系数，也是我们实际研究中最常接触的相关系数。

Pearson 相关系数用 r 表示，是表示两个连续变量之间线性相关大小的度量指标。r 的取值范围为 $-1 \leqslant r \leqslant 1$，$r>0$ 表示正相关，$r<0$ 表示负相关，$|r|$ 表示了变量之间相关程度的高低。其中，$r=1$ 为完全正相关，$r=-1$ 为完全负相关，$r=0$ 为不相关。目前，对于强相关的划分标准还没有统一的定论，不同领域有着不同的标准。例如，对于实验室检测数据，通常将 $r>0.9$ 算作是强相关，而对于社会学和流行病学调查数据，只要 $r>0.5$，就可以算作是强相关。

所计算出来的相关系数只是一个样本数据的统计量，如果想要推论至总体，则需要进行假设检验，以证明该相关系数不是偶然得到的。常用的检验方法有：t 检验法和置信区间法。在进行 Pearson 相关分析时，除了关注相关系数，还应该关注 P 值的大小。P 值反映的是"有没有相关"，而相关系数则是表示相关程度的大小。

在进行 Pearson 相关分析时，需要考虑以下几个适用条件：

(1) Pearson 相关系数只适用于两个变量呈线性相关的情形。

(2) 样本中不存在极端值。极端值对 Pearson 相关系数的计算影响很大，需要慎重处理，必要时对其进行剔除，或者进行变量变换。

(3) Pearson 相关系数要求相应的变量呈双变量正态分布。双变量正态分布并非简单地要求 x 变量和 y 变量各自服从正态分布，而且要求其服从一个联合的双变量正态分布。

例如，研究者对 40 名测试对象进行了纵跳测试，记录每名测试者的纵跳高度（cm），并采集了所有测试对象的体重数据（kg）。预考察体重与纵跳高度之间的相关性。

由于体重和纵跳高度均为连续变量，所以在相关指标体系中应该考虑使用描述两个连续变量相关性的指标，即 Pearson 相关系数。首先，观察数据是否存在异常值，若出现异常值，则需要对其进行相应处理。其次，绘制出体重与纵跳高度的散点图，观察两个变量之间是否存在线性关系，同时还需要对数据的正态性进行检验，然后进行进一步的 Pearson 相关分析。如果 P 值小于检验水准（通常 $\alpha=0.05$），则根据相关系数的大小来判断相关程度的大小。若存在非线性关系或者不服从正态分布，可以考虑使用 Spearman 等级相关系数。

2. 回归分析　回归分析是用来考察两种或两种以上变量间相互依赖的定量关系的一种统计分析方法。相较于相关分析，通过回归分析来解释变量之间的关系显得更为精确。例如，可以计算出因变量 y 随着自变量 x 变化而变化的单位数量。此外，还可以通过回归方程进行预测和控制。具体来说回归分析的用途主要有以下 3 种：

（1）知道了某一现象或结果，想要了解影响该结果发生的因素主要有哪些。例如，想了解哪些因素影响了比赛结果的关键指标。

（2）想要验证某一结果与研究变量之间的真实关系，但又觉得可能会有其他混杂变量的干扰，想排除这些混杂变量。例如，研究食物含糖量（自变量）与体重（因变量）的关系，但考虑到运动次数可能会干扰二者的真实关系，所以需要把运动次数进行校正，以得到食物含糖量与体重的真实关系。

（3）已经知道了有几个因素可能会影响结果，想综合利用这些因素来预测结果出现的情况。例如，已知体重、运动次数会影响心率，而且计算出了这两个变量对心率影响的系数，便可以根据方程，将体重和运动次数代入，计算出不同体重、运动次数的心率情况。

回归分析按照涉及变量的多少，分为一元回归分析和多元回归分析；按照因变量的多少，可分为简单回归分析和多重回归分析；按照自变量和因变量之间的关系类型，可分为线性回归分析和非线性回归分析。

相较于复杂的回归模型，如多重线性回归模型、二分类 Logistic 回归模型和 Probit 回归模型等，简单回归模型在体育科学研究中更为常见。简单回归分析通常将两个事物的取值分别定义为变量 x 和变量 y，用回归方程 $y=a+bx$ 来表示两者的关系，其中 x 为自变量，y 为因变量，y 随着 x 的变化而变化。$\hat{y}$ 不是一个确定的数值，而是对应于某个确定 x 的群体的 y 值平均值的估计。该方程的等式右边可以分为两个部分：常量和回归部分。常量是指当 x 等于 0 时，回归直线在 Y 轴上的截距，即当 x 取值为 0 时 y 的平均估计量。回归部分是指由因变量 y 与自变量 x 的线性关系所决定的部分，也就是由 x 直接估计的部分。b 称为回归系数，又称为回归线的斜率。

估计值 $\hat{y}$ 和每一个实测值之间的差称为残差 ε_i，表示因变量 y 除了自变量 x 以外的其他所有未进入该模型或未知但可能与 y 有关的随机和非随机因素共同引起的变异，也就是说不能由 x 直接估计的部分。通常假定 ε_i 服从正态分布。

回归系数 b 计算出来之后需要对其进行假设检验，以确定求出了不为 0 的回归系数不是由于抽样误差而导致的，通常采用 t 检验和方差分析进行检验。

回归分析的适用条件主要有以下 5 个。

（1）线性趋势：自变量与因变量的关系是线性的，可通过散点图进行判断。

（2）独立性：因变量 y 的取值相互独立，也就是要求残差间相互独立，不存在自相关性。

（3）正态性：自变量 x 的任何一个线性组合，因变量 y 都必须服从正态分布，也就是要求残差服从正态分布。

(4) 方差齐性：自变量 x 的任何一个线性组合，因变量 y 的方差均相同，也就是要求残差的方差相等。

(5) 如存在多个自变量，则要求自变量之间是相互独立的，不存在共线性。

例如，采用相关分析中的案例来进一步进行回归分析，构建回归方程，考察体重与纵跳高度之间的关系。

体重和纵跳高度均为连续变量，如果通过散点图观察发现两者存在线性关系，且两者之间存在一定的因果关系，可考虑采用线性回归分析方法。选择纵跳高度作为因变量，体重作为自变量，最终拟合的回归方程如下：

$$\widehat{\text{纵跳高度}}=a+b\times\text{体重}$$

如果分析结果中，P 值<0.05，则表明该模型具有统计学意义，也就是说体重的回归系数是具有统计学意义的。通过所拟合的回归方程，可以得知：①当体重为 0 时，测试者的纵跳高度平均理论值为常数 a；②体重每增加一个单位，纵跳高度将增加或减少一个 b 的数值，具体是增加还是减少取决于 b 是正数还是负数，如果是正数，则增加一个 b 的数值，如果是负数，则相应的减少一个 b 的数值。

(四) 数据分类与降维

1. 聚类分析　　聚类分析是将研究资料按照各种属性和特征分成若干类别，使得类别内部的差异尽可能小，类别间的差异尽可能大，从而便于做进一步分析。连续变量和分类变量均可以被用来进行聚类分析，但是多数传统的聚类分析方法只能使用单一种类的变量进行分析，如果数据中同时包含了两种类型的变量，可以考虑只采用连续变量进行分析，将分类变量用于结果的描述和验证；或者将分类变量按照哑变量的方式拆分成多个二分类变量，然后按照连续变量的方式进行分析。近年来，新发展出的智能聚类分析方法可以同时对两种类型的变量进行分析。

值得注意的是，如果用于聚类分析的变量的数量级相差太大，会使得变量之间的影响不平衡。所以，在进行聚类分析之前，要对数据进行标准化，使得不同数量级的数据之间可以进行比较。常用的标准化方法有两种：一种是把数据全部标准化为服从平均数为 0，标准差为 1 的标准正态分布；另一种是把数据变换为范围为 0～1 的数据。

传统的聚类分析方法大致可以分为两类：非层次聚类和层次聚类。另外，还有随着大数据挖掘技术的发展而出现的智能聚类方法。在实际研究中常见的 K-均值聚类法和两步聚类法分别属于非层次聚类法和智能聚类方法的范畴。

各种聚类方法分别有着不同的适用条件，对于不同数据会有不同的表现，我们需要根据研究目的来选择相应的聚类方法(张文彤等，2013)。在选择聚类分析方法时，基本原则是如果得到的聚类结果区分度足够大，并且能够结合问题的专业背景很好地总结各个类别的特征，那么这种聚类方法就是合适的。具体来说，在选择聚类方法时可以从以下 4 个方面来进行考虑：

(1) 如果是对案例进行聚类，则各种方法均可考虑；如果是对变量进行聚类，一般只能用层次聚类法。

(2) 如果需要聚类的数据量较少(<1 000),那么各种方法均可考虑,并优先考虑层次聚类法;如果数据量较大(>5 000),则应该考虑非层次聚类中的 K-均值聚类法或者智能聚类方法。

(3) 如果用于聚类的变量均为连续变量,则 3 种类型的方法都可以使用;如果同时包含连续变量和分类变量,则建议采用智能聚类方法。

(4) K-均值聚类法要求事先确定需要聚类的类别数,智能聚类方法则会按照一定的标准自动建议最佳类别数量,而层次聚类法可以提供一定类别范围的聚类结果供选择。

K-均值聚类法又称快速聚类法,是一种非层次聚类法。该方法要求在分析前确定需要聚类的类别数量,因此需要研究者在分析过程中反复尝试把数据分成不同的类别数,进行比较后选择最佳的分类方案。此外,该方法只能对案例或样本进行聚类而不能对变量聚类,且所使用的变量必须都是连续变量。并且对变量的多元正态性、方差齐性等方面有着较高要求。但是,K-均值聚类法依然是我们实际研究中最为常见的聚类方法之一,接下来将结合案例来说明该方法的研究思路。

例如,研究者采集了过去 2 个赛季西班牙足球甲级联赛的技战术比赛数据,数据集包含 6 个变量,分别是球队名称、射门次数、传球次数、关键传球次数、抢断次数和犯规次数。希望对所有球队进行分类,以了解不同类别的球队的风格特征。研究者根据经验和对数据的观察,认为球队可以被分为 3 类,现希望得到相应的定量聚类结果。

通过对数据进行观察可以发现,除了球队名称之外,其他 5 个变量的数据均为连续变量,但是变量的数据级却有较大差异。例如,一场比赛的犯规次数通常只有个位数或者十位数,而传球次数则通常都是百位数级别。为了消除这种差异的影响,需要对数据进行标准化转换。由于 K-均值聚类法不像其他类型的聚类方法可以自动对数据进行标准化,所以需要研究者手动进行转换,Z-score 标准化是常用的方法。由于需要纳入分析的数据量较大(2 个赛季共 760 场比赛),在对数据的多元正态性和方差齐性进行检验之后,如符合条件,则可以考虑采用 K-均值聚类法进行聚类。

2. 判别分析　判别分析是在分类确定的条件下,根据某一研究对象的各种特征值判别其类型归属问题的一种多变量统计分析方法。判别分析的目的是建立一个或多个判别函数,用研究对象的大量资料确定判别函数中的待定系数,并计算判别指标。据此即可确定某一样本归属于哪一类。判别分析的因变量为无序或有序分类变量,而自变量可以是任何类型的变量,只是定性变量需要以哑变量(虚拟变量)的形式纳入模型中。

判别分析主要分为典型判别分析、贝叶斯判别分析和非参数判别分析等。在实际研究中对于后两种判别分析方法接触较少,所以接下来主要对典型判别分析进行说明。

经典判别分析的适用条件主要有以下 5 个:

(1) 自变量和因变量之间的关系符合线性假定。

(2) 因变量的取值是独立的,且必须是事先就已经确定的。

(3) 自变量服从多元正态分布。

(4) 所有自变量在各组间的方差相等,协方差矩阵也相等。

(5) 自变量间不存在多重共线性。

一般而言,样本量 n 应是所使用的自变量个数 p 的 10～20 倍,才能获得较为稳定的判别函数，至少也应该是5倍以上。此外，自变量的个数在8～10个时，判别效果才可能比较理想。

典型判别分析对于违反正态性和方差齐性等条件时显得比较稳健，轻微违反对于结果的影响有限。而对于存在多重共线性的情况，可以考虑增加样本量或使用逐步判别分析。如果违反了线性假设，则可以考虑将曲线直线化，或者采用二次判别分析和k最近邻判别分析。

例如，数据来自判别分析中经典的鸢尾花案例，数据集中包含了刚毛、变色、弗吉尼亚这3种鸢尾花的花萼长、宽和花瓣长、宽4个变量，希望用这4个变量来对新样本的类别进行预测。

在实际操作过程中，对于判别分析的运用应遵循以下几个步骤：

(1) 确定研究所要得到的信息与建立判别分析的目的一致。而案例中研究的目的就是要建立相应的判别方程来对新的鸢尾花数据进行分类。

(2) 检验数据是否符合判别分析的适用条件，包括数据的测量尺度、正态性、方差齐性和多重共线性等方面。

(3) 建立判别式，并评价判别效果，也就是对分析的判错率等进行评价。

(4) 解释模型结果。所得到的分析结论不应该违背专业知识。

(5) 使用模型进行预测。在得到判别方程之后，将新的鸢尾花样本数据代入方程，并获得预测结果。

3. *主成分分析*　在实际研究中，为了全面系统地反映问题，往往收集的变量较多，但就会经常出现变量间存在较强相关关系的情况，导致变量间存在着大量重复信息。直接对这些数据进行分析不仅模型复杂，而且变量间还会存在多重共线性的问题。为了能够充分而有效地利用数据，可以考虑对数据进行降维，用较少的新指标来代替原来较多的旧变量，同时尽可能反映原变量的信息。主成分分析就是用来进行数据降维的常用多元统计方法之一，能够提取变量信息，减少分析维度。

主成分分析是研究如何通过少数几个主分量来解释多个变量间的内部结构，可以理解为是数据的压缩和数据的解释。该方法常被用来寻找某种事物或现象的综合指标，并且给综合指标所包含的信息以适当的解释，从而更加深刻地揭示事物的内在规律。但主成分分析通常都是实现某种研究目的的中间步骤，之后再根据结果继续进行其他多元统计分析，从而解决实际问题。

进行主成分分析主要分为以下4个步骤：

(1) 对原来的变量进行标准化，以消除变量间在数量级和量纲上的影响。

(2) 根据标准化后的数据矩阵求出协方差或相关矩阵。

(3) 求出协方差矩阵的特征根和特征向量。特征根是衡量主成分影响力度的指标，表示引入该主成分后可以解释平均多少个原始变量的信息。通常将特征根大于1作为纳入标准。

(4) 确定主成分，结合专业知识给各个主成分所蕴含的信息以适当的解释。一般按照累计贡献率的大小取前k个主成分，这k个主成分的累积贡献率应该至少达到85%。

例如，以聚类分析中的案例为基础进行扩展，展示主成分分析的基本思路。假设通过聚类分析之后，所有参加过去两个赛季西班牙足球甲级联赛的球队被分为了3类，现在想比较3个类型的球队在各个技战术指标上的差异，指标数量由原案例中的5个增加至25个。

对25个指标分别进行差异性比较有着较大的工作量，且其中某些变量之间还存在数值关联，各指标重要性也存在差异，所以可以考虑采用主成分分析先进行数据降维。目前，常用的统计分析软件在分析时已经自动对各个变量的数据进行了标准化，并且可以输出变量之间的相关系数矩阵，可以考察哪些变量之间相关性比较强，从而确认信息浓缩的必要性。然后在分析结果中挑选出特征根大于1的主成分，并根据累计贡献率85%的标准，挑选出最终的主成分。最后，根据各个主成分的表达式中的各个系数的大小计算出综合指标。

（五）数据分析结果展示

1. 研究结果的报表呈现　研究资料经过整理和分析之后，所得到的结果除了使用适当的文字表达之外，通常还需要使用统计表来进行数据展示，表格所展示的内容比文字更加简洁，且能够对数据之间进行直观比较。使用统计表将数据内涵高效和直观地呈现出来是科学研究中重要的内容，统计表的设计是否科学合理，直接影响着学术论文和研究报告的水平和质量（贾俊平，2019）。

在统计表格的制作中，行、列和层是非常重要有经常用到的3个概念，分别代表着表格的一个维度。行是指形成表格横行的元素，列是指此形成表格纵列的元素。行、列元素相交就形成了一个最简单的二维表，由行、列元素不同取值的组合就形成了一个单元格。层的概念相对复杂一些，如果将表格想象成一个立方体，行、列和层就分别对应着立方体的长、宽和高。

常见的表格主要有以下几种类型。

（1）叠加表：指的是在同一张表格中对两个变量进行描述，或者表格中有一个维度的元素是由两个以上的变量构成。

（2）交叉表：是观察两个分类变量间的联系时最常用的表格，他的两个维度都是由分类变量的各类别构成。

（3）嵌套表：和交叉表类似，嵌套表也可以用于展示两个分类变量间的联系，但是在嵌套表中，这两个变量被放置在同一个表格维度中，即该维度是由两个变量的各种类别组合构成的。

（4）多层表：如果指定了层元素，则表格就由二维扩展到了三维，即多层表。

（5）复合表格：为了更好地达到相应的研究目的，将以上各种类型的表格互相组合，就形成了更加复杂的复合表格，如叠加-交叉表。

在实际的科学研究中，各种类型的表格通常都是采用国际通用的三线表的范式。一个三线表通常只有3条线，即顶线、底线和栏目线，三线表由此而得名。其中顶线和底线为粗线，栏目线为细线，必要时可加辅助线。标准的三线表通常都包括以下几部分内容。

（1）标题：所设定的标题需要尽可能准确、全面和精练地传达出表格中的信息。标题一般位于表的上方，表序号位于标题前，按照表格在文章中出现的顺序用阿拉伯数字依次排列，如表1、表2……

（2）标目：三线表中应含有横标目和纵标目，有时还可有总标目。横标目在表的左侧，向右说明各横行统计指标的含义；纵标目位于表的上端，向下说明各横标目统计指标的内容；总标目是对横标目或纵标目内容的概括，需要时才设置。标目内容一般按照从小到大、从先到后等顺序排列，便于说明规律性。标目应层次清楚，文字简明，分组合符逻辑，避免表目之间混淆或交叉；有时需要注明计算单位。

（3）线条：三线表中不应出现斜线、竖线，并省略横分割线，复合表可适当添加辅助横线。

（4）数字：三线表内数字需用阿拉伯数字表示，小数的位数应该一致。表内一般不留空格，为零时用“0”表示，无数字时用“-”表示。

（5）脚注：位于表格下方，目的是提供额外的信息帮助读者阅读和理解表格中的内容，但并非三线表的必要组成部分，视需要而定。脚注内容不应与正文叙述重复，一般用于说明统计量值、P 值及解释表中缩写的全称。

制作三线表时应注意以下事项：

（1）表格应具有“自明性”，即表格中的各项资料应清楚、完整，以便使读者在不读正文情况下也能够理解图表中所表达的内容。

（2）图表中量和单位的表示应采用国际单位制，并且使用代数形式，以免误解。

（3）表格设置应简洁、明确、重点突出且表达规范。

（4）表格所提供的信息切忌与图和正文中的内容重复。

（5）若表格的内容简单，可删除并改用文字表述。

2. 研究结果的图形展示　经过整理和分析之后的研究资料同样还可以用统计图的形式来呈现。统计表的制作是体育科学研究过程中非常重要的一个步骤。统计表虽然可以对数据的细节做出精确呈现，但是信息的呈现不够直观，读者很难立刻抓住主要的数据特征。而统计表则能够更加直观、形象和生动地反映数据的分布特征或变化趋势，但其缺点是对于数据细节的呈现较为困难。

近年来，随着大数据分析技术的发展，数据的可视化水平也在不断提高，能够将大型数据集中的数据用更为复杂的图形来展示，并利用数据分析和开发工具发现其中未知信息的处理过程。可视化本身既是对数据的展示过程，也是对数据信息的再提取过程，不仅可以帮助读者理解数据，探索数据的特征和模式，也可以提供从数据本身难以发现的额外信息。

目前，用于绘制统计图的软件多种多样，可以根据特定的行业和特定的绘图需求来选择相应的软件。在实际科学研究中，除了可以利用 Excel、PowerPoint 和 SPSS 等软件的数据可视化功能之外，还有使用专门的数据可视化工具，如 Origin、GraphPad 和 Tableau 等。此外，R 语言和 Python 由于其具有强大的数据可视化功能，被越来越多的科研人员所使用。

一个完整的统计图大致可以分为以下几个部分。

（1）标题区和注解区：通常位于图形的下方，标题前应注明图的编号，标题的内容应简明扼要。注解区主要用于添加对图形内容的简单说明和信息补充，帮助读者更好地理解图形所展示的信息。

(2) 坐标轴:用于表示相应变量的取值情况,但是并不是所有的统计图都有坐标轴,如饼图。在二维统计图中,坐标轴包括横轴和纵轴。坐标轴一般应注明刻度,用于说明其表示的具体含义。

(3) 绘图区:是指被坐标轴包围、直接使用图形元素来对数据进行呈现的区域,是统计图的主要部分。绘图区中主要有表示变量数值情况的直条、区块、点、线等图形元素,读者在阅读图形时应首先注意相应的坐标轴的具体含义,以明确各个图形元素的坐标究竟表示的是数量大小,还是类别。

(4) 图例区:通常位于图形的右侧,但在统计图的制作过程中,应根据具体情况将图例放在合适的位置。当在图中需要使用不同的颜色、线条等将图中元素分组以表示不同的类别时,便需要用图例来加以说明。

实际上,以上所介绍的统计图的结构并不会在所有的统计图中出现。例如,有些类型的图中就不需要注解区和坐标轴,而如果不存在图形元素的分类,则图例区也不需要。各个部分往往都是根据需要而有选择地加以使用。

根据所呈现的变量的数量,统计图大致可以分为单变量图、双变量图和多变量图等。

(1) 单变量图:指的是通过图形元素的位置高低、范围大小等对某一个变量的数值或类别分布情况进行呈现,常用于描述和考察变量的分布类型。绘制时只需要一个变量。

对于单个连续变量的分布特征描述常用的统计图是直方图。直方图通过直条在各个取值区间段的分布范围和长度来直观地展示连续变量的数量分布规律,图形中的横轴代表着不同的取值区间段,纵轴表示相应区间段的频数。此外,箱图也常被用于描述连续变量。箱图主要用中位数、四分位数等百分位数指标对该变量的分布规律进行呈现,还可以帮助判断数据的对称性和极端值。

单个分类变量数据的呈现则分为两种情况:一是展示分类变量各类别的频数;二是展示各部分占总体的构成比例。前者常用的统计图是简单条图,它使用等宽直条的长度来展示相互独立的各类别的频数的高低,其横轴表示不同的类别,纵轴表示频数的多少。后者常用的统计图为饼图,使用饼块的大小来表示各类别的百分比构成情况。

(2) 双变量图:绘制双变量图需要两个变量,图形也主要用于呈现这两个变量在数量上的联系,即当一个变量变化时,另一个变量会如何变化。

当因变量为连续变量时,一般使用纵轴刻度的高度来呈现因变量,当自变量为无序分类变量时,通常采用简单条图,每一个直条的高度代表的是相应类别的该因变量统计指标的高低;当自变量为有序分类变量时,如年份或时间等,通常用线图来对其进行呈现,因为这样可以直观地展示因变量随着有序变量变化而变化的趋势;当自变量也是连续变量时,则通常采用散点图,用散点的疏密程度和变化趋势来表示两个连续变量之间的关系。

当因变量为分类变量,且自变量为连续变量时,常用的处理方式就是讲自变量和因变量交换之后再使用条图进行呈现。而如果自变量为分类变量时,基本上也还是以条图为主,具体可分为复式条图、分段条图和马赛克图。

(3) 多变量图:如果一个统计图中需要展示 3 个或 3 个以上变量之间的数据关系时,所构成的图就成为多变量图。由于在纸平面和屏幕中不方便展示三维图,所以很难将 3 个变量之间的关系用三维坐标的立体统计图来呈现。常用的方式是当变量中有分类变量时,可以采用图例来对二维图进行扩展。例如,在线图中用不同类型的线条来代表不同的类别,在散点图中用点的不同形状和颜色来区分不同类别。而当所有变量均为连续变量时,则需要采用更为复杂的高维散点图。

(4) 其他特殊功能的统计图:随着数据可视化技术的不断发展,能够对更大体量和更复杂的数据特征及数据之间的关系进行生动呈现,同时也出现了专门针对特定统计分析问题的统计图。例如,用于分布特征可视化的茎叶图、核密度图和小提琴图等;用于变量间关系可视化的散点图矩阵、3D散点图和气泡图等;用于样本相似性可视化的轮廓图、星图和聚类图等;用于线性回归模型可视化的森林图及用于诊断性试验效果分析的ROC曲线。

本章小结

研究资料是研究操作的直接对象,也是发现新知识、推进研究进展的基本载体,对研究资料进行整理和分析是体育科学研究中的一个非常重要的环节,是能否获得科学和准确的研究结果的关键。本章主要介绍了研究资料的概念、类型和质量,重点介绍了定性研究资料和定量研究资料各自的特点、预处理过程、分析方法、常用分析软件以及研究结果的可视化。定性研究资料和定量研究资料各自具有鲜明的特征,在进行体育科学研究的过程中,需要根据研究资料的性质和特点,选择合适的研究方法和工具,遵循合理的分析程序,才能确保研究结果的科学性和准确性。

思考与练习

1. 定性研究资料常用的分析方法有哪些?请结合本章的内容,针对一份定性研究资料采用一个合适的方法进行分析,并采用合适的形式展示分析结果。

2. 定量研究资料常用的分析方法有哪些?请结合本章的内容,针对一份定量研究资料采用一个合适的方法进行分析,并采用合适的形式展示分析结果。

本章主要参考文献

艾尔·巴比,2018.社会研究方法[M].第11版.邱泽奇,译.北京:华夏出版社.

陈向明,2000.质的研究方法与社会科学研究[M].北京:教育科学出版社.

杜智敏,2010.抽样调查与SPSS应用[M].北京:电子工业出版社.

风笑天,2018.社会学研究方法[M].北京:中国人民大学出版社.

冯国双,2018.白话统计[M].北京:电子工业出版社.

黄聚云,2016.体育社会学原理与方法[M].北京:北京体育大学出版社.

贾俊平,2019.数据可视化分析:基于R语言[M].北京:中国人民大学出版社.

劳伦斯·纽曼,2007.社会研究方法——定性和定量的取向[M].郝大海,译.北京:中国人民大学出版社.

李沛良，2002.社会研究的统计应用[M].北京：社会科学文献出版社.
卢淑华，2005.社会统计学[M].北京：北京大学出版社.
袁方，王汉生，2004.社会研究方法教程[M].北京：北京大学出版社.
张文彤，董伟，2013.SPSS统计分析高级教程[M].第2版.北京：高等教育出版社.
张文彤，邝春伟，2011.SPSS统计分析基础教程[M].第2版.北京：高等教育出版社.

第 9 章

研究成果的呈现

【导读】如果没有办法交流，科学研究就没有意义，而科学研究最主要的交流方式就是科研论文。因此，科研论文就如同足球比赛中的临门一脚，是科学研究过程中非常重要的组成部分。能否用准确易读的语言撰写简明扼要的科研论文也如同科学研究本身一样重要。本章重点阐述学术论文的结构及如何撰写学位论文和期刊论文；同时介绍了在口头报告和墙报交流过程中的注意事项。

学习重点与难点

- 学术论文与学位论文在格式上的区别。

第一节 学术论文

一般来说，一篇学术论文需要有标准的格式，便于读者知道从何处寻找何种信息，也反映了用科学方法解决问题的步骤。在学术论文中，其结构一般包括题名、署名与地址、作者、摘要、关键词、前言等部分。本节主要讲述传统学术论文的写作格式，即可用于期刊论文的撰写，也可用于学位论文的撰写。

一、题名

题名是论文的重要组成部分，是反映论文主题和内容的精练表述，因而非常关键。一个恰当的题名不仅能够使得读者对论文的主要研究内容一目了然，吸引读者继续阅读论文的主体部分，而且有助于文献数据库的检索与收录，进一步提高论文的阅读和引用量。论文题名揭示出的信息越多，潜在的读者越能基于研究兴趣判断文章的相关度。最佳的题名是用最少的术语准确地描述出论文内容，要求准确、简洁、清晰、有吸引力。

在撰写题名时应注意以下几点。

首先，题名应概括性地总结论文的主要观点，明确研究的核心内容，使读者迅速把握该论文的研究主题。例如，力量训练对于优秀长跑运动员跑步经济性的影响，这一题目明确了作者研究的自变量（力量训练）、因变量（跑步经济性）和人群（优秀长跑运动员）。此外，也可以通过增加副标题的方法进一步帮助读者明确论文研究主题。例如，β丙氨酸补剂对优秀赛艇运动员无氧耐受能力的影响—— 一项随机双盲研究。

其次，题名用字应精练。字数不宜过多，同时避免使用诸如“浅谈”“浅析”等缺乏自信的词语，也要避免“……的应用研究”“……的比较研究”等多余词缀。

再次，除特定情况外，题名结构应尽量使用陈述句式。

如需使用英文题名，应遵循以下3种格式中的一种。

第一，所有字母全部大写。例如，EFFECTS OF RESISTANCE TRAINING ON RUNNING ECONOMY IN ELITE DISTANCE RUNNERS。

第二，第一个词的首字母大写，除专有名词外的其他字母全部小写。例如，Effects of resistance training on running economy in elite distance runners。

第三，实词首字母大写，虚词字母全部小写。例如，Effects of Resistance Training on Running Economy in Elite Distance Runners。

论文题名不能用具有艺术性的文学语言，更不能用口号式标题。其基本要求是可直接、鲜明地概括论文的中心论题，便于引起读者关注。标题中应慎用缩略语，尤其是具有多种含义的缩略语。为便于论文二次索引，应避免使用特殊符号（数学符号、希腊字母）、化学式、上下角标、公式、偏僻术语等（Day RA et al.，2011）。

二、 署名与地址、作者

署名与地址一般出现于期刊论文中，其目的是确保相关人员对某项研究所做出的贡献，并对该研究的结果负责。

论文的作者指为论文科研成果承担学术责任的人。一般来说，对整个科研成果的构思、设计、实施做出积极贡献的人都应该列入作者名单，并按照“对科研成果的重要性”对作者进行排序。有资格成为论文的作者应满足于以下要求：

（1）参与课题的构思与设计、资料或数据分析与解释。

（2）论文的起草、撰写或其中主要文字内容的修改。

（3）论文的最后定稿。

一篇期刊论文一般包括两名或两名以上的作者，因此应按其参与的重要性及工作量进行作者排序，第一作者主要是负责论文的数据收集和分析、论文的撰写。文的最后一位作者即通信作者一般是整个课题、论文研究工作的负责人，承担课题的经费、设计、论文撰写，负责处理论文投稿及回复评审意见等工作。通信作者一般排在论文作者的最后一位，且用特定符号标出。论文的成果一般是属于通信作者而不是第一作者。论文的其他作者应按各自的贡献进行排序。

在通信地址中，若署名作者只有一位，则只需要给出一个地址；若有多位署名作者，且其单位各自不同，则按顺序标出每个机构的地址；若有多位署名作者，而其中有两个及以上的作者属于同一单位，则应对每位作者及其对应的地址进行编号。通信地址的作用是识别和联系作者，目前多数科研人员都在使用电子邮件，因此还需要提供通信作者的电子邮件地址。

三、摘要

摘要是对整篇论文的高度概括和浓缩，可帮助读者快速了解论文的主要内容和研究结论。摘要一般包括研究目的、研究方法、研究结果和研究结论 4 个部分。需要注意的是，摘要本身具有独立性和自明性，在缺少论文主体部分的情况下也可以帮助读者获得论文的主要信息。

摘要一般包括描述性摘要和信息性摘要。描述性摘要用于解释学术研究的目的、目标和方法，省略研究结果部分。这类摘要通常只有 100～200 字，只用两三句话来概述文章的主题，不涉及研究材料、方法、结果和结论，多用于综述、会议报告。信息性摘要是论文的浓缩版，是对研究的全部概述，这类摘要内容多于描述性摘要，长度范围为一段到一页，可以全面简洁地概括论文的目的、方法、结果和结论。信息性摘要通常可代替阅读全文内容。描述性摘要和信息性摘要的基本内容相同，主要区别在于只有信息性摘要会包含研究结果，且文字长度长于描述性摘要。一般情况下，较长的、科技性的研究论文会使用信息性摘要，而篇幅较短的论文适合描述性摘要。

撰写摘要时应注意以下几点：

(1) 摘要应自成一体，独立成篇，突出论文主体部分中最重要的内容，行文内容简明扼要，与论文无关的内容不要出现。

(2) 摘要中避免出现对研究过程的陈述，同时避免使用图表、公式和引用。

(3) 摘要的撰写应使用第三人称，以突显其客观性。例如，"本研究假设……""研究结果发现……"等词语，避免出现"我认为……"或"我们的研究表明……"等词语。

四、关键词

关键词是表达论文研究主题的词汇，主要功能是帮助读者在文献数据库中快速检索到该篇论文。关键词一般的选择方法是在完成论文后，纵观全文，选出能最代表论文主要内容的词汇。一般来说，关键词取自题名、摘要和正文，并且能够代表论文的研究主题。通常，学术论文应选取 3～8 个词作为关键词，按词条的重要性从高到低或外延层次从大到小排列。每个关键词之间采用逗号或分号隔开，最后一个关键词后不使用任何符号。需要注意的是，关键词的提取应尽量使用本领域通用的专业词汇以最大限度地增加论文被检索到的概率。对于一些有争议的概念可以全部囊括在内，如周期训练和分期训练、超等长训练和快速伸缩复合训练等。

五、前言

前言是一篇论文的开场白，为论文提供背景信息，让读者了解作者的研究动机，激发读者的兴趣，前言通常包括研究背景和目的意义两个方面的内容。研究背景即重要文献的综述。根据时间、主题或其他逻辑线索，介绍和评述已经发表的相关研究成果，包括但不限于最新的研究结论、存在的争议、亟待解决的问题等。科学研究具有继承性和发展性，绝大多数研究都是在前人积累的基础上开展的，即站在巨人的肩膀上。但很多人撰写学术论文的缺陷在于引言缺少内涵，过于简单，未体现出研究领域的发展历史及创新之处，这与作者对相关学科领域的了解程度、作者的知识广度等方面具有很大的关系。只有对相关研究领域已有成果进行全面总结，才能发现以往研究中存在的问题与局限，选择有价值的研究方向及切入点，只有在文献阅读和评述的基础上才能够提出有意义的研究问题(金坤林，2016)。

在撰写前言时应注意：

(1) 言简意赅，条理清晰，以最精练的语言来表述研究内容的来龙去脉及研究结果。

(2) 应尽量准确、清楚地说明研究课题的性质和范围，对研究背景的阐述做到繁简适度。

(3) 文献及数据的引用一定要准确，尤其要检查"二次引用"的数据。

(4) 要全面概括和总结研究领域中过去和现在的状况，注意尽量以近 5 年的文献为主，既要有总结，也要有思考，强调系统性和逻辑性，避免综而不述或述而不评。

(5) 对专门的术语或缩写进行解释或定义，便于编辑、审稿专家和读者阅读。前言的目的则是在总结前人研究成果的基础上，阐明本研究对现有理论进行了哪些补充，或对相关实践有何指导意义。

下面将举例讲解引言的撰写，范例中涵盖了总体介绍、背景知识、现有研究不足或需要进一步完善的地方、研究问题、研究目的。

举例 1

(1) 总体介绍：研究表明有规律的大强度体力活动是降低冠心病风险的关键因素。在美国，冠心病是主要的死亡原因。改变久坐少动的生活方式可降低心血管风险。

(2) 背景知识：血浆中胆固醇和甘油三酯的升高与冠心病的发生密切相关，而规律的体力活动可以改善与冠心病风险有关的脂质代谢。

(3) 研究问题：尽管已有大量研究探讨了规律的体力活动对血脂的正面效应，但是很少有人关注长期(＞10 年)规律锻炼对个体血脂水平的影响。

(4) 研究目的：通过调查若干名久坐人群参加长期(＞10 年)的体力活动并检查其对冠心病血脂水平的影响。

举例 2

(1) 总体介绍：健康的生活方式是将身体素质与体力活动保持在适当的水平。身体素质的维持可以降低慢病的发病率及死亡率。

(2) 背景知识：尽管在成年以前，身体素质随着年龄的增长而提升，但是尚不清楚在人一生的各个阶段中运动能力的维持对身体素质的影响。高水平的运动能力需要运动时间的积累，而运动能力的提高可能与高水平的运动成绩或者身体素质相关。

(3) 提出问题：目前关注运动能力与身体素质之间关系的相关研究较少。

(4) 研究目的：研究 18～25 岁人群不同的运动能力对身体素质相关指标的关系。

六、研究方法

研究方法是说明在科研过程中研究方法的全部细节，其主要目标是描述实验设计，即不能过于简单也不宜太过繁杂，要以其他研究者能够根据相关描述重复你的研究过程为标准进行撰写，可重复性是实证研究的核心特征之一。方法部分主要涉及以下内容：

1. 研究设计　研究设计即论文采用的是定性研究方法还是定量研究方法，具体采用何种研究设计，并对研究的大致过程进行描述。在实验设计中应遵循两个原则：第一个原则是“少即是多”，这不是为了减少研究受试者，而是在进行科学研究时避免使用许多自变量和因变量来设计复杂的研究；第二个原则是“越简单越好”，这一原则贯穿于设计、研究、分析、讨论等过程，要保证研究清晰明了，便于理解并能解释所发现的问题意味着什么。

2. 样本或受试者　研究者应对样本或受试者的特征进行详尽描述。例如，年龄（儿童青少年、成年人或者老年人）、性别（男、女或者二者皆有）、身高、体型（体重、肥胖）、训练水平（有训练经历或无训练经历）、能力水平（精英级或新手）、训练年限等，以阐明样本或受试者的代表性。同时，应该描述的还包括如何选取和分配样本或受试者，是否采用随机或双盲方式，以及中途退出等样本或受试者丢失的情况。

3. 变量及其测量工具　分别通过哪些测量工具获得自变量和因变量，如果是问卷，需要详细说明问卷的编制过程、评分标准、发放回收过程及其信效度；如果是设备，需要注明设备型号和生产厂家及其对所测变量的信效度。实验过程的描述包括各个步骤按特定顺序描述、研究时间的选择（如不同步骤所用的时间及不同步骤之间的时间）、给予研究对象的指导语、任务指导及保护措施。在实施一项研究之前应先进行预实验，以避免因方法上存在缺陷而导致研究缺乏有效性。

4. 统计分析方法　例如，采用 SPSS、SAS、R 等常用统计分析软件，除交代分析方式（如单因素方差分析或重复测量方差分析）外，还需要对分析过程中涉及的参数或选项进行描述，如采用何种事后检验方式。纵观目前的学术论文，常会存在统计方法选择和使用不当的情况，主要表现在统计方法描述不清，结论缺乏科学性，在论文中并未交代统计方法或统计方法交代不清。部分作者甚至直接使用 $P>0.05$、$P<0.05$ 或 $P<0.01$ 进行分析讨论结果差异的显著与否，P 值的大小不仅说明差值的大小，还与抽样误差有关。因此，需要写明具体的统计方法，写出精确的统计量值（如 t 值、F 值和 u 值等）和 P 值，再根据 P 值进行统计推断并做出相应结论（张力为，2016）。

七、研究结果

研究结果是一篇论文的核心内容，该部分主要通过文字或图表展示收集到的数据经过特定统计分析过程后得到的结果。研究结果的呈现顺序应与研究问题或研究内容逐一对应。既可以采用并列结构，也可以采用递进结构。研究结果要求必须用实事求是、真实可靠、准确的说明性材料来描述主要结果或发现，文字描述要合乎逻辑、层次分明、简练可读。

研究结果通常包括整体实验描述和数据展示，在撰写结果部分时应注意以下几点：

（1）对实验或观察结果的表达要高度概括和凝练，不能简单堆积实验记录数据或观察事实，要突出具有科学意义和代表性的数据，而不是一味地重复一般数据。

（2）在研究结果部分只描述研究结果，一般不做解释。文字描述要包含足够的信息，除报道 P 值外，还应报道效应量或置信区间，以帮助判断结果的质量。

（3）研究结果是表达作者观点的重要部分，为表述清楚，应将研究结果分成若干层次或若干自然段来写，且要注意层次之间的逻辑关系。多结果的逻辑排列，应遵循以下原则：从最重要到最不重要、简单到复杂、同类排列、按研究问题的逻辑关系而不是时间顺序来写。

八、 学术论文中图和表的制作

虽然科研论文主要以文字来进行表述，但在结果表达方面图和表相结合比文字更具直观性且简单明了，可避免文字赘述。图和表是展现研究结果最有效的方式，可以较小的空间承载更多的信息，能够高效、直观地表达复杂数据及观点，让读者更好地理解论文所叙述实物的形态及其变化规律，并补充文字叙述的不足。

科研论文中的插图一般包括折线图、散点图、直方图或条形图、饼图等。

（1）折线图：用于说明两个变量之间的定量关系和趋势，横坐标为自变量，纵坐标为因变量，常用于显示连续性变化。折线图中线条数目一般不超过 5 条，且要能够清晰分辨。折线图要求：线条清晰简洁、图中文字与标值易于辨认、坐标轴应包含测量单位、表示不同标量的符号应易于区分、纵坐标的文字方向应与坐标轴相垂直。图 9-1 是用折线图表达数据交互作用的范例，年龄和时间均为非独立变量，因此 X 轴为时间。

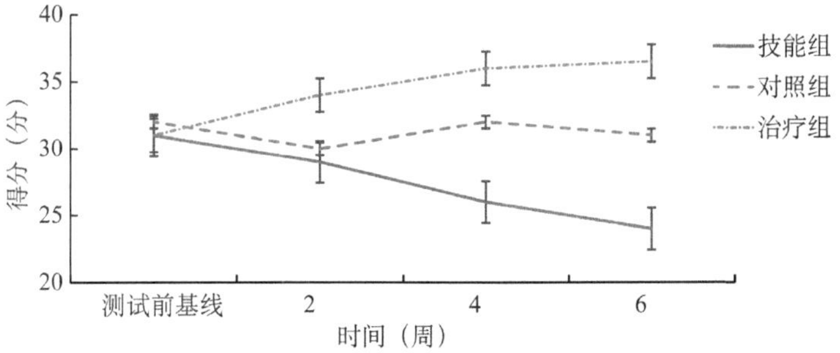

图 9-1　折线图使用范例

（2）散点图：由若干个点组成，对应坐标系中的横、纵两个变量，表示某一事件的数值，通常用于比较跨类别的非重复值。散点图中添加曲线后可看到趋势，如果所有的点构成一个条形则表明存在相关关系，例如，沿着斜线的一组点意味着线性相关，若所有的点都在一条直线上则表示高度相关。图 9-2 为足底压力鞋垫力值与测力台力值的相关关系，R^2 为相关系数。

（3）条形图或直方图：当自变量是分类数据时，可采用条形图或直方图来说明自变量的关联，主要用于揭示变化幅度。条形图或直方图可以是横向也可以是纵向，每个条代表一类数据，条的长短表示数据的大小。常见的条形图有竖式条形图、叠式条形图、点式条形

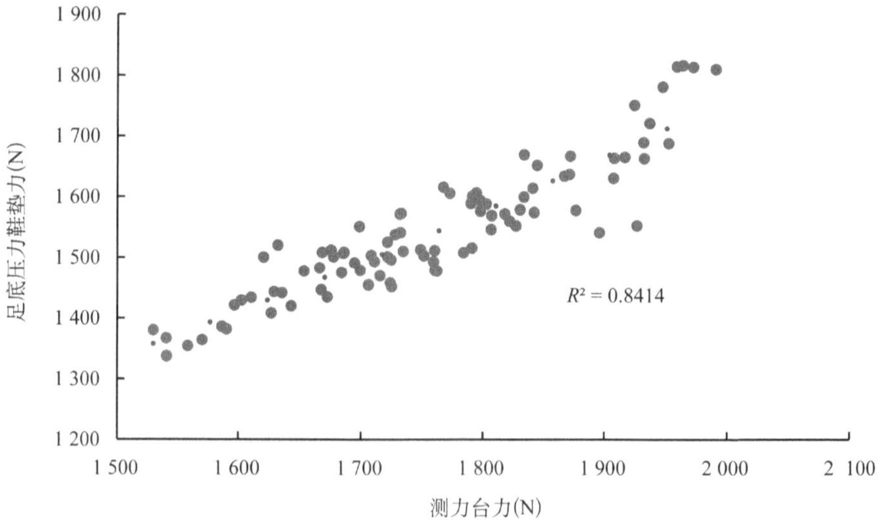

图 9-2　散点图使用范例

图。条形图或直方图的绘制要求：不同的条有明显区分、图中文字、数字及坐标轴上的刻度易于辨认、纵坐标轴长度至少和最长条的长度相等、纵坐标的文字方向应与坐标轴相垂直。图 9-3 为某学院教师不同出生年份人数的分布图横坐标为出生年份，纵坐标为人数。

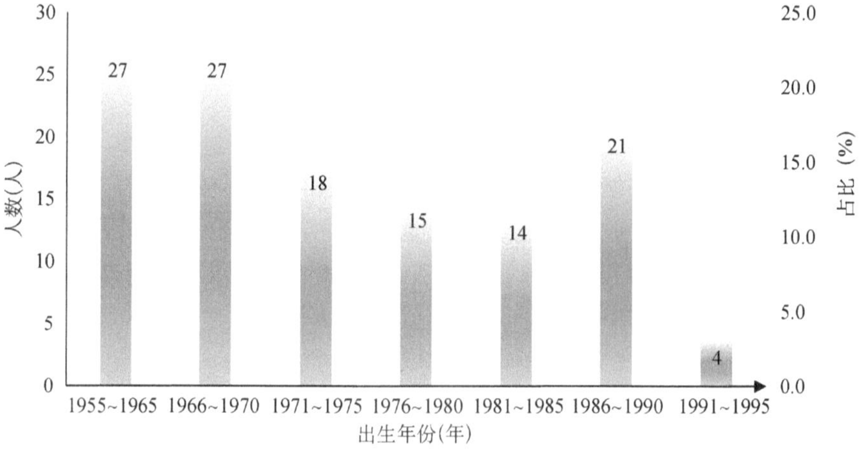

图 9-3　条形图使用范例

（4）饼图：是用来表示各种数字比例关系的统计图。将单位圆视为 100%，各种成分的数量按占比在圆中显示。但饼图在实际中应用较少，因为饼图比较的项目一般不能太多，否则饼图会变得太复杂，其次当比较的数据相近时无法体现出其间的差异性。图 9-4 为某学院教师职称占比，不同扇形代表不同的职称比例。

学术论文的图表易于比较、说明问题，侧重于表现关联、趋势、因果关系等。绘图应简洁大方、清晰明了，使人能够一目了然。在绘图时应注意：

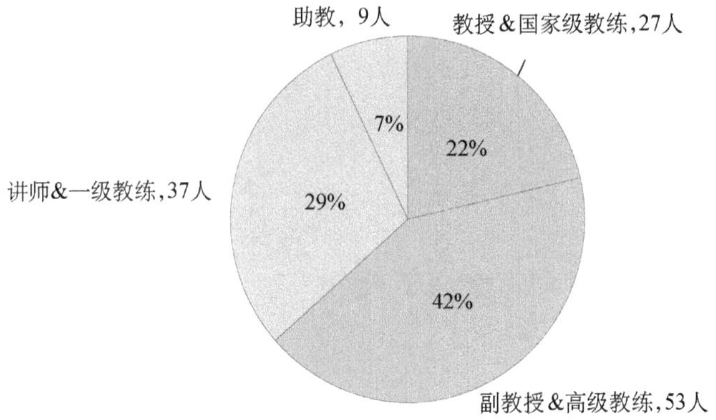

图 9-4　饼图使用范例

（1）图应有自明性，即只看图、图解和图例，不阅读正文便能理解图意。

（2）补充而不是重复文字描述。

（3）描述最基本、最重要的事实。

（4）简洁，省略不必要的细节。

（5）插图具有简明易懂的优势，由图序、图题、图形和图注组成。

（6）图中线条应清晰、粗细均匀、比例适当。

表格是记录数据或事物分类的一种表达方式，具有简洁、清晰、准确的特点，且逻辑性和对比性很强，因而广泛使用。表格统一采用三线表，三线表的表体包括顶线、底线和栏目线，其中顶线和底线需要加粗。三线表还包括表序、表题和表注（图 9-5）。在制作表格时应注意：

（1）一篇论文中并不是表越多越好，而是要根据其必要性进行选择，能用一两句话能够说明的内容就不必使用表格。虽然插图可以对文字和表格形成有效补充，但不应重复文字和表格中已有的信息，即同一组数据通常只选用文字、图或表一种方式呈现。

（2）表格设计应该科学、明确、简洁、表达规范、突出重点。表格应根据其在文中出现的顺序进行标号，用阿拉伯数字表示，如表 1、表 2，整个论文中即使只有一张表也要进行标号。

（3）表中缩写、术语和符号应和正文中保持一致。

（4）表中的参数应标明量和单位的符号。

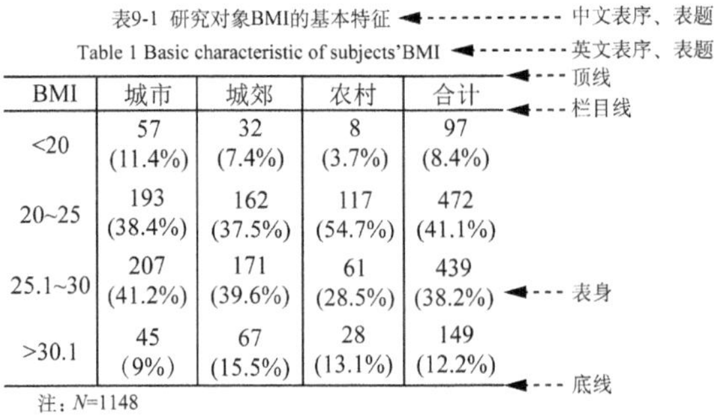

表9-1 研究对象BMI的基本特征

Table 1 Basic characteristic of subjects'BMI

BMI	城市	城郊	农村	合计
<20	57 (11.4%)	32 (7.4%)	8 (3.7%)	97 (8.4%)
20~25	193 (38.4%)	162 (37.5%)	117 (54.7%)	472 (41.1%)
25.1~30	207 (41.2%)	171 (39.6%)	61 (28.5%)	439 (38.2%)
>30.1	45 (9%)	67 (15.5%)	28 (13.1%)	149 (12.2%)

注：N=1148

图 9-5　三线表范例

九、讨论

讨论是对研究结果的解释与分析，往往是一篇论文的精华与灵魂。讨论部分一般是比较难写的部分，原因是该部分最能反映作者对某一研究问题了解的广度和深度，即能否从多个角度分析研究结果及能否深入探讨研究问题。因此讨论部分需要展现出研究结果的理论意义、实际应用价值、对其他领域的扩展性、促进他人对该领域理解的广泛性。

讨论部分是对研究结果的解释，因此该部分主要包括：

(1) 对研究目的和主要研究结果的再次描述，阐述重要的结果及其意义，并说明研究结果是否支持研究假设，如果不支持，原因是什么?

(2) 对研究结果进行解释，通过与前人研究的比较，说明本研究与前人研究结果的异同，并对不一致的地方进行解释。

(3) 总结研究结果的理论意义和应用价值，并客观说明研究过程中存在的局限性，以及对未来研究的建议。

讨论部分重点在于解释和推断研究结果，并说明该结果是否支持或反对某种观点，是否提出了新的问题或观点。因此，论文的讨论部分应直接、明确地对论文做出完整的解释，避免含蓄。解释要有理有据，要把问题讲清楚。

讨论部分一般分为3个部分。

(1) 开头部分：阐述主要发现，在开头部分阐述主要的研究成果，一般在第一段直接给出研究结果。

(2) 中间部分：段落的多少取决于研究结果的数量，可以是并列或递进关系，确保每一段都要有一个主题，每一段都要说明研究结果的作用及其意义、与前人研究的异同及其原因、研究中新颖的部分及其解释、阐述产生不同研究结果所有的解释、提出研究所存在的局限。

(3) 最后部分：是对讨论的总结，用2～3句话阐述研究的主要结果。

十、结论

结论是对研究结果的高度概括，评价一篇论文质量高低的关键在于论文的结论是否完美。结论应使用简明扼要的语言对结果进行提炼，通常情况下并不出现具体的数据。结论写作要求准确完整地概括论文中的创新点，提供明确、具体的定性与定量的信息，对要点要具体表述，不能使用抽象和笼统的语言，忌对研究结果进行简单改写后充当结论。

十一、致谢

一篇科研论文通常不是靠一个人完成的，一般来自多方面支持，包括资金、人力、设备等，因此作者可以在正文后进行致谢，通常包括：

(1) 资助研究工作的基金、单位、组织或个人。

(2) 协助完成研究工作或提供便利的组织或个人。

(3) 在研究工作中提出建议和帮助的个人。

(4) 授权转载和引用的文献、资料、图片的所有者。此外,有需要还可以在致谢部分注明利益冲突,如直接或间接的经济冲突、职业或观念冲突等。

十二、 参考文献

参考文献是在撰写论文过程中所引用的相关资料,凡是引用他人的观点、数据或材料,都要在文中相应位置予以标明,并在正文后列出参考文献列表,以表明作者对所引研究者的尊重,同时避免抄袭或剽窃等学术不端问题,亦能方便读者进一步查阅相关文献。

在引用参考文献时应注意:

(1) 引用原始文献,不要二次引用。

(2) 参考文献的撰写方式,应遵循国家标准格式,即《信息与文献 参考文献著录规则》(GB/T 7714—2015)。

(3) 国内外作者姓名的表达方式不一致,在引用时应仔细检查是否有误。在引用文献前,可以使用文献管理软件(如 Endnote 等)创建文献数据库,并将参考文献格式化,提高工作效率。

第二节 学位论文

学位论文是作者为获得相应学位而撰写的学术论文,是作者所从事科学研究工作取得独创性结果的总结。学位论文根据所申请的学位不同,可分为学士论文、硕士论文、博士论文 3 种。学位论文作为重要的文献情报源,一般不在期刊上公开发表,只能通过学位授予单位、指定收录单位和私人途径获得。学位论文表明作者已较好地掌握了相关领域的基础理论、专门知识和基本技能,并具有从事科学研究工作或承担专门技术工作的初步能力。

学位论文的结构包括前置部分、主体部分和附录部分。其中前置部分包含封面、题名页、摘要、关键词、目录页、图表清单和符号表等,而主体部分一般包括前言、正文、结论、致谢和参考文献。一般来说,主体部分反映了解决问题的科学方法:提出问题、形成假设、收集数据、分析和解释结果。附录部分常包括知情同意书、正文中未出现的表格、原始数据、访谈提纲、调查问卷等。

对于学士、硕士学位论文而言,学位论文格式强调规范的研究过程,如术语定义、规划研究、提出基本假设及研究意义、认识研究的局限性等。博士的学位论文是其在特定领域的研究成果,是通过大量的知识和原创性学术思想表现出来的。

学位论文的格式规范与否是毕业论文评审的重要指标,也直接体现出作者是否具备基本的科学研究素养。学位论文撰写常见的问题主要有以下几点。

(1) 论文主体结构的缺失,特别是研究假设和研究局限的缺失。

(2) 论文题名语言不够精练，经常出现不必要的谦词和词缀。

(3) 论文摘要没有对整篇文章进行概括和总结，仅简单复制研究结论。

(4) 参考文献总体数量少、缺少最新研究文献、缺少英文研究文献、图书和学位论文比例过高。

(5) 结构不清晰，层次不分明，表述口语化，缺乏逻辑性。

(6) 研究方法描述过于简单，没有详细说明研究程序和步骤，难以根据相关描述进行重复研究。

(7) 图表格式不规范或不统一，最突出的问题是三线表使用混乱。

(8) 参考文献著录格式不规范，缺少页码等相关信息，与正文标注不对应或随意添加参考文献。

第三节　期刊论文

期刊论文在文章结构和写作风格上可能与学位论文存在差异，所以学位论文的发表往往需要花费较多的时间和精力。有发表动机的人会按照期刊论文的格式要求重新整理论文，而没有发表动机的人往往因此放弃发表论文的机会。在你确定目标期刊之后，需要仔细阅读其投稿指南，并按照要求准备相关材料。投稿指南中通常会解释期刊的收录范围和格式要求，如结构、字数、图表和参考文献等。很多学生或年轻科研人员经常会因为投稿格式不符合要求而被拒稿，这种情况是非常可惜的。

一、期刊论文的结构

期刊论文的结构应满足有效发表的要求，包括标题、署名与地址、摘要、引言、材料与方法、结果、分析讨论、结论、致谢、参考文献这几个部分，但是具体的写作要求还需要根据不同期刊的风格与《投稿须知》进行确定。

二、同行评议

期刊论文一般遵循标准的同行评议过程，完成这一过程所需的时间长短不一，平均可达3个月。同行评议的过程可归纳如下：

(1) 编辑对作者投稿进行审查，主要查看该论文主题是否符合期刊的收录范围。例如，《运动与健康科学》(*Journal of Sport and Health Science*)更倾向于收录运动与健康方面的稿件，而非高水平运动员运动表现方面的文章；内容长度是否恰当，如综述类投稿的内容长度大于非综述类投稿；文章结构和格式是否正确，如有的期刊会要求作者撰写投稿亮点或者实践应用。

(2) 编辑浏览全文，检查论文是否包含完整的附件材料，如以独立文件形式存在的图表。

(3) 编辑阅读论文摘要、关键词和参考文献,以确定合适的审稿人(一般2～3人),并根据投稿所属领域将其分配给相应的副主编。

(4) 审稿人在规定时间内将评阅结果发送给副主编,副主编综合所有审稿人的评阅意见对投稿做出评价,并将审稿建议提交给主编。

(5) 主编阅读论文,结合副主编提交的审稿建议,确定投稿处理决定并告知作者。投稿处理决定一般分为以下3类:小修(minor revision)、大修(major revision)、拒稿(rejection)。

一般而言,影响因子越高的期刊拒稿率越高。此外,拒稿率高低也与期刊的刊文量有关。如果投稿被拒也不要灰心,几乎所有研究者都有投稿被拒的经历。在收到投稿处理决定后,仔细阅读审稿意见,评估补救研究缺陷的可能性,根据编辑部和审稿人的评阅意见进行修改后再次投稿至同一期刊或其他期刊。切忌未进行任何修改就将论文投稿至另一个期刊,因为不同的期刊根据你的论文主题往往会找到同一个审稿人审稿。

三、投稿须知

下面以《体育科学》为例,说明期刊论文的投稿格式要求。

投稿须知

《体育科学》杂志热诚欢迎海内外作者投寄稿件。为保证学术研究成果的原创性和严谨性,倡导良好的学术风气,推进学术规范建设,请作者投稿时遵照如下规定:

(1) 所投稿件须系作者(或课题组)独立研究完成,对他人知识产权有充分尊重,无任何违法、违纪和违反学术道德的内容。按学术研究规范认真核对引文、注释和文中使用的其他资料,确保引文、注释和相关资料准确无误。如使用转引资料,应实事求是注明转引出处。文稿不得包含任何与中华人民共和国现行法律相抵触的内容;稿件的内容是真实的。

(2) 每篇投稿论文限标注1名通信作者,所有作者按系统要求添加,一经入库,作者及排序以投稿时添加的为准。投稿人须为本文第一作者或通信作者,其他作者投稿无效。通信作者应对研究成果的真实性和可靠性负责,如有学术不端行为,编辑部将依规处理。标注通信作者,须满足下列条件之一:

1) 指导教师:通信作者应为论文第一作者的导师(硕士、博士研究生导师),对本研究的选题、设计及研究结果的创新性、合理性和严谨性具有不可替代的作用。

2) 科研项目负责人:通信作者应为论文受资助科研项目负责人,对论文有指导、把关等作用。标注通信作者的论文,投稿时需要上传校级学生管理部门(如研究生院)出具的师生指导关系的证明材料或科研项目立项批准文件(通信作者须签字确认,请将通信作者证明材料与版权协议一起压缩打包后上传到"已签名的版权协议扫描件"一栏)。

(3) 凡向本部投稿,承诺该文未一稿两投或多投,包括未局部改动后投寄其他报刊,并保证不会将该文主要观点或基本内容先于《体育科学》在其他出版物上发表。

(4) 所投稿件应遵守相关的国家标准和法规,如关于标点符号和数字使用的规范等。论文如果获得有关研究基金或课题资助,需要提供基金名称及编号,并上传相关文件。学位论文请在论文整体框架下进行适当精简,所刊论文原则上与学位论文文题保持一致,本刊原则上不刊发学位论文节选内容。

(5) 文稿题目应简洁、准确,不宜使用缩略词;摘要内容对论文研究背景、研究内容、研究成果及相关数据等应有所介绍,不要过于简单;注意容易混淆的外文字母的文种、大小写、正斜体及上下角标的正确书写;图、表和公式应通篇分别编号,表格应采用三线表形式。

(6)《体育科学》杂志整体版权属国家体育总局体育科学研究所科技书刊部所有,未经许可,不得以任何方式复制、选编。经我部许可需要在其他出版物上发表或转载的,须特别注明"本文首发于《体育科学》"。

(7) 本编辑部有权对来稿做文字性修改,如作者因违背上述规定而给《体育科学》造成不良影响,作者将承担全部责任,接受编辑部采取相应措施予以警示,包括5年内禁止作者本人的任何成果在《体育科学》上发表等。

(8) 文稿一经采用,编辑部将告知作者,经作者同意等同于同意在《体育科学》网站上或由其授权的文献数据库全文刊载其成果,并付稿酬及寄样刊。

(9) 本刊实施专职编辑与相关学科专家匿名审稿相结合的审稿制度,请在注册、提交稿件时按要求填写作者信息,提供的文稿中不要出现作者姓名及其他有关作者的信息。

第四节 报告交流

由于学位论文和期刊论文均存在较大的滞后性,因此不同领域或不同地区的学术组织每年都会组织学术会议,以促进研究者之间更加及时和更加充分的交流。学术会议比较注重时效性,除了安排主题报告和专题报告外,还会向研究者征集最新的没有发表过的研究成果。研究者一般会撰写一篇会议摘要供会议评审。会议摘要的常见格式如下:对研究目的或研究背景做一个简短说明;陈述研究问题并简单描述采用的研究方法,包括研究对象、研究过程、设备指标、统计分析等;列出主要研究结果并解释其重要意义。一旦你的会议摘要被录用,你就会面临报告交流的问题,主要分为口头报告和墙报展示两种。

一、口头报告

口头报告是在学术会议上呈现研究的一种方式,报告人需要在同行面前报告自己的研究成果,包括研究背景、研究问题、研究方法、研究结果和分析讨论等环节,还会有听众和报告人之间的现场问答。在读学生往往对口头报告比较紧张。这与平时练习不足有关,解决的办法就是多在其他人面前进行各种各样的口头报告。例如,某些课程负责老师会要求学生在期末时就所学内容进行口头报告,抑或研究生在导师的要求下定期以口头报告的形式交流最新研究文献。口头报告的时间通常为10～20 min,视具体会议而定。报告人必须在规定时间内完整陈述研究问题,介绍研究方法,展示研究结果,进行讨论分析并给出研究结论。因此,采用图表和动画等直观的演示方式非常有助于帮助听众理解报告人的意图。此外,报告各部分的时间占比应均衡。以15 min的限定时间为例,每部分内容的时间分配如下。

研究背景(4 min):介绍研究的背景并列举该领域主要的研究成果。

研究问题(1 min):清晰表述本报告的研究问题和研究假设。

研究方法(3 min):为解答研究问题所采用的研究方法。

研究结果(3 min):通过图表的形式直观展示研究结果并辅以口头解释。

讨论分析(4 min):结合主要研究结果和已有文献展开讨论。

报告者在报告前最好能够前往报告现场事先熟悉场地和设备,如有可能可以将幻灯片文稿拷贝到演示设备上进行预演,以避免任何潜在的排版和控制上的问题。口头报告中最常见的问题就是在研究方法上花费过多时间,导致研究结果的呈现过于匆忙,或分析讨论不够深入。在正式报告前多加练习是解决这些问题的最好方法,在演练时,通过演示文稿软件自带的计时器帮助自己在限定时间内完整呈现研究成果。在报告结束后,让同事或同学模拟听众提出问题。总之,提前练习不仅可以帮助报告者提高口头报告的质量,也有助于增强其自信心。

在进行口头报告时,报告者也要注意形象和礼仪。在衣着方面,整洁大方,庄重朴素、色彩和谐,可以穿着商务正装或休闲正装,不宜穿着休闲服装或运动服装。在礼仪方面,举止端庄大方,态度诚恳谦和,礼仪周到自然。步入报告席时始终面带微笑,对主持人点头致谢后再扫视观众致意。在报告过程中,注意与听众保持目光交流。在语言方面,力求简明扼要,用最短的时间阐明最重要的学术思想,根据报告内容的重要性控制语音和语速,既要保证报告的连贯性,又要有适当的停顿和强调。在问答方面,对听众的提问要认真倾听,给出的回答要实事求是,对于合理的建议和批评要虚心接受,对于质疑性的问题也要保持平和的心态,从专业和实践的角度耐心解释。

二、墙报展示

墙报展示是学术会议交流的另一种形式。作者通常要将自己制作的墙报在指定时间粘贴到展厅的指定位置,并在指定时间段站在自己的墙报前,与感兴趣的同行就墙报内容衍生出的各种问题进行交流。墙报展示与口头报告在重要性上并无差异,事实上很多研究者更喜欢墙报展示,因为他们能够看到自己感兴趣的研究内容,并且能够与作者进行更加深入细致的讨论。在口头报告时,听众只能被动地跟随作者的节奏,难免存在作者讲得太快听众无法理解的情况,且最后提问的时间和机会往往非常有限。在墙报展示时,观众可以按照自己的节奏浏览作者制作的墙报,或请作者简要介绍研究内容,碰到不清楚或感兴趣的问题时可以随时停下进行思考和交流,这样会促成观众和作者之间更深层次的交流和沟通。因此,在同样的时间内,墙报展示提供的有效信息量可能数倍于口头报告。

合理的设计可以进一步提升墙报展示的效率。墙报内容应突出重点,删除不必要的信息,切忌原封不动粘贴提交的文字摘要。墙报通常需要被粘贴到墙报栏上,会议组织方通常会规定墙报所需的尺寸,以最常见的 1.2 m×1.8 m 版式为例,版面应该划分为 6 部分,包括摘要、研究背景、研究方法、研究结果、分析讨论与参考文献。将论文各个部分的标题展示在墙报上,可以帮助读者理清思路,但各部分之间要有一定的空白以增加墙报易读性。墙报内容的排版通常采用纵向版面(图 9-6),按照一定的逻辑顺序安排,图表一般放在墙报的中心位置，这些图表是观众和作者之间交流的主体。如果在图和表之间选择的话，优先使用图；如果使用表，尽量只列举关键信息并用阴影或颜色做出标记。颜色的使用虽然有助于突出重点和增加易读性，但在选择颜色时一定要慎重，不应使用过多的颜色。

墙报中也不能缺少文字，但这些文字的目的在于帮助观众更好地理解图表信息。因此，文字应当简单明了，容易理解。例如，使用结构简单的短句；避免抽象的内容；选择一种常见且清晰的字体；每一部分的标题要醒目；每一部分内容均使用左对齐，而非两端对齐（Thomas J et al.，2015）。

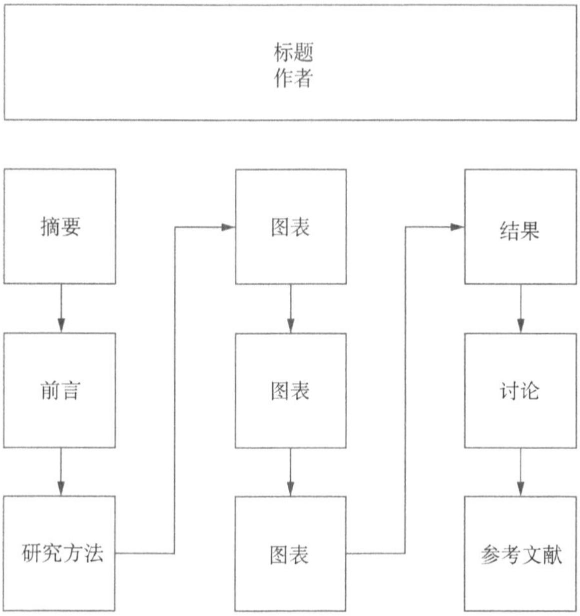

图 9-6 纵向墙报设计

本章小结

本章介绍了学术论文、学位论文、期刊论文以及报告交流的呈现方式，在撰写不同形式的研究内容时应遵循相应的格式，如摘要、关键词、前言、研究方法、研究结果、讨论、结论等。通过准确的语言将研究成果呈现出来，以便于高质量的研究成果的快速发表，进而增加其在国际上的影响力。

思考与练习

1. 从国内体育核心期刊中找到一篇感兴趣的研究，写成一篇 1 500 字左右的大摘要。
2. 从国内体育核心期刊中找到一篇感兴趣的研究，做成一个墙报。

3. 从国内体育核心期刊中找到一篇感兴趣的研究，做一个 2 分钟的演讲。

4. 检索国内体育专业毕业论文，检查其格式是否符合要求。

本章主要参考文献

金坤林，2016. 如何撰写和发表 SCI 期刊论文[M]. 北京：科学出版社.

张力为，2016. 体育科学研究方法[M]. 北京：高等教育出版社.

Day RA, Gastel B, 2011. How to Write and Publish a Scientific Paper[M]. 第 7 版. Kansas: Greenwood Publishing Group.

Thomas J, Nelson J, Silverman S, 2015. Research Methods in Physical Activity [M]. 第 7 版. Champaign: Human Kinetics.

第10章

体育科学研究素养与规范

【导读】本章主要从科学素养、体育科研工作者的素养与能力、科学研究中的道德问题、科学研究与伦理问题、学术规范等5个方面介绍体育科学研究素养与规范，通过本章节的学习让学生掌握在体育科学研究中如何形成严谨的科学素养及行为规范。

学习重点与难点

- 体育科学研究素养与规范的内涵与意义。
- 如何形成严谨的科学素养以及行为规范。

第一节　科学素养

一、含义及基本要素

科学素养是指社会公民应具备对科学技术的基本了解的素质，其包括对科学基本知识的了解，掌握基本的科学方法，了解科学对社会和个人的影响。科学素质，是指通过掌握必要的科学知识，在正确的科学精神引领下，用科学态度和科学方法参与及处理各种事务的能力(金兼斌,2002)。作为一名从事科学研究工作者，应具备最基本的科学素养。科学素养的高低影响着科研工作者的研究质量与水平。因此，科研工作者应具备较高的科学素养，以保证科学研究的顺利进行。科学素养是科研工作者应具备的基本素养，具备科学素养能够促进科研工作者取得科研成果的成功。科学素养的基本要素包括科学知识、科学方法、科学技能、科学态度、科学精神、科学伦理与道德及科学创新几个方面。

(四) 获取信息、资料搜集能力

获取信息与资料搜集能力是科学研究过程中的一步,不论是在选题时还是在课题研究中,都是科研工作者通过信息获取与资料搜集中得到,且资料搜集之后对资料的有效处理,对科学研究的结果很关键。资料搜集之后如果没有对资料进行有效处理,那么科学研究结果的真实性与准确性难以得到保障。由此,获取信息和资料的能力在科研工作中具有重要地位,科学研究工作者应加强自身获取信息和资料搜集能力,从而加强自身科研能力。

(五) 撰写文章的能力

撰写文章的能力是每个从事体育科研工作者所应具备的能力,在选题、查阅文献、制订研究计划等一系列步骤后,最终是以撰写的方式将科研成果表达出来,而不是口头表述或其他方式,由此可见撰写文章能力的重要性。因此,体育科研工作者应具备撰写文章的能力。

(六) 一专多能的能力

体育科研工作者应具备一专多能的能力。体育科研工作者不仅要在知识结构方面需要有着丰富的知识储存,还要做个在某个领域既是专家,在其他领域也有所涉及的人。当今社会,信息的发达与时代的进步使人们不得不顺应时代变化的特点,唯有具备一专多能的能力,才能顺应现代社会体育科学既分化又相互联系的趋势,在多元社会中立足。

第三节　科学研究中的道德问题

一、 体育科研中的道德问题

道德使人们能够调整与他人和社会之间关系的准则,其能够引导人们树立正确的价值取向。道德需要人们共同去维护,以此规范自己的行为举止。基本的道德规范对科学研究十分重要,科学研究本身就是一个对未知世界的探索及对真理的一种追求。在从事体育科研中,科研诚信是每个科研工作者都应牢牢遵守的一种信念,应将诚信作为自身的立业之本,以坚韧的科学精神攻克科研成果,不应出现弄虚作假行为。用一些道德规范和行为准则约束科研工作者,使科研工作者加强自身道德品质,提高道德素质修养,减少学术界道德问题的出现,共同维护科学界的良好风气。但是,在现实利益面前,仍有少数科研工作者为了现实利益,贸然违背基本学术道德,做一些有违学术道德的研究。具体为不尊重他人劳动成果、论文弄虚作假、粗制滥造等。

二、 体育科研中道德问题的应对措施

近年来,学术界呈百花齐放和百家争鸣的繁荣局势,科研工作者在取得研究成果的同时,也在共同维护良好的道德学风。但是,当前研究工作中存在着一些严重的、不容忽视的

学术道德伦理方面的问题，这些现象和行为深深影响了学术界的风气与体育事业的健康发展，如果任由这种风气发展下去，学术风气将不再是一种净化状态，体育事业也会停滞不前。因此，我们应该高度重视，加强学术道德规范已刻不容缓。

（一）加强科研工作者思想道德建设

针对学术界出现的学术道德现象与问题，高校应加强科研工作者学习马克思列宁主义、毛泽东思想、邓小平理论、“三个代表”重要思想、科学发展观，全面贯彻新时代中国特色社会主义思想，树立良好的学术道德，并作为科研工作者的思想行动上的指导，以此规范自己的学术道德行为，抵制不良学术风气的形成，共同自觉维护学术的高尚与严肃性。

（二）遵守相关法律法规与规章制度

科研工作者应严格遵守《中华人民共和国著作权法》《中华人民共和国专利法》《科技工作者科学道德规范》等相关法律法规，科研工作者认真学习贯彻相关法律法规与规章制度，不仅能够加强自身学术道德，对自身的精神层面也是一种升华。以相关法律法规与规章制度为依据，培养和加强自身学术道德规范。

（三）营造良好的学术环境

良好的学术环境是科研工作者维护学术风气的外部条件，学术风气的好坏既影响着科学和体育事业的健康发展，对研究者本身也是一种考验。好的学术风气能够帮助科研工作者积极向上地完成科研成果、没有急功近利和损人利己的心态，而不好的学术风气却能让科学工作者误入歧途，从而给自身名誉和学术界带来不好的影响。因此，科学研究者应积极营造良好的学术环境，并加强自身学术修养，共同维护学术风气的纯净，只有营造良好的学术环境，才能使体育科学研究事业蓬勃向上可持续发展。

（四）加强人事制度改革，完善人事考核制度

对教师职称评审进行改革，全面推进教务聘任制度，强化制度与体系。在进行人事制度改革中，探索符合科学规律的人才评价方法和指标体系，形成良好的学术氛围与加强道德建设。加强多方面评价体系，摒除“唯论文论”，使体育科学研究工作者不是为了论文而写论文，应该追求更高层面的价值，完善价值导向。

（五）建立学术惩罚制度

学术惩罚制度的建立对科学研究者十分重要，当科研工作者违反学术道德规范时，便会有相关惩罚制度对其行为进行认定与处罚。对经过查实违背学术道德的行为，各部门与学校应对此行为给予批评与行政处罚，对严重违反学术道德的科研人员，可通过媒体进行客观批评，触犯法律的依法追究其法律责任。学术惩罚制度的建立与完善对科研工作者树立良好的学术学风、培养优良品质、加强自身修养具有重要作用，因此，科学研究者应遵守学术道德规范，以此约束自己在科学研究中的行为举止。

三、科研工作者应遵循的道德规范

爱因斯坦认为:“科学是一种强有力的工具,怎样用它,究竟是给人带来幸福还是带来灾难,全取决于人自己,而不取决于工具。刀子在人类生活上是有用的,但它也能用来杀人。”科技是一把双刃剑,在看到科技给人们带来的便利与好处的同时,也应看到科技带来的弊端,应从最基本的人性道德出发,理性看待科技带来的双面性。道德是人们在一些规则和规范约束下,选择正确的生活方式。随着社会和科学技术的迅猛发展,科学研究中的一些学术道德问题也日益暴露出来,并受到人们的广泛关注。

(一)实事求是、严谨求是

实事求是、严谨求实是科学研究中研究人员必须具备的精神品质,具备实事求是、严谨求实的精神品质不仅能够使科学研究人员对科学研究认真负责,对实验数据的真实性与有效性也是一种保障。实事求是、严谨求是贯穿在科研的整个过程当中,一些小小的细节都不容忽略。例如,在实验过程中,科研人员一个粗心的举动便能影响实验结果的准确性与真实性。因此,体育科研工作者应具备实事求是、严谨求实的科学态度和科研道德品质。

(二)尊重他人劳动成果

科研成果不是一蹴而就的,而是科研人员一点点积累的,经过查阅与整理他人研究内容与方法的基础上,对研究对象与研究内容进一步扩展研究,从而取得研究成果。科研工作者在重重困难与挫折下取得的科研成果,是推动科学技术发展的动力,是科学研究的源泉。所有的科研成果都是在他人研究之上进行研究,尊重他人劳动成果不仅是对他人辛劳的一种的尊重,而且还是对自己的科研成果的一种升华。

(三)不慕名利、甘于奉献

科学精神的重要体现是奉献精神,而体育科研工作者淡泊名利,甘于为科研事业奉献的精神就是科学精神的重要体现。优秀的科学家不为功与利,一心一意为科研,以自己的科研成果推动体育事业的发展,而沽名钓誉、自私自利、急功近利的科学家不仅在科学界,在现实生活中都是没有作为的。所以,面对现实中名与利的种种诱惑,科研工作者应看淡一切,将名与利抛至身外,把人民幸福放在第一位,把科研成果能够造福于人类作为自己追求的目标。

第四节　科学研究与伦理问题

一、科学研究中出现的伦理问题

伦理是人与人之间相处的规范与准则。科学伦理是指科研人员与研究对象之间的伦理规范和行为准则。近年来，随着学术的蓬勃发展，一些科学伦理问题也频频发生，引起了我国科技界的关注，并上升到法制高度。例如，《国家科学技术奖励条例实施细则》第九十六条则明确强调："获奖成果的应用不得损害国家利益、社会安全和人民健康。"《科学技术进步法》第二十九条则规定："国家禁止危害国家安全、损害社会公共利益、危害人体健康、违反伦理道德的科学技术研究开发活动。"种种条例都在明确告知科学研究者的科学研究工作应在不违背国家利益、社会安全和人民健康的情况下进行。但即便如此，还是有一些科学研究工作者为了名利做出一些违背道德伦理的研究，违背科研伦理的研究有强迫研究对象进行科学研究、未保护研究对象的隐私及未保证研究对象的权益等。

二、应对科学伦理问题措施

随着科技的发展，我们在享受科技带来的好处同时，也感受到科技带来的弊端。科技的进步使克隆技术兴起，克隆技术的兴起为许多动物的"复活"提供了条件。但克隆动物的背后，我们应该看到，其所带来的缺点，这是否突破了伦理的考验在科学界有着很大的争议，因此，我们应加强自身科学伦理道德建设。应对科学伦理问题的措施有加强自身思想建设、秉承正确的科研态度、加强对科学研究工作者的科学伦理教育、加强与他人合作，提高合作意识、完善相关行业规范和伦理指南等，如面对学术中的道德伦理问题，科学研究工作者应遵循相关法律法规制度。在现实利益的驱动下，一旦科研工作者把握不住道德伦理的底线，便会做出违反科学研究道德伦理、对人们没有意义甚至伤害人们的研究。因此，建立健全相关法律法规制度、完善相关行业规范和伦理指南十分有必要，在相关行业规范和伦理指南的约束下，科学研究工作者会以此规范自身行为，减少道德伦理事件的发生。

三、违背科学研究伦理道德事件

近年来，科学研究中有不少违背科学研究伦理的研究，科学研究工作者应树立良好的道德伦理规范，并作为其思想行动上的指导，以此规范自己的道德伦理行为，减少违背道德伦理事件的发生，共同自觉科学界的高尚与严肃性。

（一）"瘦肉精"事件

2011 年，"瘦肉精"生产、销售案件被湖南警方侦破。其中，饲料中检测出的苯乙醇胺 A以前从未出现，警方依法将浙江大学教授邹某刑事拘留，怀疑其参与新型"瘦肉精"的研发，因为警方在其住处查获含新品种"瘦肉精"苯乙醇胺 A 的饲料 1 500 kg。而此次事件中的"瘦肉精"最早由浙江大学的教授传播出去，许梓荣是浙江大学饲料科学研究所的创办人。对于专家教授是幕后"黑手"这一现象，我们不禁感到后怕，专家教授进行科研工作是为了维护人们权益、推动社会进步，而如今，"瘦肉精"的幕后"黑手"竟是高校的教授，让人感到不可思议。在面对记者的提问下，许梓荣辩解道："我只是对其进行了研究，并没有对之进行市场推广。"许梓荣明知"瘦肉精"对人体会造成伤害却没有明示出来，对于其是否参与了市场推广已不重要。重要的是其虽为名牌大学教授，但道德底线的缺失，让人不由得的科学研究中规避学术不端问题。在学习本章的内容后,应积极避免以后的科研工作中出现学术不端的问题。

思考与练习

1. 试着举几个体育科学研究中典型的学术不端案例。
2. 如何在以后的学术研究中避免出现学术不端和不规范的现象?
3. 学术不端现象有哪些危害?从个人、社会等方面进行介绍。

本章主要参考文献

陈学飞,2003.谈学术规范及其必要性[J].中国高等教育,(11):25.
金兼斌,2002.科学素养的概念及其测量:“科技传播与社会发展——中国科技新闻学会第七次学术年会暨第五届全国科技传播研讨会”论文集[C].北京:经济科学出版社.
杨世勇,2005.体育科研方法概论[M].北京:人民体育出版社.
叶继元,2005.学术规范通论[M].上海:华东师范大学出版社.